国家哲学社会科学基金特别委托项目

责任单位：文化部民族民间文艺发展中心

# 中国节日志·十月年

中国节日志编辑委员会
主编 周巍峙
中国节日志·十月年课题组
本卷主编 白永芳

光明日报出版社

全国艺术科学规划重大项目
国家哲学社会科学基金特别委托项目
『十二五』国家重点图书出版规划项目

国家出版基金项目
NATIONAL PUBLICATION FOUNDATION

# 《中国节日志》编辑委员会

# 《中国节日志·十月年》课题组

**顾　问：**史军超

**主　编：**白永芳

**副主编：**刘镜净　赵德文　黄荣生

**成　员：**丁桂芳　朱茂云　白岩松　陈桂芬　刘海青　黄　雯　吴玉萍

马继春　何　娅

**本卷评审专家：**王建民　白玉宝　李克忠　高志英

**责任编审：**白玉宝

**编辑部责任编辑：**崔　阳

# 凡例

一、《中国节日志》的“节日”，主要指中国各民族、各地区的民间传统节日、庆典、祭会等，是具有群体性、周期性，以及相对稳定的内容和程式的特殊时日。

二、《中国节日志》的内容时限不设上限，下限为编纂者调查时间。

三、《中国节日志》在文献梳理与实地调查并重的基础上，依据科学、客观、具体、全面、规范的原则撰写，同时兼顾民族、区域差异，力争全面反映节日的历史和现状。

四、《中国节日志》以单独节日立卷，由综述、志略、调查报告、后记等部分构成。其主要构成及功能如下：

（一）综述：记述节日名称、分布区域，所在地区的自然生态和历史文化背景；叙述该节日的起源、传承、流布、变迁、组织、地区差异及现状等；简述节日活动的基本内容和过程；在本土文化语境中说明节日的意义和功能。

（二）志略：根据节日的一般构成，按照节日时空、节日组织、节日缘起、仪式活动、表演艺术与口头传统、游艺娱乐、节日用品、节日文献等类别，分别设置本类别概说，其下根据节日的具体情况设置条目，对于各类别间交叉重叠之处，同时注明参照关系。

（三）调查报告：以亲历、实录为原则，根据节日情况，由具体时间地点的节日调查报告及专题性调查报告两类构成，以完整记录调查点基本信息和节日过程。

（四）后记：介绍各卷编撰者分工、调查过程、方法及其他需要说明的事项等。

# 总序

节日文化，总是牵动着人们关于生活的记忆和怀念。

家庭、长辈、同伴、乡亲、乡情，家乡连带着童年的欢乐与顽皮、长者的庄严与慈祥，好像留给人们一种无法释怀的文化记忆，节日总是与美好连接，与传统相通。庄严时，仪式伴随着敬畏与伦理，是期待和秩序，是未来的希望与祝福；祥和时，它令人淡忘生活的艰辛，把尊严和快乐送到所有角落；狂欢时，它恣意释放，给突破约束的本能找到出口。总之，节日使生命具有更丰富的节奏和更多的美感，也使社会在张弛之间更加富有弹性而变得温馨。正是这种切身的节日文化感受，标示了节日文化在人类社会文化中不可替代的作用。也正因为如此，节日成为全人类生活的必需。不同的文明体系里，不同的社会发展阶段中，人们都不约而同地创造着多姿多彩的节日文化，也正是这种美好的创造，使人类社会得以在节日中露出会心的微笑。

作为社会文化关系的纽带和文化传承创造聚集的联结点，节日成为文化研究者观察文化表象，洞悉文化内涵，了解时代变迁，收集各种文化符号，探寻文化深层结构的切入点。社会学、人类学、民族学、民俗学、艺术学等人文学科对节日研究的关注，不仅是学术方法论的建构，更是以人为本，关注民生的学术责任所在。随着社会生产能力的提高，城市化、城镇化进程的推进和人们劳动剩余时间增长，节庆中的创造力越来越反映着社会生活的多元化文化需要，对传统节日的研究，更是成为从理念到方法上提高现代公共文化服务水准的基础工作。

作为一个文化艺术领域的“老兵”，或思考文化，或感受艺术，或体验文化艺术与大众生活的和谐，或了解民众的创造和需要，节日这个绚丽多彩的“舞台”，总是让我流连忘返；感叹其创造的智慧，观察其变迁的纠结，总是让我受益匪浅。故很愿意尽一点绵薄之力，为从事文化研究的专家和有志于此的后来者提供一点方便。因此有了《中国节日志》这样的学术聚集，也有了我这个“老头”在这里的几句唠叨。想的是传统与未来的和谐，也算是国家文化建设与社会进步的一砖一瓦，不敢言志在千里，但十分期待《中国节日志》能够成为典籍，能够在中华文明的长河中留下一点印记，以无愧于我们的历史和未来，这当然要仰仗所有参与者的辛勤和智慧。

有幸与诸公为伍，共襄盛举，很是有些不合时宜的兴奋。算是一个老人的祝愿吧。是以为序。

周巍峙

2013年12月（癸巳年甲子月）·北京

# 目 录

# 综述

哈尼族是一个跨境而居的民族，据不完全统计，与我国云南毗邻的缅甸、泰国、老挝、越南等国北部山区约有80万哈尼族。我国境内的世居哈尼族集中分布在云南省，据第六次全国人口普查，云南省哈尼族总人口为163万，系全省第二大少数民族。云南省哈尼族主要聚居于红河哈尼族彝族自治州、玉溪市、普洱市和西双版纳傣族自治州。红河州哈尼族主要分布在红河县、元阳县、绿春县、金平县、建水县、个旧市、蒙自市、石屏县等地，总人口为78.97万；玉溪市哈尼族主要分布在元江县、新平县、峨山县、易门县、红塔区、通海县等地，总人口为13.03万；普洱市哈尼族主要分布在墨江县、江城县、澜沧县、宁洱县、思茅区、镇沅县、景东县、景谷县等地，总人口为45.47万；西双版纳州景洪、勐腊、勐海三县市均有哈尼族分布，总人口为21.54万。此外，昆明市晋宁县、禄劝县和楚雄彝族自治州的双柏县、武定县等地亦有零星世居哈尼族分布。[1]

十月年是哈尼族每年秋收后喜庆丰收、辞旧迎新的新年节。哈尼族历史上长期使用十月历法，因而保留有以农历十月为岁首的传统节俗，因此得十月年之名。现今，大多数哈尼族地区不同程度保留有十月年传统习俗或历史记忆。虽然各地哈尼族十月年的名称、节期、仪式与活动等方面相互有别、各有特点，但均以古老的农耕传统为节日的文化根基，均以敬神祭祖、祈福驱邪、走亲赠礼等活动反复表达着哈尼人追求村落安康、五谷丰登、六畜兴旺的心理诉求。

1．详见附录一：哈尼族人口及分布简况。

# 一、多样化的节日名称

十月年是对哈尼族传统新年的汉语译称。民国《墨江县志资料》（公元1940年编辑）和民国《墨江县志稿》（公元1942年编辑）中均有相同记载：

> 补孔……言语倍鴃，亦无文字，且鲜读汉书者，历史亦不可考。……以十月为一年，有周时之风。……收获后，三五村订期宰牛击鼓，互相邀饮，男则跣足涂面，女则吹叶作乐，昼夜歌舞，称曰过年。[1]

“补孔”即哈尼族白宏人，因为历史、地理等原因，哈尼族内部形成多种自称或他称，其中以哈尼、雅尼、碧约、卡多、豪尼、白宏等六种自称的人口相对为多，此外还有西摩洛、阿木、多尼、卡别、阿邬、哈备、阿克、排角、补过等自称或他称。自称“哈尼”的哈尼人依据居住地、祖先名字或特殊历史事件，相互之间又形成多种互称，如罗比、罗美、果宏、果觉、艾罗、腊咪、期弟、奕车、哈欧等，主要分布在红河、元阳、绿春、金平、建水、元江、墨江、新平、江城等地；雅尼又称阿卡、爱尼，其中前两者为自称，后者为他称，主要分布在西双版纳州和普洱市的孟连、澜沧二县；碧约的自称、他称相同，主要分布在墨江、宁洱、镇沅、江城、红河、绿春；卡多既是自称也是他称，内部又分阿里卡多、阿古卡多两种，主要分布在墨江、镇沅、景东、景谷、新平、普洱、宁洱等地；豪尼自称豪尼，他称有布都、多塔、阿梭等多种，主要分布在墨江、

1. [民国]胡中林等纂：墨江县志资料，民国抄本；[民国]佚名纂：墨江县志稿，民国抄本。

元江、元阳、绿春等县；西摩洛自称西摩洛，他称西摩洛、哦努，主要分布在墨江、江城、绿春等县；阿木自称、他称均为阿木，主要分布在墨江、镇沅和宁洱等县；多尼自称、他称均为多尼，主要分布在元阳、金平两县；卡别自称、他称均为卡别，主要分布在墨江和绿春两县；阿邬主要分布在元阳、金平两县；哈备主要分布在金平县；阿克、排角和补过主要分布在西双版纳州。[1]

哈尼族人使用哈尼语，属汉藏语系藏缅语族彝语支，分为哈雅、碧卡、豪白三大方言。大多数哈尼人使用哈雅方言，碧约、卡多、西摩洛使用碧卡方言，豪尼、白宏等使用豪白方言。其中各种方言之下又分为不同次方言，次方言下又包括若干土语。[2]哈尼族历史上没有自己的民族文字，1957年国家组织哈尼语言文字工作组，在大量语言调查的基础上，以哈雅方言的哈尼次方言为基础方言，以绿春县大寨哈尼语的语音作为标准音，采用拉丁字母形式创立了一套国家认可的哈尼族文字方案。[3]

由于人口分布地域广、内部分支多、语言差异大，哈尼族十月年经过长期的发展流变，从节日名称到习俗活动都呈现出明显的多样性特征。经过调查和梳理，不同地区哈尼人对十月年的民族语称谓多达十余种，具体情况依据哈尼族分布地行政区划从东至西分述如下：

红河哈尼族彝族自治州地处哈尼族聚居区的东部，是哈尼族人口最集中的地区，将近80万人口的哈尼族分布在红河两岸的红河、元阳、绿春、金平、建水、蒙自、个旧、石屏等县市。东部哈尼族人口以操持哈雅方言哈尼次方言的哈尼人为主，包括自称或他称为哈尼、罗比、罗美、奕车、

1. 详见附录三：哈尼族自称、他称及历史称谓。

2. 详见附录五：哈尼语方言土语划分。

3. 综述中记录哈尼族谚语、专有名词等所采用的哈尼文遵从《哈尼文字方案》（1957年）。哈尼文与国际音标对照详见附录四。

艾罗、果宏、果党、多尼、哈欧、腊米、期第等的哈尼人；亦有部分操持豪白方言和碧卡方言的哈尼人，如自称或他称为阿梭、白宏、碧约、卡多、西摩洛的哈尼人。在这一区域，除了操持碧卡方言的碧约、卡多、西摩洛等没有十月年保留传统习俗外，其他的哈尼族大多数都保留有十月年传统节俗。

东部哈尼族聚居区的哈尼族因为地方差异，对十月年的称呼互有差异，其中以“嘎通通”（Galtaol taol）、“扎勒特”(Zalleil teiq）、“胡息扎”（Huvqsiivq zaq）、“扎特特”（Zalteil teil）等几种称呼相对较为普遍。

居住在红河县的哈尼人对十月年的称呼主要有“车腊扎特特”（Ceilla Zalteil teil）、“车腊胡息扎”（Ceilla Huvqsiivq zaq）等。居住在元阳县的哈尼人对十月年的称呼主要有“车腊嘎通”（Ceilla Galtaol）、“车腊扎勒特”（Ceilla Zalleil teiq）、“车腊扎特特”（Ceilla Zalteil teil）、“车腊伙同同”（Ceilla Hoqtoq toq）、“车腊然哈普”（Ceilla Ssaqha pyu）、“车腊胡霍霍”（Ceilla Huqho ho）、“车腊胡余补”（Ceilla Huvqyul bu）等。居住在绿春县的哈尼人对十月年的称呼主要有“车腊嘎通通”（Ceilla Galtaol taol）、“车腊扎特特”（Ceilla Zalteil teil）、“车腊胡思达”（Ceilla Huvqsiivq da）、“车腊胡霍霍”（Ceilla Huqho ho）等。居住在金平县的哈尼人普遍称十月年为“车腊嘎通”（Ceilla Galtaol）、“车腊扎勒特”（Ceilla Zalleil teiq）。居住在建水县的哈尼人普遍称十月年为“车腊嘎通”（Ceilla Galtaol）。

“车腊（Ceilla）”即“十月”。“车腊嘎通通”（Ceilla Galtaol taol），简称“车腊嘎通”或“嘎通通”，“嘎”又是“嘎玛”的简称，即道路，指庄稼活路；“通”意为“往来、连接、贯通首尾”，“嘎通通”可以理解为“过去一年的农事活动结束，新一年的农事活动即将开

▲ 在昆哈尼族十月年/白永芳 摄/2010年



始”；也有一种解释说“车腊嘎通通”为“十月开路，使前往田地的道路畅通无阻”。“车腊扎勒特”（Ceilla Zalleil teiq），简称“扎勒特”，字面意思为“做汤圆”。“车腊胡息扎”（Ceilla Huvqsiivq zaq），简称“胡息扎”，字面意思为“新年宴饮”。“车腊胡思达”（Ceilla Huvqsiivq da），简称“胡思达”，字面意思为“新年到”。“车腊扎特特”（Ceilla Zalteil teil），简称“车腊扎特”或“扎特特”，字面意思为“舂汤圆面”。“车腊伙同同”（Ceilla Hoqtoq toq），简称“伙同同”，字面意思为“舂粑粑”。“车腊然哈普”（Ceilla Ssaqha pyu），简称“然哈普”，字面意思为“长工清账”。“车腊胡霍霍”（Ceilla Hoqho ho），简称“胡霍霍”，字面意思为“过年”。“车腊胡余补”（Ceilla Huvqyul bu），简称“胡余补”，字面意思为“辞旧迎新”。

汤圆和糯米粑粑是各地哈尼人十月年里必不可少的节日食品，因此

“春汤圆面”“做汤圆”，或“春粑粑”成为节日的代称；秋收结束修整道路准备来年春耕以及清算一年的工钱等是传统节日期间的重要活动，因此“开路”“清账”等也成为节日的指代；“胡息”（Huvqsiivq）、“胡霍”（Huqho）都有新年、过年之意，因此用以表述节日。不同的节日称谓语义有别，但均包含有辞旧迎新之意，且因节期在十月间，大多在其前冠以时间“车腊”（Ceilla），即“十月”。可见，在汉语中将哈尼族的新年统一译称为“十月年”，不仅比较准确，而且具有较强的包容性。

玉溪市的元江、新平和普洱市的墨江、江城、宁洱、思茅、镇沅、景东、景谷等县市（区）地处哈尼族聚居区的中部，这里集中了约45万人口的哈尼族，是哈尼族分支最为纷杂的地区。操持碧卡方言和豪白方言的哈尼族主要集中在这一片区，同时也是这一区域哈尼人的主体部分，包括碧约、卡多、豪尼、白宏、西摩洛、阿木、卡别等；中部地区亦有少数操持哈雅方言哈尼次方言的哈尼人，主要是元江、新平、江城一带互称为腊米、期第、罗比、罗美的哈尼人。

目前，中部哈尼族聚居区的白宏、腊米、期第、罗比、罗美、阿木等仍然普遍保留十月年传统习俗。他们对十月年的称谓主要为“梅舍扎勒特”（Meeqseeq zalleil teiq）、“梅舍扎”（Meeqseeq zaq）、“胡息扎”（Huvqsiivq zaq）。“梅舍扎勒特”（Meeqseeq zalleil teiq），简称“扎勒特”（Zalleiteiq），字面意思为“新年做团子”，当地汉语习惯称汤圆为“团子”；“梅舍扎”（Meeqseeq zaq）与“胡息扎”（Huqsiivq zaq），字面意思均为“新年聚饮”。节日名称的命名依据与东部红河地区哈尼族一致，“梅舍扎勒特”（Meeqseeq zalleil teiq）以节日食俗“汤圆”来代称整个节日；此外，另外两个名称“梅舍扎”（Meeqseeq zaq）与“胡息扎”（Huqsiivq zaq）则是以辞旧迎新之际的聚会宴饮来指称节日，“扎”引申义为欢度、庆祝。

中部哈尼族聚居区的豪尼、卡多、碧约、西摩洛、卡别等已经没有保留传统十月年习俗。《思茅少数民族》载碧约人原来也过十月年，“碧约人以樱桃开放为岁首，届时各寨择吉日过年。节日三天，一般是属龙日或属马日杀年猪，忌讳在蛇日，认为蛇日杀猪家畜会得瘟疫……碧约人进入本世纪以来（20世纪），也跟汉族一样过春节，但不像汉族那样隆重。”[1]相对来说，这部分哈尼族历史上受汉文化影响较多，基本上以汉族春节作为年节；少部分虽然也过十月年，但是已经没有保留十月年的哈尼语称谓，而只是用汉语将其称为十月年、“哈尼年”或“哈尼节”。江城一带哈尼族自1985年以来，连续二十多年组织中、老、越三国哈尼族于每年12月20日在“一地连三国”的曲水乡欢庆“三国哈尼节”。

▲ 老挝同胞/黄荣生 摄/2011年

西双版纳州景洪、勐海、勐腊和普洱市的孟连、澜沧一带是哈尼族聚居区的西部，生活着约27万哈尼族人。在这片澜沧江畔的山林里，集中了几乎全部操持哈雅方言雅尼次方言的哈尼族人，他们大多自称阿卡或雅尼，被当地汉族和傣族称为爱尼。内部又有阿维、阿交、芒达、勒车、阿克等亚群体。

这里的哈尼人普遍称十月年为“嘎汤帕”（Galtanl pal）。“嘎汤”

1．云南省思茅行政公署民委.思茅少数民族[M].昆明：云南民族出版社，1990.119.

▲ 到缅甸过节/黄荣生 摄/2012年



（Galtanl）意为“万物”，“帕”意为“换、更新”，“嘎汤帕”即为万物更新或辞旧迎新之意。“嘎汤帕”（Galtanl pal）往往也被称为“嘎汤阿培老”(Galtanl Aqpyuq laol)，“阿培老”( Aqpyuq laol) 意为“祭祖”。因为在节日中有庄重的祭祖仪式，所以又在节日名称后缀以“阿培老”( Aqpyuq laol) 表示强调。不仅“嘎汤帕”（Galtanl pal）如此，其他节日也同样喜欢在节日名称后缀以“阿培老”( Aqpyuq laol) 一词。他们命名节日名称的依据与东部红河地区哈尼族一致，或直接以表示辞旧迎新之意的词语命名，或在这些词语后加节日期间的重要活动“祭祖”命名。

西部聚居区的哈尼人目前普遍保留有“嘎汤帕”（Galtanl pal）节日习俗，且呈现出节日时间推后、节期延长的共同特征。东南亚缅甸、泰国、老挝等国哈尼族与我国境内西部哈尼族聚居区山水相连、历史渊源密切，不仅保留有相似的“嘎汤帕”节称、节俗，而且在节日期间往往打破现代民族国家的界限，保持跨境走亲访友和团聚共庆的节日传统。

综上所述，各地哈尼族对十月年的称呼存在明显的多样性，各种称呼多达十余种。但是，这些称呼都表现出与节日本身的内在联系，或以节日食俗来代称节日，或以节日中的某项活动来指代节日，或直接以辞旧迎新之意来表述节日。

## 二、自然生态和民族文化背景

哈尼族是典型的山地民族，多居于海拔800米到2500米之间的山区、半山区。目前，哈尼族生活的自然地理区域通常被学者们概括为“两山三江”——两山即哀牢山、无量山，三江即元江、把边江[1]和澜沧江。北纬21°—26°、东经99°—104°之间，耸立着哀牢山和无量山两大山系，奔腾着元江、把边江和澜沧江三大江流，这里便是中国境内160多万哈尼族人民生息繁衍之地。哀牢山与元江既是云南省东北与西南的天然地理分界线，也是哈尼族分布的自然界限。自唐宋见诸史料记载以来，哀牢山、元江以北、以东地区，少有世居哈尼族分布；哀牢山、元江以西、以南地区一向是哈尼族的主要聚居区。这一区域也被称为滇南盆地区，盆地和山地、河谷相间，在自然气候上属于热带和南亚热带。

在“两山三江”的怀抱中，哈尼族同汉、彝、白、傣、拉祜、苗、壮、布朗、回等民族交错杂居。傣、壮、白族多居于河谷平坝，彝族多居于下半山，哈尼族多居于上半山，苗、瑶、布朗、拉祜族多居于高寒山区，汉族则多居于城镇和交通沿线，少数也居于半山。各民族基本上以村寨为单位交错聚居，亦有

1．严格说来，把边江是李仙江的上游，李仙江则是元江即红河的最大支流。

少数一村之内数族杂居。在漫长的历史岁月中，哈尼族与各民族和睦相处、团结互助，结成亲密友好的关系，求得共同发展。

哈尼族居住区物产丰富。哀牢、无量山上遍布国家木材生产基地和自然保护区，原始森林和次生林遮天蔽日。有云南松、木荷、软阔等数十种优势树种；有茶叶、竹、棕榈、紫胶、蓝靛、草果、菠萝、樱桃、芒果、橡胶等经济林木；野茶树、云南山茶花、董棕、杜仲、胡桃、云南紫薇、树蕨等国家重点保护植物；老虎、云豹、棕熊、岩羊、懒猴、马鹿、麂子、金丝猴、长臂猿、豪猪、穿山甲、斑材狸等走兽；孔雀、锦鸡、白鹇、鹦鹉、竹鸡、布谷、画眉、相思鸟、黑鹳、大鸨等飞禽；鲤、鲫、龟、虾、鲇、鳝、鳅等水族。

丰富的动植物资源为哈尼族人民提供了广泛的物质生活基础，很多还成为文化符号进入到哈尼族的精神领域，如白鹇鸟以其娴雅的性情和优美的体态，成为哈尼族择寨安居的吉祥鸟，以棕扇为道具的白鹇舞则是哈尼族代表性舞蹈之一；攀枝花、樱花等植物则成为哈尼族借观节候的标志物，每年樱花盛开之时便是十月年即将到来之际。

哈尼族村落大多建在山峦环抱、古木参天的半山“凹塘”里。一个村寨一般为三五十户，最多至数百户。村寨背后是郁郁葱葱的古树丛林，其中往往有一片专供祭祀的寨神林；村寨四周绿竹青翠、棕榈挺拔，间以桃、梨等果树；离村寨不远的下方，必有清澈甘甜的山泉水井，种种节日祭祀中祭祖所需泉水必须取自此处。寨头或寨脚的秋千架[1]，几乎是每个哈尼村寨必不可少的标志物，以竹或木搭建，均为“四柱一横杆”的搭建方式。寨门是每个哈尼村落重要的文化空间分界，寨门之内是族人受到庇护的生活空间，寨门之外是鬼邪横行的山野。所谓寨门，东部哈尼族聚居

1．东部聚居区的秋千多搭建于寨脚；西部聚居区的秋千多搭建于寨头森林中。

▲ 云海梯田/王建福 摄/2004年



区往往只是一条经过仪式的草绳，系以木刀、木剑，抹以狗血，悬挂于村寨入口以驱邪阻魔；西部哈尼族则普遍在村寨入口处安置木门，称竜巴门，作为“人鬼之界”。

哈尼族东部聚居区的传统建筑以蘑菇房为典型，房屋状如蘑菇，由土基墙、竹木架和茅草顶构成。墙基用石料或砖块砌成，地上地下各有半米，在其上以夹板将泥土夯实垒成墙壁，屋顶用多重茅草遮盖成四斜面。房子底层用于关牲口、堆放工具等；中层以木板铺设，隔成左、中、右三间，中间设有一个长年不断的火塘，是人们饮食起居的主要区域；顶层则以泥土覆盖，既可防火，又可堆放杂物。即使是寒气袭人的严冬，蘑菇房里也是暖意融融；赤日炎炎的夏天，蘑菇房里又十分凉爽。风格独特的蘑菇房与巍峨的山峰、莽莽的森林、迷人的云海、壮丽的梯田构成了一幅自然和谐的哈尼人居图景。

哈尼族中部聚居区的传统建筑以土掌房为代表。土掌房是滇南等地哈尼、彝、傣、汉等民族所居住的一种掌式平顶土房。它多建于斜坡上，土木结构，建筑简易。以块石为墙基，用土坯砌墙，房顶上先用木板、木条、树枝或竹子固定，上面再铺上一层泥土，冬暖夏凉。建筑一般分两层，上层住人，下层关牲口，平台用作晒场或凉台。也有少数人家的土掌房建有三层。土掌房是这一地区哈尼人合理利用当地建筑材料和积极适应自然环境的结果。

哈尼族西部聚居区的传统建筑有两种，落地房“纽哦”（Niulhhao）和干栏式楼房“纽果”（Niulgo）。“纽哦”意即矮房子，“纽果”意即高房子。落地式民居直接建盖在地面上，房屋的底面就是地面，泥土与竹笆为墙、茅草为顶。所谓“纽果”与当地傣族建筑类同，为干栏式建筑。以竹和木为材料，木材作房架，竹子作檩、椽、楼面、墙、梯、栏等，房顶用草排或瓦片。干栏式建筑适应当地高温多雨气候，解决了潮湿、降温、通风等问题。

从东部到西部，传统的哈尼村落尽管各地建筑样式相互有别，但都是哈尼人对不同自然环境的适应结果，体现了哈尼人与大自然和谐共处的追求。顺应自然、和谐共处的生存理念不仅仅体现在哈尼人对生存环境的选择和创造上，同时也深深融入哈尼人的节日习俗等诸多精神文化领域。哈尼村寨里，诸多节日和祭祀贯穿一年始终，哈尼人以自己理解的方式不断调整和圆融着人与自然、人与人之间的关系，守护着人神共居的家园。

迁徙是哈尼族形成发展的历史过程，同时也是哈尼族文化多样性形成的主要原因。无论从史学界主流观点还是哈尼族民间口述来说，哈尼族都是一个迁徙民族。史学界公认，今云南境内哈尼、彝、纳西、拉祜、傈僳、基诺等藏缅语彝语支诸民族均源于古代的氐羌族群，最初活动于甘青高原一带，后来由于多种历史原因先后穿过藏彝走廊进入云南境内。1964

年，《哈尼族简史简志合编》（初稿）提出“（哈尼族）应与彝族同源于古代羌人”[1]。之后其他著作发展了这一观点：“哈尼族是历史最悠久的民族之一，与彝族、拉祜族等同源于古代的羌族”[2]；“哈尼族有悠久的历史，与彝、纳西、拉祜等族同源于古代的氐羌族群”[3]。历史学家尤中指出：“僰族是从氐羌中分化出来的一部分；叟也是从氐羌中分化出来的；昆明族同为氐羌系统的民族；从原来的僰、叟、昆明族中分化出另一个民族集体，称为‘和蛮’……‘和蛮’即‘哈尼’。”[4]

哈尼族口述中大量的迁徙史诗也浓墨重彩地叙述了哈尼先民从北向南的举族大迁徙。“哈尼族民间也流传，他们的先民曾游牧于遥远的北方一条江边上的‘努玛阿美’平原，后来逐渐南迁，经‘谷哈’散布各地”[5]。《中国少数民族大辞典·哈尼族卷》也采用类似说法，即“哈尼族的迁徙由民族发源地‘诺玛阿美’起身，向南在‘谷哈’湖滨平原停留后，南下到景东、新平、镇沅、景谷和建水，再到元江、墨江、红河、元阳、江城及西双版纳等地。”[6]据哈尼族丰富的口头传统资料，哈尼先民南迁进入云南后，先后在洱海之滨的大理一带以及滇池岸边的昆明一带生活，之后南迁进入元江流域。一部分哈尼先民是从洱海之滨到达昆明居住近两百年才南迁进入元江流域；一部分哈尼先民则是从洱海之滨顺礼社江南下逐步迁到元江流域。

元江（红河）南岸自汉代以来一直沿袭相近的地名，且其主要“种人”为“和泥”。明万历《滇志》载：“溪处甸长官司，汉旧七溪溪处甸部。元置军民副万户，隶云南行省。后罢副万户，属元江路。本朝改置

1. 编写组.哈尼族简史简志合编（初稿）[M].中国科学院民族研究，1964.13.
2. 编委会.哈尼族社会历史调查[M].云南民族出版社，1982.1.
3. 毛佑全，李期博.哈尼族[M].民族出版社，1989.5.
4. 尤中.中国西南民族史[M].云南人民出版社，1985.49、55、59、264.
5. 编辑委员会.哈尼族社会历史调查[M].云南民族出版社，1982.1.
6. 王正芳主编.中国少数民族大辞典 · 哈尼族卷[M].民族出版社，2006.104.

长官司”；“思陀甸长官司，汉旧为官桂思陀部。元置和泥路，隶云南行省，后属元江路。本朝改置长官司”；汉时“七溪溪处部”与“官桂思陀部”后又分出左能、落恐等部。“溪处甸长官司土官束充，和泥人……部夷僰夷、窝泥二种”；“思陀甸长官司遮比，和泥种……部夷皆窝泥种”；“左能寨长官司土官猎豆……部夷惟窝泥一种。”“落恐甸长官司土官他有，和泥人。……部夷惟窝泥一种。”“公元1世纪初，东汉在西汉王朝经营‘西南夷’地区的基础上，进一步向西汉未曾纳入统治的滇南、滇西南地区拓展”[1]，元江南岸哈尼各部纳入统治视野，进入相关史料记载。可见，东汉时哈尼先民即已到达元江流域。

南诏兴起前，哈尼族先民已在元江流域形成势力范围。明确专指哈尼先民的历史称谓“和泥”、“和蛮”最早出现在唐朝时期相关史籍中。《新唐书》载：“显庆元年（公元656年）西洱河大首领杨栋附显、和蛮大首领王罗祁、郎昆梨盘四州大首领王伽冲率领四千人归附，入朝贡方物。”[2]“西洱河大首领”属地即大理洱海周围一带。“和蛮大首领”与“西洱河大首领”并列，其属地当相去不远，大概在开南（即今景东）一带。

据《元史》追述：“（开南）州在路西南，其川分十二甸；昔，朴、和泥二蛮所居也……至蒙氏兴。立银生府，后为金齿白蛮（夷）所陷；移府治于威楚，开南遂为生蛮所据……”[3]开南州，元置，明改为景东府，即今云南景东县治。此外，“（威远）州在开南州西南，其川有六；昔，朴、和泥二蛮所居也。至蒙氏兴，开威楚为郡，而州境始通。其后，金齿白夷——蛮酋阿只等夺其地……”[4]“威远州”疆域约为今日云南省景谷县治。据上述

1. [明] 刘文征.《滇志》.古永继校点.云南教育出版社，1991.
2. [宋] 欧阳修，宋祁等.《新唐书·列传第一百四十七下·南蛮下》.
3. [明] 宋濂等.《元史·志第十三·地理四》.
4. [明] 宋濂等.《元史·志第十三·地理四》.

史料可知，在南诏兴起前，今元江上游景东、景谷一带即为哈尼先民聚居区。后因受到“金齿白蛮”的排挤，逐渐顺元江向东南移动。

唐朝时元江下游也是哈尼先民聚居区。唐开元二十二年（公元734年）前后，张九龄《敕安南首领爨仁哲书》一文中有道：“敕安南首领岿州刺史爨仁哲、潘州刺史潘明威、獠子首领阿迪、和蛮大鬼主孟谷悞……虽在僻远，各有部落，俱属国家，并识王化。”[1]“和蛮大鬼主”与安南首领、獠子首领并列，其所辖之地应当相邻。安南即今越南，獠子首领辖地在今广西境内。“和蛮大鬼主”辖地当在今红河州、文山州一带。

元江为哈尼人居地的明确记载自唐朝即南诏时期开始。万历《滇史》卷八载：“和泥即今元江，古西南极边境，与交、广接壤；其先开罗槃甸居之，属唐银生节度。”[2]记载指明，哈尼先民“和泥”是开拓元江的古老族群。正因此，其地以哈尼语命名为“罗槃甸”。

元赵子元撰“赛平章德政碑”说：“至元十二年（1275年）冬，罗槃甸蛮……据险恃愚，屡逆使命，公乃徂征。传于城下，我师四周，数日，城果下……以西余城和泥诸部，望风曲膝。”[3]因为元江为当时哈尼人的政治军事中心，元军攻下其城，“以西余城和泥诸部”也就随即放弃抵抗。所谓“和泥诸部”即后来划为元江路的和泥十二部。“元江路……至元十三年（1276年），遥置元江府以羁縻之。二十五年（1288年），命云南王讨平之，剖罗槃、马笼、步日、思摩、罗丑、罗陀、步腾、步竭、台威、台阳、设栖、弥陀十二部于威远（因远），立元江路。”[4]包括了澜沧江东岸以及红河西岸的大部分区域。

1. [唐]张九龄：《张曲江文集》卷十二《敕安南首领爨仁哲书》.
2. [明]诸葛元声：《滇史》卷八.
3. [元]赵子元：《赛平章德政碑》，《新纂云南通志》卷九二《金石考》.
4. [清]柯劭忞：《新元史》卷四十九.志第十六.地理四.

唐宋时期，也即南诏大理时期，元江流域为哈尼族主要聚居区，并以今元江县、墨江县为中心形成地方政治经济文化中心罗槃国。在此时期，也即哈尼人口碑中的“加滇”时期，包括节日祭祀习俗、父子连名谱系等在内的哈尼族核心文化得以整合。唐宋之前即已分布在洱海及滇池周围，未进入元江流域聚居区参与文化整合的部分哈尼族，即便后来其中一部分也迁入元江流域，却没有以十月年为代表的传统节日体系。之前形成的节日文化也在与汉族及其他民族的长期相处中逐步消失。元末明初，元江流域哈尼族大半南迁，进入今日江城、西双版纳、孟连、澜沧等地，进而散布东南亚缅甸、泰国、老挝、越南等国。而元江、墨江等地则随着外来人口的大规模增多，以及中央王朝统治的不断加强，越来越多受到汉文化的影响。不同的迁徙线路最终导致哈尼族分布区域广而相互隔离，与周围不同民族的文化不断进行交流融合，经过600多年的分化发展，不同地区哈尼族逐渐呈现出包括十月年节俗在内的诸多文化的多样性特征。

哈尼族是典型的山地稻作农耕民族。无论是红河流域崇山峻岭中的梯田还是澜沧江流域的轮歇制山地，都是哈尼人适应自然环境发展沿袭至今的农耕文明成果。尽管哈尼族的节日文化及相关祭祀形式多样，但均以悠久的农耕文明为文化根基，并以人口发展、农耕丰产为终极旨归。

哀牢山、无量山水利资源丰富，“山有多高，水有多高”的生态环境，加以地表土层广泛覆盖的棕壤、黄棕壤、黄壤、红壤、赤红壤、紫色土等土质，为山区水稻耕作提供了良好的自然条件。哈尼人年复一年、世世代代在大山的皱褶里锲而不舍地开山垒埂、营造梯田，形成独特的梯田农耕系统。高山森林孕育的溪流水潭被引入盘山而下的水沟，经村落流入梯田，最后汇人谷底的江河之中；然后又经烈日照耀升为云雾阴雨，贮于高山森林中。“江河——森林——村寨——梯田”四度同构的生态系统是天、地、人的高度融合，是哈尼族人民千百年生产实践的智慧结晶，也是

▲ 梯田碧野/王建福 摄/2004年



哈尼人民对世界农耕文明的独特贡献。“人，完美地揳入了自然的循环，契合深深，并不征服自然，却完成了自我的生存与发展”。[1]哈尼族的梯田生态系统，与亚热带山区自然生态系统密切吻合。巧妙地顺应自然、利用自然，变自然生态为农业系统。

元江沿岸连绵的崇山峻岭中数百万亩蔚为壮观的梯田，引无数国内外游客前来观瞻。梯田被法国传媒誉为“人类奇迹”，哈尼人被称为“雕刻大山的民族”。梯田是哈尼人创造的人与自然和谐共处的杰作，是哈尼人生存智慧和生存意志的体现。自梯田农业在哀牢山区发展以来，哈尼人积累了丰富的梯田稻作农耕经验，形成了一套完备的梯田耕作制度，并将

1．郑茜.哈尼梯田是一个世界性话语——就“世界梯田大会”对话著名学者史军超[N].中国民族报.2010.12.06.

▲ 丰收的山谷地/黄荣生 摄/2011年

其渗透到节日庆典、人生礼仪、文学艺术等生活的各个方面，形成独具特色的哈尼梯田文化。

古往今来，农耕一直是元江流域哈尼人的主要生计方式，包括十月年在内的诸多节日与祭祀都是围绕人们一年四季的农事活动展开的：秋收后是庆丰收的大年“嘎通通”（Galtaol taol），开春后是祈求风调雨顺、五谷丰登的祭寨神“昂玛突”（Hhaqma tul）（或称“昂玛奥”“普玛突”），求村落安康、五谷丰登的祭土地神“米松洛”（Milson lo），吃黄糯米饭的祭春神、开秧门“禾思思”（Hoqsiil siil）[1]，祭田神、祭水神的“布龙德龙互”(Bu’laoq dei’laoq huvq)，播种结束驱虫除害、养精蓄锐的六月节“苦扎扎”(Kuqzaq zaq)（或称“惹苦扎”），秋收前祈求丰收吃新米的“禾食扎”（Hoqsiivq zaq）……

澜沧江流域哈尼族与元江流域尤其是红河南岸的哈尼族不同，他们采用的是符合当地自然生态条件的山地轮歇农业。他们在长期实践中形成了一套山地耕作知识体系，包括选地、砍地、烧地、播种、除草、日常管理、收获、抛荒等环节。这一带属南亚热带气候区，受印度洋季风和当地地形影响，阳光充足、雨量充沛，植被的自身恢复速度较快。在种植三、

1．有的地方又称为康俄泼（kalhho po），按照一定仪式栽下当年的第一丛秧苗，以黄米饭、红蛋祭春神布谷鸟，以黄米饭招待帮忙的亲友，祈求谷物丰收。

五年后即抛荒，数年后轮歇地上的植被又能恢复到未使用前的状况，此时再进行上述耕作过程，如此往返循环。缅甸、泰国、老挝的哈尼族也是以山地轮歇农业为主要生计方式。

澜沧江流域的哈尼族与农耕相关的节祭，部分与元江流域哈尼族相似：庆丰收辞旧迎新的“嘎汤帕”（Galtanl pal），祈求五谷丰登的祭土地神“米桑老”(Milsanl lao)，庆祝播种结束、祈求五谷丰登的“耶苦扎”（Yeilkuq zaq），驱除蚂蚱等虫害的“粘邦捻”（Neilbanl nieivq），祭祀山神、地神的新米节“窝朵说”(Hhovdov xov )[1]。此外，还有不同于元江流域哈尼族的节祭：洗谷种的节日“千卡”（Qieilka），祭祀耕种中受伤、丧命虫类的节日“捕跌真朗”(Buq’ deil zeiv’ lan)，庆祝秧苗抽穗的节日 “开耶耶”（Kalyei yei），祭谷神“红平老”(Hmqpiq lao)……

可以说，悠久的农耕文明是哈尼人节日文化产生和发展的坚实基础，每一种节日或祭祀的时间与形式都是配合农业生产的节律和需要，每一种节日或祭祀的终极目的都不外乎祈求风调雨顺、五谷丰登，以保证人们生存发展必需的物质基础。正因为如此，某些随着生计方式转变的哈尼族聚居区，节日文化也开始出现逐步消解和适应新兴生计方式的重构。比如近年来以橡胶种植为主要生计基础的哈尼族地区，以农耕为旨归的种种祭祀已淡出生活，配合农耕节律的大部分节日因为与割胶生产冲突而弱化或消失。

## 三、节日起源、流布与变迁

关于十月年的节日起源，目前普通百姓基本上都不能有清晰的解说，

1．澜沧江流域有些地方的哈尼人也称此节为“伙习扎”(Hoqxeevq zaq)，与元江流域哈尼族同。

大多数人只知道是遵从世代相传的遗俗。见诸近现代各种书籍的记载里，不同地方哈尼族对此有不同的传说或说法。

东部哈尼族关于十月年的来历大致传说如下：

很久以前，有个阿妈生了三个儿子，儿子长大后分别变成豹子、风、龙，相继离开了老人。无依无靠的老人四处找寻儿子。有一天，她找到了大儿子，豹子却说没工夫照管她；她又找到了二儿子，风说不能和她一起生活；阿妈找到了三儿子，龙送阿妈三包东西后腾空而去。阿妈回家的半路上忍不住打开三个包：第一个包是金黄的稻谷，第二个包是一些泥塑的猪、牛、羊，它们被风吹落到地上，长出了金灿灿的谷穗，变成了活蹦乱跳的牲畜。第三个包里钻出三个小伙、三个姑娘陪伴阿妈。从此，阿妈过上了幸福生活。她想起龙的一片孝心，于是把农历十月的这一天定为龙日，以后都在这天过年。

此为见诸记载的十月年来历[1]的一种说法，与东部哈尼族聚居区普遍流传的《塔婆取种》[2]的传说相似，只是《塔婆取种》结尾为："塔坡（婆）去世后，哈尼人就兴下规矩，收割庄稼选在属龙的这天，用自己一年辛勤劳动的收获，祭献给心地善良的塔坡老祖母和她那孝顺的儿子龙王欧罗。"在这则传说里则增加了"以龙日过年"的解释，并引申为"十月年"的来历。

中部哈尼族对十月年的来历有不同的传说——

1．马晓京编著.中国100种民间节日[M].广西人民出版社，1991.324.

2．朱小和讲述、卢朝贵搜集，详见刘辉豪，阿罗.哈尼族民间故事选[M].上海文艺出版社，1989.221.

很久以前，哈尼人生活在一个美丽富饶的地方。秋收后，五谷满仓、鸡鸭成群、牛羊遍山。夏历十月间，满山樱花开时，山间出现一个恶魔，毁坏庄稼、吞食人畜。哈尼山寨的人们过着艰难的日子。有一天，恶魔闯入一户哈尼人家，看见红艳艳樱花似焰火，吓得魂飞魄散。妖魔又窜到另一家，主人随手抓了一个铜盆丢了过去，妖魔一听"叮叮当当"的响声吓得放下牛羊慌张逃命。天色渐黑，妖魔又摸进一户哈尼人家，被惊醒的主人点着火把出门看，妖魔一见明晃晃的火把，又被吓跑了。妖魔接连被吓了三次，就此从哈尼山寨消失了。据说妖魔被吓跑的这天是属龙日，从此哈尼族就把夏历十月第一个属龙日定为岁首。

此则十月年来历[1] 传说被各种文章转引最多，与汉族民间"过年的传说"、"除夕的传说"有相似之处。主要对哈尼族为何在"夏历十月属龙日"过年进行解释，强调了"樱花开放"在哈尼族十月年中的物候标志意义。

此则传说还有另一种结尾：

人们发现怪物害怕红彤彤的樱桃花、明晃晃的火把和叮当作响的金属声。为记住这个好日子，哈尼人把每年夏历十月定为自己的传统大年，家家户户杀猪宰鸡，舂糯米粑粑，酿造喷香的米酒，敲镗击鼓又唱歌，邀请附近各民族好朋友到家里做客，互相祝福。从此，哈尼族过十月年，一直传到今天。

1．黄桂枢.新编思茅风物志[M].云南人民出版社，2000.126.

《嘎汤帕的来历》[1]是有关十月年的另一则传说，主要流传于哈尼族聚居区西部阿卡人中——

很早以前，首领哦特雷看到百姓生活好过，想出用过节来耗费百姓财富的主意。于是开创了“嘎汤帕”节，节期15天。他规定节日期间只准吃喝玩乐，不准下地干活。结果，富裕人家每天耗费九斗大米，穷苦人家一天吃九箩山药。富裕人家纷纷反对，“嘎汤帕”节不得不终止。到了最汤帕时候，他规范了各种农事生产和祭祀活动，恢复了“嘎汤帕”节，把节期改为五天，从新年第一个属牛日开始到属蛇日结束。从此，“嘎汤帕”就作为一个传统节日延续下来。节日中人们杀猪宰牛、舂粑粑，摆好酒宴，首先要祭献汤帕阿培。



哦特雷、最汤帕是出现在所有哈尼人连名谱系中的哈尼共祖。此则传说中的“嘎汤帕”即哈尼族阿卡人对“十月年”的称呼。这则传说将节日起源时间定在哈尼族口述史中的“哦特雷”时代，将节日的完善时间定在“最汤帕”时代，将节日的创立归结为“首领的意志”，反映出节日创立、变迁的原因和过程。这则传说里隐约提到了节日与农耕、祭祀的关系，谈到节日的主要活动。与前文不同的是，节期是从属牛日开始而不是属龙日。

阿卡人迁徙史诗《雅尼雅嘎赞嘎》中“嘎汤帕”的来历与此大同小异：

在加滇地方，阿培汤玛阿尧开创了嘎汤帕节。他说嘎汤帕要过十五天，从此雅尼雅有了嘎汤帕节。宰猪杀羊、祭祖敬神，洗

1．勐海县民族事务委员会编．西双版纳哈尼族民间故事集成[M]．云南少年儿童出版社，1989.45－47.流传地区：勐海、景洪等地；讲述者：车朗、张达；搜集整理：施达。

尘净身、清算木刻。大家吃喝玩乐，尽情开欢。半个月里天天有酒有肉，一天吃掉三箩米，一天宰掉三头猪，一天喝完三坛酒。汤玛阿尧于是把嘎汤帕改成五日。[1]

与前面所述不同的是，这则传说里开创和更改“嘎汤帕”习俗的人均为“汤玛阿尧”，地点则在“加滇”。“加滇”是阿卡人口头传说中哈尼先民以元江、墨江为中心建立的地方政权，加滇政权的结束约在公元14世纪元明之际。

哈尼族地区现行历法呈现多样性特征，是阳历、阴历和物候历三者合一的综合性历法。东部和西部聚居区，民间基本使用具有突出物候特征的传统历法来安排农事和节日；中部地区部分使用传统历法（与东部和西部聚居区使用的传统历法大致相同），部分使用汉族的十二月历。

绿春一带哈尼族《四季生产调》开篇唱道：

妇女算月不能无心思，上坝汉家有数月大哥。汉家屋前桃花开，汉家数月不会漏。桃树开花就是汉家算月的记号。男人算年不能无心思，河坝傣家数年不会忘。傣家房前攀枝花儿开，攀枝花是代替算年的记号……冬季到来万物变，冬神甘西吾汝[2]出生在冬天，龙日蛇日是冬神降生日，冬神来临要舂汤圆面，舂面得择龙蛇日。

古歌里，桃花、攀枝花是汉家、傣家计算年月日的物候。在长期的农事生产中，哈尼人积累了丰富的生产经验，总结了一套物候历法，遵从自

1．施达，阿海．雅尼雅嘎赞嘎[M]．云南人民出版社，1992．64－67．

2．甘西吾汝，哈尼语，意为冷得起鸡皮疙瘩、毛发直竖的样子。

然物候的变化来安排农事、祭祀和家庭生活。大多数哈尼族对十二个月的称呼包含鲜明的物候历特征。“在哈尼族和傈僳族中，至现代还不习惯以数字或生肖纪月，而是习惯以物候、农事或其他特征作月名，也许便是这种纪月习惯的承传”。[1]所谓物候历是指以物候变化周期为年的单位，既没有准确的年的时间长度，也没有严格的纪月和纪日制度，仅据物候特征指导生产和生活。这是哈尼人认识自然、顺应自然的必然结果。

因分布地域广，各地时令稍有差别，各地哈尼人对十二月的称呼有所不同。以红河县[2]、墨江县[3]、勐海县[4]为例，将十二月的名称及意义整理如下：

**表1**

| 月份 | 红河县哈尼语 | 意译 | 墨江县哈尼语 | 意译 | 勐海县哈尼语 | 意译 |
|---|---|---|---|---|---|---|
| 正月 | 荣腊 | 草木生长月 | 胡什 | 新年月 | 别络 | 草死月 |
| 二月 | 比如 | 蛆虫蠕动月 | 毕热 | 虫走月 | 常阿 | 地湿月 |
| 三月 | 茶俄 | 草木萌动月 | 萨木 | 气蒙月 | 且拉 | 种谷月 |
| 四月 | 咪梯 | 播种插秧月 | 涡拉 | 做活月 | 刚拉 | 踩耙月 |
| 五月 | 夫赊 | 准备过节月 | 蔑哥 | 饿瘦月 | 炒拉 | 梅雨月 |
| 六月 | 矻玛 | 苦扎扎月 | 库拉 | 枯槁月 | 若拉 | 拔草月 |
| 七月 | 诺赊 | 结束过节月 | 什拉 | 七月 | 西彦 | 熬酒月 |
| 八月 | 粗纳 | 果实满枝<br>田野发黑月 | 亥拉 | 八月 | 那彦 | 尝新月 |
| 九月 | 粗普 | 果实满枝<br>田野发白月 | 渥拉 | 九月 | 唐拉<br>皮尤 | 入库月 |
| 十月 | 呼锐 | 旧年月 | 采拉 | 十月 | 盖拉 | 樱桃月 |
| 十一月 | 呼斯 | 新年月 | 耶尼 | 樱红月 | 空埃 | 送旧月 |
| 十二月 | 斯锐 | 种子成熟月 | 着拉 | 落叶月 | 空实 | 迎新月 |

碧约、卡多、哦怒等哈尼人已没有保留十月年节日，他们除了采用与

1. 李维宝.云南少数民族天文历法研究[M].云南科技出版社，2000.92.
2. 编委会.红河县志[M].云南人民出版社，1991.91.
3. 王尔松.哈尼族文化研究[M].中央民族大学出版社，1994.181.以墨江癸能豪尼语记录。
4. 夏光辅等.云南科学技术史稿[M].云南科学技术出版社，1992.291.

汉族相同的十二月历法外，在月份的名称上也不再有十月历或物候历的特征或遗留。他们的语言中，月份是基本按照汉语的“数字+月”的形式来称呼：

表2

| 汉　语 | 一月 | 二月 | 三月 | 四月 | 五月 | 六月 |
|---|---|---|---|---|---|---|
| 卡多语 | 特蒿 | 聂蒿 | 些蒿 | 礼蒿 | 熬蒿 | 阔蒿 |
| 哦怒语 | 特食 | 尼食 | 些食 | 日食 | 恶食 | 苦食 |
| 碧约语 | 正月波罗 | 二月波罗 | 三月波罗 | 四月波罗 | 五月波罗 | 六月波罗 |
| 汉　语 | 七月 | 八月 | 九月 | 十月 | 十一月 | 十二月 |
| 卡多语 | 嘻蒿 | 雪蒿 | 及蒿 | 策蒿 | 策特蒿 | 策聂蒿 |
| 哦怒语 | 食食 | 血食 | 急食 | 奥食 | 奥特食 | 奥尼食 |
| 碧约语 | 七月波罗 | 八月波罗 | 九月波罗 | 十月波罗 | 冬月波罗 | 腊月波罗 |

关于季节，民间有三季说、四季说、五季说三种。

“三季说”全年分三季，即冷季、暖季、热季，每个季节有四个月。哈尼语将这三个季节分别称为“曹嘎”“奥都”和“耶涡”。“曹嘎”意即“云雾笼罩、天气寒冷”，此为冷季，大致相当于汉族农历的秋末和冬季，即农历九月中旬至来年正月中旬，包括十月（猪月）、冬月（鼠月）、腊月（牛月）、正月（虎月）四个月。这一时期，气温下降，甚至出现霜降；一些树木落叶，樱花开放，燕子鸣叫，人们开始砍荞地、犁水田，备春耕。“奥都”意即“百花争妍，万物复苏”，此为暖季，大致相当于汉族农历的春季和夏初，即农历正月中旬至五月中旬，包括二月（兔月）、三月（龙月）、四月（蛇月）、五月（马月）四个月。这段时期，气温回升，天气晴朗，树木发芽抽枝，虫儿出土，黄饭花盛开，布谷鸟声声催耕，哈尼族人民撒秧、插秧、薅草、锄地，农事繁忙。“耶涡”意即“天气湿热，雨水连绵”，此为雨季，大致相当于汉族农历的夏末和秋季，即农历五月中旬至九月中旬。包括六月（羊月）、七月（猴月）、八月（鸡月）、九月（狗月）四个月。这段时期，天气相对湿热，雨水阵阵，山林蝉鸣声声，竹林笋子遍生，经过一段青黄不接的连绵雨季，收荞子、割稻子，秋收大忙。

“四季说”一年分四季，即冷季、暖季、热季和收获季，每个季节有三个月。四季说的季节与月份的搭配和汉族农历春、夏、秋、冬四季相同。前三季的哈尼语称谓同“三季说”，哈尼语称“收获季”为“车第”。“车第”意即“打谷子”，以这一时期的重要农事来指称这一季节。也有的地方将第四季称为“户余”，意为“旧年”，即新年到来前的最后一季。[1]元阳一带的哈尼族习俗歌里则这样唱——

> 一年分四季，一季有三个月。一季有一季的名分，一月有一月的礼仪。远古的先祖去世了，兴下的古规不会死。没有干风季节三个月，万物不得换新衣；没有雨天季节三个月，庄稼不会抽枝叶；没有热风季节三个月，地上庄稼不会熟；没有冷风季节三个月，爬虫会长狗样大，盘蛇高过七层凳。先辈兴下的古规不能忘，先祖传下的道理要记牢。

“五季说”即一年分五季，并非现行历法，传说历史上曾经使用过一年等分为十个月，每季度两个月。即365天分为10个月，每个月36天，剩下5天为过节的日子。“苦扎扎”即为一年中最居中过节的五天。而十月年也被称为“车腊胡余补”（Ceilla Huvqyulbu），其意即为十月乃一年之初始。

哈尼族十月年的产生与形成历史十分悠久，与哈尼族历史上曾经使用

1. 红河县一带哈尼族将春夏秋冬称为“翁堵”“粗台”“热摆”“常摆”。

太阳历密切相关。太阳历也称十月历，是上古时代就已发展趋于成熟的一种历法。依据实测太阳回归周期长度作为年的单位，分成10个阳历月，每个月36日，剩余日独立用于过冬、夏两次新年。以冬至日为新年开始，约在4年里置1个闰日，安排在夏天过新年。天文学者指出："这种历法原由彝、白、哈尼、纳西、拉祜、景颇、阿昌等民族的先民承传着，后来由于受汉族和傣族的影响，才先后转向使用阴阳合历，十月历只留下了一些遗迹。"[1]"哈尼族使用十二月历，是受到汉族农历影响后的产物。在此之前其传统历法是十月历。十月太阳历的一个显著特征，是将一年分成两半，在夏、冬两次过新年，即历经5个阳历月之后过一次年节。通过对节日的性质、节期和活动内容的讨论，并与彝族的火把节和星回节比较，在夏至附近的'苦扎扎'和冬至附近的'十月年'，正是哈尼族使用十月历的夏、冬两个新年。"[2]

哈尼族曾使用的十月历还保留在"以轮纪日"的习俗中。时至今日，大多数哈尼人不是以七天一星期的周期来计日，而是以轮为周期来计日，借以推算年龄和山乡集市的日期。哈尼语"一轮"称"其艳"（Qiqyeiq）或"提艳"（Tiqyeiq）。以十二属相记日，按照虎、兔、龙、蛇、马、羊、猴、鸡、狗、猪、鼠、牛的顺序，正月初一为虎日。一轮十三天，两轮二十五天，三轮三十七天，以此类推。比如，从虎日开始，到第二个虎日为一轮，两头算合计十三天；到第三个虎日为两轮，两头算合计二十五天。

天文历法专家依据红河县的月份名称分析认为：这是两种历法的部分内容混合的结果，哈尼族原本的传统历法是十月历，后来受汉族使用农历的影响，才出现了这种局面，主要表现在以下4个方面：

一是对应在农历的冬月称新年月，按其意是新的1年开始的第一个

1．李维宝.云南少数民族天文历法研究[M].云南科技出版社，2000.1.
2．李维宝，张佩芝，白祖额.哈尼族历法的演变[J].云南天文台台刊，1994.03.

月。很显然，是指十月年之后开始的正月，换言之，也就是十月历的十月份结束以后之月份。腊月称多余月份，词意也很明确。由此可知。十一(冬)月和十二(腊)月是为了与十二月历保持一致，后来才加添的月名，这两个月的物候，大约也与农历对应。二是在十月过新年，其物候标志是野樱桃花含苞待放，待野樱桃花怒放时正值冬至节气，要吃汤圆。而冬至节是在农历冬月的月初至月末游动、如果按物候过十月新年落在年月初，那么十月和十一月大体上是重叠的，由此可知纪月的“混乱”。在一至十月里，每月都有规模大小不一的祭祀活动，而十一月和腊月却没有，也很能说明问题。三是所谓二月祭寨神，对于过了十月年后又随汉族过春节的哈尼族，多在农历一月的第一个牛日或虎日举行；不过春节的哈尼族，多在农历腊月的第一个牛日或虎日举行，说明所谓二月并非农历的二月，而是按原来使用十月历时形成的习惯，它在农历二月之前已经到来。四是保留下来十月历特有的冬、夏两次过新年，即十月年和六月年。

专家试图恢复哈尼十月历原来的对应时段和节日、祭祀(括号内为对应的公历日期)——

一月(12.22—01.26)，动物冬眠，野樱桃花和蜡梅花开放，过冬至节。

二月(01.27—03.03)，祭寨神(也含有唤醒万物之意)，准备春耕。

三月(03.04—04.08)，过黄饭节(农耕礼仪)，开始春播春插(开秧门)。

四月(04.09—05.14)，祭水源神。

五月(05.15—06.19)，招牛魂。

六月(06.20—07.25)，1年过半，太阳回归，1—2天过苦扎扎节。

七月(07.26—08.30)，灭虫，修路，为秋收做准备工作。

八月(08.31—10.05)，尝新米节。

九月(10.06—11.10)，年末月，做粑粑送长工回家。

十月(11.11—12.16)，新年将来临，野樱桃花含苞待放，准备过扎勒特节(十月年)，占5天剩余日(12.17—12.21)。[1]

因为哈尼族将十月视为一年的起始之月，所以哈尼族过完十月年就等于翻年，因而农历中一年结尾的十月、十一月、十二月，实际就是哈尼人新一年的头三月。

关于历法起源，各地哈尼族普遍流传“砍倒遮天大树分年月”的传说。目前已搜集整理出版的《十二奴局》、《雅尼雅嘎赞嘎》、《哈尼族礼仪习俗歌》、《哈尼族民间故事选》、《都玛简收》等书中均有相关叙述[2]。流传于绿春县一带的《都玛简收》传说中的叙述相对较为完备，大致情节为：四处逃婚的简收姑娘来到阿倮欧滨，口干舌燥的她把芦苇拐杖插在身旁，弯腰捧了三捧甘甜的泉水。转身，神奇的芦苇拐杖生了根、发了芽，长成了一棵遮天蔽日的大树，世间从此失去了光明。后来，共居一域的哈尼、拉祜、彝、傣等兄弟民族同心协力砍倒了遮天大树。大家依据大树的树根、枝叶，分清了年月日。“遮天大树”的传说出现在不同哈尼族地区的多种异文中，主人公分别被称为“简收”“尖收”“检收”“杰姒”，或“滇仙”，汉字记音不同但哈尼语发音都一样。不同异文的情节大同小异，都包括三个核心母题：一、她因为某种原因不得不流浪四方，无家可归四处乞讨、四处寻人出嫁，或逃婚在外；二、她的拐杖变成了遮天大树，无论是普通的讨饭棍，还是祖传的拐杖或芦苇拐杖；三、各兄弟民族同心协力砍倒大树，并依树枝、树根、树叶分清一年有十二个月、一月有三十天、一年有三百六十天。

历法专家指出：“这个神话传说，也许是哈尼族转向使用十二月历

---

1. 参照李维宝.云南少数民族天文历法研究[M].云南科技出版社，2000.126.
2. 《十二奴局》中为“砍树计日”；《雅尼雅嘎赞嘎》中为“遮天的大树”；《哈尼族礼仪习俗歌》中为“年轮树”；《哈尼族民间故事选》中为《遮天树王》；《都玛简收》中为“大树王出世”“砍大树”“认年月”。

留下的依稀记忆。值得注意的信息是：第一，‘大树王’是检收这个神秘人物从她的‘家乡’移植而来，依据大树王使用十二月历也就不是当地的‘土特产品’。第二，1年12个月共360天的历法根本就不存在，它与太阳回归周期相差5天有余，如此粗疏的历法更不可能与季节变化符合而长期流传下来。第三，以农历十月过新年，正好是十月历传统新年祀祖被移植到十二月历中的反映。”[1]

以神树定日月的历法起源传说，也流传在墨江一带的哈尼族白宏人中。主角不是“简收”“尖收”“检收”“杰姒”，而是“天神萨玛”。神树也不是拐杖长成，而是一自然生成的万年青树，即云南南部多见的榕树。也没有大树遮天、砍倒大树的情节，只是天神根据万年青树的十二个枝杈、三百六十片叶子、四朵花、三十颗籽、十二条根定下一年十二个月、三百六十天、四季、一月三十天、十二属相纪日的历法。

红河南岸哈尼族还有“遮姒定日月”的传说。史诗《哈尼阿培聪坡坡》中叙述到，早在“什虽湖”时期，继“遮姒”开创驯化豢养动物、“遮努”开创人工种植庄稼之后，两位高能的女子应生产劳动的需要开创了历法——

> 遮努的收成有好有差，
> 细想想是节令没有合上，
> 她请教养牛放羊的遮姒，
> 遮姒姑娘有了主张。
> 她指着十二种动物，
> 定下了年月属相，



1．李维宝.云南少数民族天文历法研究[M].云南科技出版社，2000.126.

一年分做十二个月，
一月有三十个白天夜晚，
哈尼算日子从鼠起头，
算到胖猪一轮就满。
有了属相按时栽种，
遮努种出吃不尽的米粮。
她又用五谷酿出美酒，
美酒成了哈尼离不开的伙伴。[1]

此外，哈尼民间还有另一种历法起源传说：在很古的时候，哈尼人不会分年月日，他们的日子十分难熬。听说在遥远的“许余”地方有人会分年月日，于是一个聪明的哈尼人便到“许余”地方去要年月日，这里有千千万万的年月日。一个叫“拉约克玛”的神给了年份，一个叫“同锐阿若”的神给了月份，而且还给了轮和日。哈尼人从此得到了干干净净的年、月、日和轮。从此以后，哈尼人能从日算到轮，从轮算到月，从月算到年，也过年过节了。这则传说被称为“神送年月日”。[2]

据哈尼人的口头传说，十月年或称“嘎汤帕”产生于远古时代，最初只是一个“吃喝玩乐”的节日，节期为15天。哈尼族阿卡人里的《嘎汤帕的来历》[3]叙述了节日的三个历史时期：

A．初创时期——首领哦特雷看到百姓生活好过，想出用过节来耗费百姓财富的主意。于是开创了“嘎汤帕”节，节期15天。他规定节日期间

1．朱小和，史军超等．哈尼阿培聪坡坡[M]．云南民族出版社，1986．18．
2．白克仰．红河哈尼族文化调查[M]．红新出〔2006〕准印字第244号．312．
3．勐海县民族事务委员会．西双版纳哈尼族民间故事集成[M]．云南少年儿童出版社，1989．45－47．流传地区：勐海、景洪等地；讲述者：车朗、张达；搜集整理：施达。

只准吃喝玩乐，不准下地干活。

B．废除时期——富裕人家每天耗费九斗大米，穷苦人家一天吃九箩山药。富裕人家纷纷反对，“嘎汤帕”节不得不终止。

C．恢复时期——到了最汤帕时候，他规范了各种农事生产和祭祀活动，恢复了“嘎汤帕”节，把节期改为五天，从新年第一个属牛日开始到属蛇日结束。从此，“嘎汤帕”就作为一个传统节日延续下来。

何谓“哦特雷”时期？《雅尼雅嘎赞嘎》里唱：“送米窝传播了人种，送米窝繁衍了后代，送米窝开创了祖先的家谱，从他们那一代起，接下来便是窝推雷、推雷宗、宗米耶。宗米耶啊，是雅尼雅中最聪明的人，世上的事他样样懂，盖房子是他发明，养牲畜是他先做，种庄稼是他教会。”[1]古歌里，人类记忆肇始于“送米窝”时代，“宗米耶”时代人类进入定居、畜牧、农耕时期。“宗米耶”简称“米耶”，也记作“梅烟”，是哈尼族被神化的祖先神，通常称为“阿培米耶”，被认为是无处不在、随时护佑哈尼子民的至高无上的神灵。汉族传说，炎帝培育粟谷、建造房屋，发明历法。《新语·道基》：“至于神农，以为行虫走兽，难以养民，乃求可食之物，尝百草之实，察酸苦之味，教民食五谷。”《皇王大纪》载：“（炎帝）兴农桑之业，春耕夏耘，秋获冬藏。为台榭而居，治其丝麻为之布帛。”甚至还有“神农以十一月正，尚赤”之说。意即，神农（炎帝）以十月之后的十一月为新年伊始的正月，崇尚红色。哈尼人口碑之“宗米耶”时代与汉族传说之“炎帝”时代大致相同。上述传说中，十月年初创于哈尼先民尚未进入农耕文明之前的“哦特雷”时代，早于“宗米耶”两代王的世系。“宗米耶”之后哈尼人经历了十多代王的世系和40多代人的世系。至今已有数千年的历史。

1．施达，阿海．雅尼雅嘎赞嘎[M]．云南民族出版社，1992.7.

在红河一带广为流传的哈尼族迁徙史诗《哈尼阿培聪坡坡》中，哈尼族早在“诺玛阿美”时代既已有十月年的习俗——与哈尼通婚的腊伯，觊觎哈尼的好地“诺玛阿美”，于是前来挑衅：“我的兄弟你要听好，诺玛不是哈尼的地方，阿哥的在处不够，快领着你的族人到下方！”年轻的乌木坐在高位，说出来的话硬邦邦：“不到十月年你就喝醉酒，舌头倒着生话也不会讲。一个老人不在，规矩还是照样，乌木的寨堡不准来吵闹，这里是说情讲理的地方！”[1]书中附有注释——“按哈尼历法，十月是岁首，所以十月年是大年，节期较长，将近半月，最为热闹。”[2]此中，“节期半月”与前文“节期十五天”一致。初步考证，所谓“诺玛阿美”是哈尼先民曾经生活了十三代人的今成都平原北部，其时为大约三千年前的古蜀时期。

传说中有“节日废除”的时期，大概反映出历史上由于物质生产、贫富差距等原因，以吃喝玩乐为主、节期十五天的“嘎汤帕”节曾一度中断。

所谓第十三代子孙“最汤帕”时期，“十三代”不是指普通人的世系，而是作为统治者的首领世系。参照云南地方史与哈尼族历史，南诏时期云南境内各少数民族部落各据一方，哈尼先民“和泥”亦在元江流域形成自己的势力范围。“综合史料，可以看出，唐代南诏银生节度（治在今景东）威远睑范围为元代元江路，包括今景谷、镇沅、墨江、普洱、思茅、元江、红河、绿春、金平、江城以至越南、老挝边境，这一片地区总名和泥，当是以和泥人居多数且占主要地位而得名”。[3]这一带在南诏、大理时期一直游离在南诏、大理政权边缘，这一带也即后来元史所称的“罗槃国”。这一时期，哈尼的王整合了民族传统文化——“他规范了各种农事生产和祭祀

1．朱小和，史军超.哈尼阿培聪坡坡[M].云南民族出版社，1986.69.
2．朱小和，史军超.哈尼阿培聪坡坡[M].云南民族出版社，1986.216.
3．哈尼族简史编写组.哈尼族简史[M].云南人民出版社，1984.13.

活动，重新恢复了‘嘎汤帕’节”。[1]节日的一个重要变化就是节期缩短为“五天”，具体时间“从新年第一个属牛日开始，到属小龙那天结束”[2]。

综上可知，哈尼族十月年产生形成的历史久远，在漫长的历史发展过程中节日习俗经历了多次变迁，大致于唐宋之际在一定范围内得以整合。

有关哈尼族十月年的历史记载，历代汉文史籍中几乎未见系统描述，只是在其他著述中有零星记载。明末崇祯时期江阴人陈鼎从其父入仕云南，后入赘教化土官龙家，著有《滇黔土司婚礼记》，龙氏为世领六诏山的和泥，也即见诸唐代文献的东部和蛮。陈鼎云：“冠裳服饰，冠婚丧祭，一秉周礼。以十一月建子为岁首，婚姻重媒妁，备六礼，然后成。”[3]虽未直接提及十月年，却已指出其历法特点——以十一月建子为岁首，即以十一月鼠月为新一年的开始。

清嘉庆《临安府志》卷十八“土司志”载：“或又以六月属蛇日为节，十月属蛇日为年。”[4]虽未明确指出系哈尼人节俗，但所言正是此区域内哈尼人的六月节与十月年。

民国《石屏县志·土司》(公元1938年编纂)有载“思陀司”之事：“窝泥……多居深山，茅屋如篷，竹笆作楼，名为土掌。人住其上，牲畜在下。掌之中央设火塘，爇火其中……每年五月建子日为节，十月建辰日为年。”[5]文中提及“窝泥”以十月属龙日为年节。

民国《墨江县志资料》（公元1940年编纂）和民国《墨江县志稿》（公元1942年编纂）中有大致相同的记载言及十月年种种活动：补孔，又名麻黑，居县属善政、永安、善化三乡，约一万余人，言语倍鴃，亦无文

1．勐海县民委.西双版纳哈尼族民间故事集成[M].昆明：云南少年儿童出版社，1989.46.
2．勐海县民委.西双版纳哈尼族民间故事集成[M].昆明：云南少年儿童出版社，1989.46.
3．[清]陈鼎.滇黔土司婚礼记.
4．[清]江浚源.临安府志，1882.
5．[民国]石屏县志.1938.

字，且鲜读汉书者，历史亦不可考……以十月为一年，有周时之风……收获后，三五村订期宰牛击鼓，互相邀饮，男则跣足涂面，女则吹叶作乐，昼夜歌舞，称曰过年……此种夷人离城较远，一切尚未向化[1]。

自明清以来，墨江即是哈尼族聚居区中汉族人口比例相对较高的地方，因此难能可贵地留下了关于十月年的只言片语。一方面揭示了哈尼历法的特征，即“以十月为一年，有周时之风”；另外，对节俗有简短描述：节期在收获之后，典型的年节的特征；具体日期不确定“三五村定期”，大多以属相而定，存在一定的地域差异；节日内容“宰牛”“击鼓”“互相邀饮”“跣足涂面”“吹叶作乐，昼夜歌舞”。“跣足涂面”一语表明，当时的节俗中除了歌舞饮乐之外，尚有关乎信仰仪式的内容。

以20世纪50年代少数民族大调查为基础的《哈尼族社会历史调查》一书对当时哈尼族地区的十月年习俗多有零星提及。《红河县哈尼族社会历史调查》载：

哈尼族于农历十月份属虎日开始过大年，共13天。在节期中，男女老幼均不事生产，穿新衣，访亲友，尽情欢乐。家家杀猪、宰鸡、舂粑粑，蒸糕点献祖。嫁出去的姑娘，也带着酒、肉、鸡蛋、粑粑回来献祖过年。有的家族和邻里之间，轮流请吃饭。老年人到处游玩，儿童打磨秋，青年男女们三三两两、成群成伙地弹琴、歌舞。阴历“十月年”正是收割完毕之际，具有庆丰收的意味。[2]

这段文字不仅明确了节期，还列举了节日内容。同书《元阳县哈尼族情况琐记》对元阳哈尼族阿楼（也记作艾罗、昂罗或昂倮）人的调查，道

1. [民国]胡中林等.墨江县志资料[M].民国抄本；[民国]佚名.墨江县志稿[M].民国抄本。
2. 编辑委员会.哈尼族社会历史调查[M].民族出版社，2009.78.

"夏历十月举行'会衣布'。'会衣布'即楼比、楼美（也记作糯比、糯美或罗比、罗美）支人的'嘎透透'。在'会衣布'上，各家要用糯米做汤圆煮吃"。[1]这段记载强调了节日食俗——食汤圆。

同书《勐海县西定山坝丙寨哈尼族宗教调查》中的记载较为详细：

> 哈尼族称过新年为"戛唐"，又称"戛唐培楼"，亦称"戛唐帕"。"帕"是换的意思，所以"戛唐"即过年。先后过四天，前两天为旧年岁终，后两天为新年岁始。该地哈尼族的历法，也就是以戛唐为一年的终结和新的一年的开始。戛唐前一天的晚上，由追玛宣布明天开始戛唐，从而全寨进去"浪当透"。过节第一天清早，仍由追玛到"阿培楼厚"打祭祀用水，各家也相继去打。各家由家长在祖先灵台"阿培朱格"前敲鸡祭祀祖先。祭器、祭品及仪式如前。第二天各家长持木刻"阿交"，齐集追玛家核对木刻，结算一年里公共开支负担及各种门户杂派账务，当地哈尼语称"阿交达玛"。各家应退应补账务，必须在这一天结算清楚。退补完毕，同时预算新的一年中，各项公开开支及门户杂派负担。第三天天一亮，各家就用糯米粑粑和米酒祭祀祖先，然后全寨共杀牛一头、猪一口。贫穷的寨子无力杀牛，也可以只杀猪一口，各家平均分配。当地哈尼语称"惜尼拉都"。第四天全寨休息一天，不做祭祀活动。[2]

"文化大革命"期间，和其他少数民族一样，包括十月年在内的哈尼族传统习俗被视为"四旧""封建迷信""牛鬼蛇神"，遭到批判和打

1. 编辑委员会.哈尼族社会历史调查[M].民族出版社，2009.78、82.
2. 编辑委员会.哈尼族社会历史调查[M].民族出版社，2009.136.

压。直到20世纪80年代以后，一些哈尼族聚居区的地方志书、风情录才又开始关注到哈尼族十月年，如《红河风情》、《元阳民俗》、《彩岚情馨》、《墨江哈尼族自治县概况》、《江城哈尼族彝族自治县志》、《红河县志》、《思茅少数民族》、《新编思茅风物志》、《新编红河风物志》等书。其中，《思茅少数民族》中难能可贵地记载了期第、白宏、腊米、碧约等哈尼人的十月年概况；《新编红河风物志》以较长的篇幅，记录了红河州一带哈尼族十月年的概况。[1]

极其有限的文献记载中，各地哈尼族在散居滇南各地后，虽然大多保持阴历十月过年的传统节俗，但在节日名称、节期、活动与仪式等方面已产生相互差异。这与哈尼先民进入云南直至定居元江流域之后未形成真正意义上的统一政权密切相关。在山川阻隔、多民族杂居的滇南一带，散居各地的哈尼人相互往来、交流的范围极其有限。与此同时，各地哈尼人与当地其他民族多有往来交流。历经千百年的各自发展，逐步形成相互有别的十月年节日习俗。

历史上，随着云南汉族移民的增加，汉文化的影响逐渐深入各边疆民族地区，哈尼族也不例外。以哈尼族传统十月历法逐步被汉族十二月历法取代为标志，哈尼族十月年传统习俗逐渐发生变迁。时至今日，十月年的现状大致可分为三种情况：北部散杂居哈尼族以及聚居区中部的部分哈尼族，由于历史上接触汉文化较多，接受十二月历法较早，其十月年节俗已基本消失；聚居区东部与西部的哈尼族以及聚居区中部的部分哈尼族，大多数现行历法中保留了十月历和物候历特征，或多或少保留了十月年节俗；因为工作、学业等关系，长期出门在外居于北京、昆明等城市的哈尼族，一般以聚会形式组织活动欢度哈尼族十月年。

1. 详见志略部分“其他”下各条。

▲ 载歌载舞/陈桂芬 摄/2011年

(1) 居住在元江以北昆明、楚雄、玉溪等地的大多数哈尼族，以及居住在哈尼族聚居区中部普洱市及其周围的碧约、卡多、哦怒、豪尼等哈尼人基本无传统十月年节俗。元江以北散杂居哈尼族因为长期生活在以汉族为主的其他民族与文化中，文化的种种表现形式已明显改变，不再保留十月年节俗。哈尼族聚居区中部操哈尼语碧卡方言的碧约、卡多、哦怒等哈尼人十月年节俗的消失，究其原因主要有两点：其一，这一方言支的哈尼人即见诸唐代记载的“西部和蛮”，他们在唐以前就以银生（景东）为主要聚居区，与东部和蛮不同，西部和蛮的迁徙只经过大理而没有经过昆明；其二，碧卡支的哈尼人聚居区域与汉族、白族较靠近，历史上受到较多汉文化影响，较早接受了汉族的十二月历法，最直接的证据就是他们目前对十二个月的称呼完全是汉语式的。随着历法的改变，十月年节俗随之消失。哈尼族聚居区中部的豪尼，其十月年节俗也基本消失。豪尼人虽然在语言中保留有十月历、物候历的特点，但因为这部分豪尼人主要分布在县城附近，与自元明以来大量涌入汉族接触较大，接受汉文化的影响较多。

(2) 东部与西部聚居区以及中部聚居区的一部分，大多数村落居住的哈尼人不同程度地保留有十月年节俗或其变迁形式。其中又可大致分为两种情况：一种为只过传统十月年不过汉族春节的哈尼族村落，这样的村落现在已经越来越少；另一种为既过传统十月年又过汉族春节的哈尼族村落，此种情况比较普遍。由于节期不统一，从阴历十月第一个属牛日开始，至阴历十二月最后一轮属龙日，在长达两月有余的时间里，都有哈尼人在欢度年节。

相对来说，地理位置较偏僻、受汉文化影响较小的村落只过哈尼十月年，尚未接受汉族春节。这些村落的节日形式大多数保持自然、自在的发展势头，节期按照传统历法依属相择定，以家庭为节日祭祀和庆祝的基本单位，村落传统社会组织以及现行村民小组共同参与节日中村落事务的组织和协调，较少有村以上各级政府介入节日活动的组织。

大多数处于县城或乡镇附近的哈尼族村落，受汉文化以及学校、国家机关假期制度的影响较明显，他们兼过哈尼十月年和汉族春节。在这些地方，往往出现民间与政府组织两种过年形式同时存在的情形。大多数哈尼村子保持按照历法依属相择日过年，村落的十月年活动中除了盛装歌舞外，一般还有村落祭祀、集体分食祭品、家庭祭祖、出嫁女归省等各种传统仪式。同时，大多数老百姓也乐意参与政府统一组织的节日庆祝活动，尽管这种活动基本上以歌舞和饮食为主。政府介入节日组织的哈尼族村落，经常出现节期被按照现行公历加以固定的情形。例如红河州绿春县，自2004年开始，每年由县政府牵头组织相关部门以及县城周围哈尼族在县城主街道推出“哈尼十月年长街古宴”大型庆祝活动，节期也被逐步固定

▲ 阿卡歌手/黄荣生 摄/2012年



为每年公历11月30日。十月年活动期间有传统祭祖、祈福仪式、游艺竞技的集中展演以及民族服饰、民族歌舞的组织表演，各种商业贸易也借机火热展开。玉溪市元江县羊街乡，近10余年通常由乡文化站有关人员出面组织周围村落的哈尼族举行十月年相关庆祝活动，各种器乐歌舞、游艺竞技以及民俗活动集中展演。自2010年起，元江县人大常委会通过议案，将县境内哈尼族十月年放假时间统一定为每年农历十月初十、十一、十二连续三天。

西双版纳州哈尼族在1958年“大跃进”时，传统节日、农耕礼仪及与传统宗教相关的祭祀活动均被禁止，“嘎汤帕”节俗也一度中断。1987年，西双版纳州人大常委会通过议案，以法律形式确定每年公历1月2—4日为哈尼族“嘎汤帕”节期，中断多年的“嘎汤帕”节逐步得到恢复。目前景洪、勐腊、勐海三县市每年轮流组织哈尼族“嘎汤帕”庆祝活动，届时有各种民俗展演和丰富的民族歌舞表演。除了政府组织的“嘎汤帕”庆祝活动点外，村寨的“嘎汤帕”活动普遍都在十二月最后一个属牛日或一月间“择吉日”举行，只是已经没有传统祭祀，神圣的祭祖仪式始终没有得到恢复。

(3) 离开家乡到省城或京城工作、学习、打工的哈尼族同胞，十月年期间大多参加当地哈尼族民间团体组织的聚会活动以欢度节日。

在北京，隔两三年举行一次“在京哈尼同胞十月年庆祝活动”，通常由中央民族大学哈尼学所牵头组织，由在京哈尼族企业家出资赞助，以在京工作、学习、打工的哈尼同胞为主，邀请各兄弟民族共同参加。在昆明，一年一度的“驻昆哈尼族十月年庆典”已形成传统，每年由云南省民族学会哈尼族委员会牵头组织，各哈尼族自治地方政府以及相关部门、民族企业家等出资赞助，以在昆工作、学习、打工的哈尼同胞为主，邀请各哈尼族自治地方政府的相关人员、云南省民族学会各兄弟民族委员会参加。庆祝活动通常从清晨的象征性宰

▼ 十月年拴线祝福/黄荣生 摄/2011年

▼ 在昆哈尼族十月年活动/白永芳 摄/2010年

杀年猪开始，上午以会场布置及迎宾准备为主，下午一般是云南省民族学会哈尼族委员会例行年会，会后迎宾、聚餐，席间各地哈尼族祝酒歌此起彼伏，热闹非凡。

总的来说，哈尼族十月年的现状大致呈现如下特点：第一，节日形式的多样性，表现在各地哈尼族节日名称、节期、活动与仪式等的多样化；第二，节日文化的整合性，表现在接受汉文化影响和遭受文化运动之后，曾经被消解的节日习俗被按照古歌、文字记载重构、整合，以新的面貌出现；第三，节日主体的多重性，表现在节日组织与习俗传承突破传统的村落性、民间性、民族性，越来越多地出现区域联合组织、政府介入以及多民族参与。

## 四、节日活动的基本内容和过程

随着节俗变迁，哈尼族十月年的节期分传统节期和现代节期两种。传统节期即民间以传统历法推算选定的节期，各地又存在具体日期属相不同和节期长短的地方差异；现代节期即政府介入后以公历年月日固定的节期，各地也存在相互差异。如《哈尼族简史》中所称：

> 十月年为大年，按哈尼族的历法，十月是岁首。节期六天左右，具体日期各寨可先可后。[1]

大多数哈尼族地方以阴历十月属龙日为十月年之正日子。前文关于东部及中部哈尼族关于十月年来历的传说中，都解释了以“龙日”为年节的

1．编委会.哈尼族简史[M].云南人民出版社，1985.110—111.

来由。龙日过年的最早记载见民国《石屏县志·土司》(公元1938年编纂)：“（思陀司）十月建辰日为年”，也即以十月属龙日为年节。思陀司即今红河县乐育一带。《哈尼族文化研究》一书称“十月年在每年十月（有的在冬月）的属龙日起至属猴日，节期五天”。[1]《红河哈尼族文化调查》一书有载：“以阴历十月为岁首，故译为‘十月年’。红河南岸的哈尼族一般在每年阴历十月第一轮属龙日始，至属猴日止，历时五天。”[2]《元阳民俗》记载：“十月年，农历十月过年，故得名。每年农历十月份属龙日杀猪，过大年十三天，即到下一个属龙日过完。”[3]以龙日为年节，节期一轮十三天。较为普遍的是以龙日为年节，节期五六天。《红河县志》载，十月年“按照哈尼族历法，十月为岁首，自第一个属龙日始，至属猴日止”。[4]《墨江哈尼族自治县概况》载：“‘米索扎’即哈尼族‘十月年’节，主要是哈尼族白宏、阿木、切弟、腊米支系过。节期6天左右，具体日期各寨先后不同，但必须是在农历十月的第一个属龙日为节日的开端。”[5]《宁洱哈尼族彝族自治县概况》载：“每年农历十月的第一个属龙日定为岁首，举行庆祝。”[6]《思茅少数民族》载：“碧约人以樱桃开放为岁首，届时各寨择吉日过年。节日三天，一般是属龙日或属马日杀年猪，忌讳在蛇日，认为蛇日杀猪家畜会得瘟疫”；“（腊米人）每年冬月中下旬择属龙日开始过大年”；“‘十月年’切弟人称为‘合社扎’，意即吃新年的饭。农历冬月末腊月初任选一个属龙日开始过节，节期六天”；“（白宏人）农历冬月人们要选择属龙、蛇、马日过‘眯色扎’节”。[7]

1. 王尔松.哈尼族文化研究[M].中央民族大学出版社，1994.187.
2. 白克仰.红河哈尼族文化调查[M].红新出〔2006〕准印字第244号.286.
3. 元阳县民族事务委员会.元阳民俗[M].云南民族出版社，1990.18.
4. 云南省红河县志编纂委员会.红河县志[M].云南人民出版社，1991.96.
5. 编写组.墨江哈尼族自治县概况[M].民族出版社，2008.21.
6. 编写组.宁洱哈尼族自治县概况[M].民族出版社，2008.25.
7. 云南省思茅行政公署民委.思茅少数民族[M].云南少数民族出版社，1990.118、152、161、207.

本课题组此次实地调查结果显示，目前绿春、元阳、红河、金平、元江、墨江大多数哈尼族地方的十月年节期基本同上，即阴历十月的第一轮属龙日开始过年，至申猴日结束，节期为五至六天。

东部和西部哈尼族聚居区都有一部分以属牛日为年节的正日子，月份有的在阴历十月，有的在阴历十一月。《红河县哈尼族社会历史调查》有载："哈尼族于农历十月份属虎日开始过大年，共13天。"[1]以属虎日为年节，节期一轮十三天。与《元阳民俗》所载日子不同，节期都是一轮十三天。西部哈尼族关于十月年"嘎汤帕"来历的传说中，"尊唐帕"把节期由十五天改为五天，并规定节日从新年第一个属牛日开始，到属蛇日结束。目前，西双版纳一带村寨自行组织的年节活动普遍选择在公历十二月最后一个属牛日开始，阿维、阿交、勒车支相同。公历十二月最后一个属牛日，一般为农历十一月，时间上与冬至日比较靠近。木达人除了属牛日，还可选属鸡或属猪日开始过年。

绿春县城周围村落以及戈奎乡一带哈尼族十月年的正日子为阴历十月第一轮属蛇日，比属龙日过年的晚一天。属龙日相当于大年三十晚上，属蛇日相当于大年初一。节期一般至猴日，共五天。西双版纳哈尼族阿克人的年节在农历十二月的属马日或属羊日开始过节，节期五天。

有些地方的哈尼族过年节并没有相对确定的日子，只是在某一段时间内择吉日。《景洪市南林山哈尼族社会调查》载：

> "戛汤"节，在农历十一月谷子打完之后，表示一年辛苦完了，有了结果，祈求新的一年能够风调雨顺，秋天得到丰收。[2]

1．编辑委员会.哈尼族社会历史调查[M].民族出版社，2009.78.
2．编辑委员会.哈尼族社会历史调查[M].民族出版社，2009，78、115.

《江城哈尼族彝族自治县志》载：

什么时候过哈尼年，没有准确的规定，曲水区和嘉禾区巴嘎乡的哈尼族过得较早，其他过得稍晚，大体上是秋收以后、春节以前这段农闲时间里过，有的同春节一起过。在一个寨子里，哪天开始过哈尼年，全寨人是统一的。[1]

每年阴历十月间，哈尼山寨田地里全年的农事已完毕，漫山遍野樱花盛开，预示旧的一年即将结束，新的一年快要来到。村落里家家户户抓紧时间晾晒谷子、玉米、大豆，而后一一入库。同时，将平日收藏箱底的长衣短褂以及织好的布卷、新染的布匹通通拿到屋顶晾晒。各家各户彻底清洗家中各种衣物、器具。衣物包括全家人用了一年的被子、毯子以及生产劳动中穿脏了的衣服、裤子；器具包括厨房里平日顾不上彻底洗刷的各种锅碗瓢盆以及祭祀所需的篾桌、盐碟等。家里老少也赶在年前干干净净洗个澡，甚至把佩戴了一年的头饰也取下认真清洗晾晒。各家主妇还要抽空上山背回烧柴和野生芭蕉叶。因为节日期间忌讳上山劳动和把绿色植物带入村

▼ 节日晒布/白永芳 摄/2009年

1．编纂委员会：江城哈尼族彝族自治县志[M]，云南人民出版社1989.353.

寨，因此家家户户需要提前做好各种准备。此外，村里要组织村民集全村之力把村中和村口不平的道路一一整平，集体清洗水井和清理沟渠，保证泉水清洁、沟渠畅通。拔除村落道路两边的杂草，清扫各种垃圾，清理各种杂物。村容村貌焕然一新，节日气息日渐浓郁。

除了清洗器物、清洁寨子，节日食材是节前准备的重要内容。食材大致可分传统食材和现代食材两大类，传统食材主要指遵从节日习俗必须具备的各种仪式性传统食物的相关食材，现代食材主要指与节日食俗无关只体现宴席丰富与时尚的种种食物的相关食材。食材准备最为重要的是糯米。蒸糯米舂粑粑和磨糯米面做汤圆，这是各地哈尼人过年时必不可少的两项节日食俗，糯米粑粑和汤圆是家庭祭祖和亲友相互赠送必需的仪式食品。配合糯米粑粑的制作，作为香料的紫苏、核桃、芝麻或花生也是必需的。各种香料任取一种晒干、焙香、舂碎，放少许盐，用于抹在糯米粑粑表面，即可增添香味，又可防止粑粑粘连。使用哪一种香料，各地根据当地物产和自身喜好进行选择。西双版纳哈尼族阿卡人多喜欢使用紫苏。魔芋，哈尼人称“基哟”（Jivyov），是各地哈尼族普遍喜欢食用的传统美食之一。哈尼山乡多有野生魔芋生长，哈尼人家都懂得一套制作魔芋的方法。节日前夕，家家自行挖来魔芋块茎，清洗去皮、擦丝揉团，放置隔夜后切片放入灶灰透煮，敲打清洗，以备节日之用。有些地方的哈尼族，十月年的菜肴必有豆腐、豆芽，而且家家自行制作。因此挑选豆子、晾晒豆子、捂豆子等一些准备

▼ 喷香的紫苏面/白永芳 摄/2012年

工作，务必在节日来临之前完成。还有一些哈尼人家，保留了节日之际制作“自烤酒”的传统。蒸煮自家收获的玉米或谷子来准备烤酒，制作用于节日祭祀和饮用的美酒。猪、鸡、鸡蛋以及各种蔬菜都是目前家家户户过年必不可少的菜肴，没有特别的要求。通常鸡、猪为各家自己饲养，也有少数从集市购买。蔬菜一般从集市购买，因为哈尼人大多没有种植蔬菜的传统。此外，市场流行的各种酒水、饮料也是哈尼乡村的节日必备之物。

▲ 将魔芋块茎擦成丝/白永芳 摄/2010年

大多数村落需要集体凑钱购买一头牛或一头猪用于村落祭祀，务必在节日前挑选好牺牲。以前，大多数哈尼族村寨都有“节前报节”的习俗。红河州、玉溪市以及普洱市的很多哈尼族寨子以前是在节日的清晨鸣炮、吹牛角号表示节日来临，后来演变为鸣放火药枪，现在有的以鸣放鞭炮代替。西双版纳以及澜沧、孟连一带的哈尼族，在过年的头一天，寨主“追玛”要站在自家晒台上敲响铜锣，并大声向全村人宣布三遍：“明天要过嘎汤帕节了！”

新年的头一天，各地哈尼人普遍以“舂糯米粑粑”和“伙勒哈”仪式拉开节日的序幕。之后，取新水、做汤圆、杀猪宰鸡、村落祭祀、家庭祭祀、出嫁女回娘家，种种仪式与活动相继展开。持续的相聚共饮以及各种游艺竞技、欢歌乐舞则把节日的热烈气氛推到高潮。

舂糯米粑粑，哈尼语大多称为“伙同特”（Hoqtoq teil），是每个地方哈尼人十月年必不可少的活动，即把蒸煮好的糯米舂捣成糯米团然后制

▲ 包粑粑/白永芳 摄/2010年

成粑粑。对于哈尼人来说，舂粑粑不仅仅是制作节日食品，还具有更深刻的象征意义。如哈尼古歌所唱：“十月要在舂汤圆面的踩碓活动中翻转。”[1]传统的舂捣方式完全使用木制工具和人力，有的地方用独木舟型木盆，两名男子合力舂捣；有的地方用木桩型木臼，一名男子独自舂捣。男子舂好糯米团后，由主妇亲自取出，放入清洁并撒上香料的簸箕，再将糯米团分小并团压成碗口大小的圆形粑粑，并在其表面均匀抹上一层香喷喷的紫苏、芝麻、核桃或花生面，糯米粑粑即制作完成。目前，大多数人家贪图方便，选择将蒸煮好的糯米送到机器房碾磨成糯米团，再带回家用手工团压成粑粑。还有的地方，以袋子装入蒸煮好的糯米饭，以铁锤敲打成糯米团，再团压成粑粑。糯米粑粑做好尚不可急于食用，主妇取三块装在碗中置于堂屋一角祖灵栖息处，以示祭献祖灵。之后，众人方可自由取食。暂时吃不完以及留待赠送之用的糯米粑粑，通常两三块一包，以采自山野的新鲜野芭蕉叶仔细包裹，不仅方便存放，而且自然沾染了芭蕉叶的清香。

1. 罗有忠，白居舟.哈尼族起源歌[M].昆明：云南民族出版社，2008.309.

“伙勒哈”(Hoqleiq hal)仪式，即“泼食慰鬼”，是每一次年节里家庭祭祀中必有的组成部分，是对家中、村中非正常死亡的孤魂野鬼的一种安抚行为。十月年期间的“伙勒哈”仪式几乎贯穿节日始终，从大年头一天的晚餐开始，每一次正式的家庭祭祖完毕都要进行泼食。泼食通常由家庭主妇进行，泼食的内容包括米饭、菜肴、汤圆、酒水、茶水等用于祭祖之食，在家门口的路边上以两条芭蕉叶交错垫于地上，将所泼食物倒于其上。据说，此举是安抚孤魂野鬼，避免其进入屋内抢食，以保证家中诸位在节日降临的祖灵得以安心享用各种祭品，从而取悦祖灵，以期获得祖灵更加长远有效的庇护，恩泽子孙。

新年第一天的凌晨，大多数哈尼寨子都要取新水。所谓“取新水”哈尼语称“厄区获”（Eelqul hoq），即到村落建寨之初择定的泉水处取水，用于节日祭祖和食品清洗，这一眼特定的泉水俗称“阿培洛伙”（Aqpyu lolho）。村落之中，所有集体祭祀、村落祭祀的仪式用水必须取自此处。目前很多哈尼村落的民居中已安有自来水管，但是仪式用水仍然坚持取自祖先泉“阿培洛伙”，村民观念中只有此水具有仪式的神圣性。十月年的凌晨，鸡叫头遍，哈尼村落的年轻姑娘、媳妇就早起去“取新水”，最传统的形式是一手执火把、一手端米碗，身后背竹筒。夜色中，人人行色匆匆，忌讳相互对话，恐自家福分流失。至泉水处，手端一碗米对着水源祈求五谷丰登、人畜兴旺。取回的泉水用于和汤圆面、煮茶水等制作各种祭品所需。

背回新水后，各家各户开始做汤圆，习称“扎勒勒”（Za’lei lei）。据说，谁家先做好汤圆，谁家就最先把赐福、赐丰收的“谷娘”（Hoq aqma）迎接到自己家，保佑来年的丰收。制作汤圆一般由家庭主妇负责，制作过程没有特别的习俗要求，只是和面时一定要用取自祖先泉的“新水”，汤圆一定有大小之别。大汤圆多用于祭祖，小汤圆自己吃。

▲ 煮汤圆/刘海青 摄/2010年

大汤圆一般做六个，分两碗装，其中一碗裹上芝麻面或紫苏面等。汤圆做好后，由主妇主持祭献。两碗汤圆、两碗酒、一碟盐巴辣椒同摆于祭祖专用的篾桌。然后念诵祭献词："Zalna solsiq zaq e huvqyul ，Zalpiul solsiq zaq e huvqsiivq bu al。"意即：吃三个黑汤圆送走旧年，吃三个白汤圆迎来新年！也有的哈尼人祭献时摆三碗汤圆：第一碗祭献人神毕梭，求其保佑人丁平安；第二碗祭献财神则梭，求其让畜厩里猪、鸡、牛羊肥又壮；第三碗祭献给庄稼神康梭，求其让田地里的五谷弯腰垂首。

汤圆祭祖之后，是例行的"伙勒哈"(Hoqlei hal)仪式，然后全家人共食汤圆。供家人食用的汤圆相对较小，数量多少视家庭人口而定。

凌晨，在做汤圆"扎勒勒"（Za' lei Lei）相关仪式之后，公鸡叫过即可举行"哈杂呗"（Halzaq bee）仪式。有的地方或家庭在头一天晚上举行。仪式由男主人主持，先取出祭祖专用篾桌"厄内洛边"（Eelneivq Lolbieil），摆上盐巴一碟、酒一碗、花椒一碗、筷一双、米半碗、鸡蛋一个，端至家门口的路边。然后在门外宰杀一只鸡，鸡不分毛色和公母。接着在路边支起三颗石头作为铁三脚，升火烹煮整鸡。煮鸡时把篾桌中的米和鸡蛋倒入锅中同煮，煮

▼ "哈杂呗"/白永芳 摄/2010年

至鸡肉烂熟。起锅后，取锅中鸡蛋去壳制作鸡肉蘸水，鸡肉切块装碗。家中全体成员在门口路边聚食，未尽之食忌带回家，倒于路边祭献因非正常死亡而不能成为祖灵的游魂。此仪式与“伙勒哈”仪式意义基本相同，只是此为独立仪式，“伙勒哈”仪式仅为祭祖仪式的附属部分，目的都是抚慰孤魂野鬼，保证节日期间与子孙后人相聚的诸位祖灵不受打扰。

节日期间宰杀的牺牲一般包括鸡、牛、猪三种，分别用于家庭祭祀和村落祭祀。家庭祭祀需要鸡和猪，村落祭祀需要猪和牛。“胡息阿昂色”（Huvqsiivq Aqhhavq seivq）意为“杀年猪”，以此借代节日期间宰杀牺牲的活动。

“阿哈色”(Aqha seivq)专指十月年期间的宰鸡祭祖灵仪式，在“哈杂呗”仪式之后举行。先把篾桌抬到家中祖灵栖息处前方，放上两碗水、两碗酒以及一碟盐巴辣椒、两双筷子。然后由男主人在篾桌旁宰杀一只鸡，杀鸡之时，男主人口念祭词：“Zal’ha seivq a loq saqyie biv meeq，Kalyie biv ma，Ssaqssyu bul jol bi sal，Hohhyu zeiq qov bil beeq。”大概意思是向祖灵祈福：以此鸡为牺牲祭献，祈求赐予福气——让庄稼饱满、子孙安逸、钱粮不断。

“阿昂色”（Aqhhavq seivq）包含两层意思，一种是指以猪为牺牲的村落祭祀，一种是指家庭杀年猪。村落祭祀在十月年前一天举行，由全村凑钱买一头猪集体祭祀磨秋桩，然后宰杀处理牺牲。作为牺牲的猪大小均可，但要求体态端正、毛色纯黑。由仪式主持人在节前仔细挑选，可在村

▼“阿哈色”仪式/白永芳 摄/2010年

内挑选，亦可到集市购买。购买牺牲的钱无论多少，须由家家户户平均分摊。宰杀牺牲除了祭献之意，还有预兆之用。取出猪肝后，寨佬齐聚仔细看卦，以期知晓将来一年村落是否安康、雨水是否适中等。“冬神来到献猪肝，是耶莫阿妈造猪肝，耶莫千娘看猪肝，是摩米天神的小儿子，把猪肝送给我们。肝叶长得好，里外都好瞧，里外一般平，外面经脉清楚，里头筋络明晰，是来年口福的好兆头。下边连着中间，中间连着上边，上边接得不歪也不偏，是吉祥如意的好预兆，上方肝根处厚嘟嘟，是全家无病无痛的好兆头”。[1]之后，所有猪肉包括内脏、猪血全部要均分到每一户，各家各户派一名男子前来领取。

家庭杀年猪可以一户人家单杀一头，也可以三五户人家合杀一头，视各家经济实力和食用需求而定。按照传统规矩，各家各户的“阿昂色”必须在村落集体“阿昂色”结束之后进行，否则，视为个体家庭对村落集体利益的冒犯。但伴随传统信仰的弱化，提前杀年猪的人家比比皆是。

▼ 合力杀年猪/白岩松 摄/2010年

有的地方杀年猪前要用汤圆、米、茶、酒等献给肥猪，并说一些安慰猪和开脱的话：“杀猪过年不是我家的主张，是前辈人兴下的规矩，怪不得我们，你早死早托生，不能给我们背过失……”

“扎赫赫”（Zal’hel hel）专指各家各户用村落



1. 白祖额，段贶乐.哈尼族四季生产调[M].云南民族出版社，1989.110.

▲ 糯米粑粑祭祖/刘海青 摄/2010年



祭祀分到自家的牺牲进行祭祖的仪式。经过村落祭祀这一神圣仪式的猪肉，哈尼语一般称为“扎赫”（Zal’hel），有的地方也称之为“索包”（Saoqbaol），在村民眼中此为经过神灵赐福的神圣食物。“扎赫”领回家后即刻下锅烹煮，煮熟后切成肉丝分装于三个小碗中，与三碗米饭、三碗清酒、三双筷子、一碗花椒、一碗盐巴一起摆放在篾桌上祭祖。祭祖时女主人身穿传统长衫，双手端起篾桌朝祖灵栖息处上下三次，口中默念祈福之词。“扎赫赫”仪式之后，主妇还要配合泼食“伙勒哈”仪式。之后全家按年龄由小到大轮流向祖灵磕头，前来做客的人也不例外。磕头之人必须戴帽脱鞋，以示虔诚，表达崇敬、感恩之情，也祈求获得祖灵荫庇护佑。祭祖之后的猪肉“扎赫”连同早上家庭祭祖“阿哈色”的鸡肉，除留一部分给出嫁女回娘家时食用外，其余为节日家宴中集体食用。食用“扎赫”时，须按照年龄从大到小依次进行，以示敬老尊长。哈尼人

▲ 回赠的鸡蛋/白岩松 摄/2010年

认为，食用了十月年的“扎赫”，新的一年里即可得到祖灵的护佑。

新年的第二天，出嫁的女子要回娘家。在夫家过了大年，穿戴一新的女子便以背篓背好糯米粑粑、酒水、猪肉、水果等高高兴兴回娘家，在娘家小住两天再返回夫家。返回夫家时，娘家通常要送一只猪腿，即使家境困难，也要设法让姑娘带回。如果是当年出嫁的姑娘，则要穿戴繁复华丽的嫁衣携夫君和伴娘、伴郎一同回娘家。除了到娘家赠礼、磕头外，还要到家族中各家赠送糯米粑粑、酒水和少许猪肉。按照规矩，先去外公家和已分家的哥哥家，然后去叔伯家。所到各家接收赠礼后也要回赠糯米粑粑以及一只小鸡或鸡蛋，寓意祝福新人和和美美过日子，早生贵子。通常还回赠各种水果、糖点，忌讳让回娘家的姑娘空着背篓或挎包离开。已婚已育的出嫁女，除了背东西回娘家外，还要带着孩子回去认舅舅“阿威沙”(Aqhhyu sal)。哈尼人“以舅为大”，有“舅舅不大，外甥不长”的俗谚。初次“认舅舅”一般在孩子出生后的第一个十月年，婴儿象征性地给舅舅磕头，舅舅则必须给孩子赠送礼物，可以是钱，也可以是鸡蛋、鸭蛋或小鸡。十月年期间，出嫁女回娘家以及携孩子“认舅舅”是强化已婚女子与娘家血脉联系，强化小家庭与女方亲属社会网络的联系的一种方式。

十月年期间，部分地方有“长街宴”食俗。长街宴也称长龙宴、街心宴，有些地方哈尼语称“叠总总”或“资吾夺”，是哈尼族在各种重大年节时的一种集体食俗，多见于“昂玛突”“苦扎扎”、十月年等节日中。节日中的某一天，各家各户制作一桌丰盛的菜肴端至村落中，村落仪式主持人咪谷或莫批以及寨佬坐首桌，其余首尾相连，贯穿村寨街心，呈长龙状，故得名。开宴前各家各户要以最好的菜肴和一瓶酒敬献首桌，有的还要磕头祈福，然后双手合呈捧状接取咪谷或莫批以及寨佬回赠的一点点菜肴。仪式主持人向铓、镠与鼓敬献菜肴和美酒后，众人欢呼，表示欢庆丰收，宴席开始。传统的长街宴一般只有男性与女性长者入座，年轻媳妇和姑娘在一旁加酒添菜。席间，老人、男人们交流生产生活，酒酣之际老人们开始吟诵古歌“哈巴”，内容涉及开天辟地、迁徙历史、生产劳动、礼仪习俗等。“哈巴”唱毕，青年人纷纷向长辈及客人敬酒。特别是当年新婚的夫妇，或者结婚多年未孕的夫妇，要双双前来向寨佬们磕头祈福，以求来年顺利得子。新生儿要带去给咪谷磕头，咪谷在其额头抹一点煮熟的蛋黄，表示孩子此后生活在村寨神灵的庇护之下。仪式中，忌讳孩子啼哭。

▼ 哈尼长街宴/马继春 摄/2012年

墨江一带哈尼族十月年还有摆“敬老宴”的习俗。大年次日（一般为蛇日），全村六七十岁以上的老人团团围坐篾桌旁，悠闲自得地品尝着酒菜。全寨家家户户

的少妇、少女和儿童捧着酒菜聚来，她们将碗里盛的猪肝、豆腐、豆芽等菜肴恭敬地递给寨佬们，然后象征性地为长老们一一斟酒。有些地方虽无集中摆设的“敬老宴”，也有携美酒佳肴到长辈家献食的习俗。墨江一带哈尼族还有节日期间儿童讨“百家吉祥饭菜”的食俗。寨子里十岁上下的儿童相约聚集于秋千旁，然后敲锣的敲锣，打鼓的打鼓，背箩的背箩，挨家逐户地去讨“百家吉祥饭菜”。如果孩子们遗漏了哪一家，主人会非常生气。

大多数哈尼族村子仍然保留亲戚间互赠糯米粑粑或汤圆的习俗，受赠家庭通常以糯米粑粑或鸡蛋回赠。民间普遍有“是亲戚就要送糯米粑粑，送了糯米粑粑就是亲戚”的眷认观念。节日期间，客人离开时，哈尼人也必须以糯米粑粑相赠。有些地方的哈尼人还有十月年期间染黄米饭祭祖、食用的习俗。

当然，热情好客、重视亲情的哈尼人节日期间除了参加集体的活动外，家家户户都少不了盛情邀请村中以及周围各兄弟民族的同胞前来聚饮，共同欢度美好节日。

目前，很多村落在十月年期间都会有一些文体活动。其中，文艺活动以各种传统集体舞和青年男女对歌为主。舞蹈如棕扇舞、扭鼓舞、铓鼓舞、乐作舞、竹筒舞，流行于不同地区的哈尼族中。棕扇舞主要流行于元江、红河、元阳、绿春等地，以粽叶修剪成扇形作为道具，模拟哈尼族人喜爱的白鹇鸟优雅、淑娴的姿态和动作，以锣鼓为伴奏，男女皆宜。扭鼓舞主要流行于墨江、江城、绿春等地哈尼族中，有的以手帕为道具，大多赤手空拳，配合鼓点身体手足有节奏地无规律扭动，男女老少皆宜。铓鼓舞主要流行于建水、元阳一带，铓和鼓不仅是伴奏的乐器，也是舞蹈的道具，节奏鲜明、威猛有力，一般是男性表演，逐渐也有女性参与。乐作舞普遍流行于红河州各县哈尼族中，男女老少相围成圈，锣鼓伴奏，以拍掌甩手为基本动作，简单而欢快。竹筒舞主要流行于西双版纳、普洱一带的哈尼族阿卡人中，以及腰的竹筒为道具，同时以竹筒击地的声音为节奏，男女适宜，动作较为欢快。

青年男女对歌是节日夜晚未婚男女青年的主要社交活动。一般要离开村落到附近山野中，避开同宗异性，尤其是长辈。在使用以哈尼语为主的地方，对唱为比较传统的“阿茨咕”；在受汉文化影响较大的墨江等地，歌词多为传统与即兴创新结合的“龙求凤”和“鱼觅水”等内容，以比喻手法来表达爱慕之情。

在传统的哈尼族村落方，打陀螺是十月年的重要活动之一。哈尼古歌里唱“寨里欢跳的小娃们，十月大年打陀螺，哈尼人欢快地送走了年底月根，年翻月翻又过了一年”；“阳光明媚的金秋，在孩子们玩陀螺的撞击声中轮回，在孩子们寨脚多依木制的陀螺中轮回，在孩子们打转陀螺中轮回。孩子们碰陀螺并非手闲无放处；那是通过玩陀螺来翻转新年。”陀螺，由倒锥形木制陀螺和鞭绳组成。一般开始时由父亲砍制，长大后学着自己砍制。男童五岁左右便开始学玩，青壮年男子也常玩，老年人一般不参与。陀螺在不同地方的哈尼语中有一些差别，西双版纳哈尼族称为“抢”（Qanq）；新平、元江哈尼族罗比、罗美称为“仓”(Canq)；元阳、金平一带哈尼族称为“奥则”（Aolzei）；红河一带哈尼族则称为“稿勒”（Gaoqleiq）。青少年们带上节前精心砍制的陀螺齐聚娱乐场，一比高下。古规里，只有十月年才可以打陀螺，节前节后大约一个月。节日结束陀螺丢弃，来年再砍制新的陀螺供玩耍。

一些哈尼族地方十月年期间还要荡秋千。秋千，有的地方称为“阿厄”（Alhhe），有的地方称为“哈策”（Haqceeq）。哈尼族的秋千又可细分为双绳荡秋、单绳荡秋两种，东部哈尼人多双绳荡秋，西部哈尼人多单绳荡秋。秋千架的搭建材料以笔直的树干、竹子为多，四根粗壮均匀的树干或竹子为秋千柱，两两交叉靠近，再以一根横杆架于上面，秋千绳捆于横杆上。一些村落贪图方便，以两根水泥电线杆代替四根秋千柱，也不再像过去那样一年一换秋千柱表示辞旧迎新。节日期间的秋千不是随便可以玩乐的，必须由专人立新的秋千，由宗教仪式的主持人咪谷、莫批等举行一定的仪式之后，众人方可开始荡秋千。哈尼人认为，荡秋千可祛除疾病和不顺，迎来一年的健康和好运。有的地方则认为十月年期间天神“威最斯批”要通过秋千才能来到人间与哈尼人共庆佳节，所以要架秋千迎送。与此配合，家家户户采来锥栗叶、青草，并缝制一个装有五谷的小布包，一同挂在大门右侧的墙壁上，作为天神的“马料”，祈求五谷丰登。

除了打陀螺和荡秋千，十月年期间，不同地方会有不同的文体活动，常见的有骑磨秋、坐转秋、射弩、踩高跷、摔跤、拔河、滚豆籽等。大多数以娱乐为主，兼有竞技的意味，发展到现在有的则纯粹只是表演。

▼ 村落秋千/陈桂芬 摄/2011年

哈尼族十月年的仪式和活动存在典型的多样性和某种程度的杂糅性。其多样性表现在上述大多数仪式、活动在各地十月年里都有，比如舂粑粑、做汤圆、杀年猪、回娘家等；有些仪式、活动只出现在部分地区，比如慰野鬼、分食牺牲、摆长街宴、荡秋千等；有些哈尼族的十月年仪式、活动极为丰富，而有些

哈尼族十月年仪式、活动则相对简单；有的地方保留了独特的木刻对账的习俗，如阿卡人在十月年的第一天，各家男主人要手拿木刻与寨主、寨佬对账，所有账务都要在这一天结清。其杂糅性主要表现在有些仪式、活动往往也出现在祭寨神"昂玛熬"、六月节"苦扎扎"等活动中，比如不少地方哈尼族十月年有摆"长街宴"的习俗，其他地方的哈尼族则在祭寨神"昂玛熬"或六月节"苦扎扎"时才大摆"长街宴"；墨江一带白宏人在十月年有荡秋千的习俗，而荡秋千是更多哈尼族地方六月节"苦扎扎"中必不可少的活动。

## 五、节日的意义和功能

哈尼族的传统节日是哈尼族悠久农耕传统的伴生物。哈尼人一年到头的各种节日和仪式的时间安排均与农业社会生产、生活的各种节律相适应，而且几乎所有的节日和祭祀都以"五谷丰登"为旨归，尽显鲜明的农耕文明色彩。作为哈尼族的传统大年，庆祝丰收、辞旧迎新是十月年的首要文化意义。

哈尼族十月年有多样化的节日名称，或者以辞旧迎新之际的节日食俗或仪式活动指称之，或者直接以表辞旧迎新之意的词语呼之。不同的节日称谓具体语义相互有别，但均包含有辞旧迎新之意。哈尼族"十月年"正值秋去冬来、五谷入仓、厩满猪肥之际。哈尼人在辛勤劳作一年后，怀着丰收的喜悦，将所有农作物收归入仓。暂别辛劳一年的田间地头，打扫家室、清洗器物、清扫村落，舂粑粑、煮汤圆、酿美酒，祭祖、敬神、慰鬼，归省、赠礼、宴请，以繁复的仪式和丰盛的食物集体庆祝当年的丰收，同时虔诚祈求来年的丰产，在洁净、闲适、祥和、富足中结束过去的一年，迎接崭新的一年。

标志性节日食品汤圆的制作和祭献就具有鲜明的辞旧迎新意味，一般在汤圆祭献之时家中主祭之人都要念诵：三个汤圆除旧岁，三个汤圆迎新年。传统的节日游艺“打陀螺”也因其翻转之势，具有“翻年”的寓意，成为“送年”的仪式性游艺。

十月年是哈尼族传承历史、延续文脉的文化空间。哈尼人创造和积累了丰富的农耕知识，包括时令判断、水利应用、耕作工具、耕作技巧等。农耕知识的世代传承是维系哈尼人农耕文明的重要基础。在传统的哈尼人村落，十月年期间也正是家家户户总结一年农事得失，家庭邻里之间交流农事经验，上一辈人对年青一代传承农事知识的时候。男性长者在村落或家庭宴席中借助吟诵古歌“哈巴”的形式，以“四季生产调”也即“十二月生产调”等为主要内容，向年轻后生传授历法知识和农耕技巧。尽管平日的生产劳动中不乏片段式、针对性的言传身教，但在这个新旧交替、承上启下的特殊时期，农事知识的传承具备平时所没有的良好氛围，传承时间相对较为集中，传承内容相对来说更具系统性，传承活动的受众也相对较多。

在这庆祝丰收、辞旧迎新之际，村民们休养生息、养精蓄锐，以备来年春耕之时投入充沛的精力。休息备耕是哈尼人配合生产节律的自我身体调节、精神调节，是十月年重要的社会功能之一。无论节期是三五天还是十天半月，节日期间一律忌讳下地劳动、上山捕猎，甚至不允许带回山野绿色植物。这是一个约定俗成集体休养生息的时刻，安享节日休闲时光，从生理、心理以及物质等方面为新一年的农事活动做好积极准备。

哈尼族是典型的以万物有灵和祖先崇拜为信仰的民族。一年到头的各种传统节日和仪式无不深刻地体现这一特点。祭祖，是哈尼族所有节日不可或缺的内容。绵延不断、周而复始的各种祭祖活动，在表达后人孝思与追念的同时不断强化和巩固着人们的家族意识、血亲观念。

十月年期间的祭祖活动贯穿节日始终，糯米粑粑、汤圆、村落祭祀分食的牺牲都要先献祭祖灵，每天正餐之前一般都要先以茶、酒、米饭、佳肴祭祖。哈尼人观念中，只有祭献过的食物才是被祖灵赐福，具有护佑神性的；同时，祖灵为尊为大，必须先敬献祖灵，否则为大不敬。有的哈尼族地方，十月年期间不仅有祭祖，还有敬献天神威最和斯批的活动。俗以为，只有正常死亡的灵魂方可称为具有护佑神性的祖灵，非正常死亡的魂灵则成为可怜可悲也可怕的孤魂野鬼四处游荡。因此，在敬神祭祖以祈福的同时，哈尼人还要采取系列慰鬼措施以驱邪避恶。一般采用节日前夕家人集体在门口杀鸡陪食的方式，安抚孤魂野鬼。同时，在节日期间祭祖之时，往往也取部分祭品泼洒于屋外路口以飨无权进入家屋享用祭品的孤魂野鬼。

十月年期间的这些仪式和行为，反映了哈尼人对人、鬼、神三界的认识和理解，在反复的祈福驱邪活动中，既表达了哈尼人对幸福美好生活的追求，也反映了哈尼人对世间万物平衡和谐的崇高伦理观念。种种世俗行为、美食和仪式，既是报答祖先神明圆融天人关系，也是对自己和家人一年辛勤付出的慰劳。经过岁首虔诚的祈福驱邪仪式，哈尼人在精神上便拥有了足够的能量面对新一年生活中的种种未知。

在十月年节日期间，哈尼人亲戚朋友邻里之间的相互宴请是必不可少的，节日的人们把一天的大多数时间都用来准备美味佳肴和尽享美食，推杯把盏中谈天说地、交流感情。除了村里和附近村落的同胞外，往往还会邀请比邻而居的彝、瑶、傣等民族的朋友前来聚饮，客人携礼而来，走的时候主人家必以糯米粑粑和猪肉等热情相送。节日中，出嫁在外的姑娘精心打扮，背上糯米粑粑、猪肉、酒水欢欢喜喜回娘家，和父母家人一同叩拜祖灵、共享祭品“扎赫”，与家人倾诉夫家生活种种。返回夫家之时，娘家必以糯米粑粑、猪腿等相赠。此外，大多数哈尼族村落有亲戚中互赠糯米粑粑的习俗，通常称“背糯米粑粑”。晚辈家主动给长辈家送，长辈家一定要回赠。还有的哈尼族村落象征性地赠送汤圆，晚辈家主动到长辈家赠送汤圆，并换回长辈家的汤圆。实际上所有的赠礼都是交换，只是存在交换中角色和交换物的差异。

在不同的走亲戚活动和相互赠礼中，表达着哈尼人对亲戚、邻居、朋友的深深眷认。平日里忙于生计疏于沟通联系的人们，节日期间一层一层的社会关系被梳理、构建、巩固。他们之间客观存在的社交网络在这个时候被加倍凸显和强化，长幼有序的社会伦理得到强调。亲戚、邻居、朋友，每个人赖以生存的社会网络，在节日的礼物交换中得以加强。追求一种亲和的生存空间，是哈尼族十月年走亲赠礼的文化意义和社会功能。

如果说十月年庆祝丰收、辞旧迎新的文化意义更多源于自然节律，那么休息备耕、传承知识的文化功能与哈尼人的生计基础密切相关；如果说敬神祭祖、祈福驱邪的文化意义主要在于平衡哈尼人观念里人、神、鬼同居的无形世界，那么走亲赠礼、眷认亲和的文化功能则主要在于强化哈尼人的亲属网络，为现实人生提供广泛持久的社会支持。

# 志略

# 一、节日时空

哈尼族十月年节俗反映出哈尼人独特的时空观念。十月年是哈尼族历史上曾使用过十月历的一种文化遗留，即以农历十月为年首。哈尼人历法具有多元融合的特征和鲜明的地域差异性，在各地哈尼人对十二月的称呼中，有的表现出十月历的遗留痕迹，有点显示出物候历的特征，有的则反映了汉族历法的渗透和影响。同理，“三季说”更多表现出物候历的特征，“四季说”则是与汉族历法的逐步趋同。关于历法的起源，哈尼族民间有不同的传说。村落和家宅是哈尼人十月年的主要节日空间，村头寨神林、寨脚祖先泉、寨中磨秋场和秋千场，是一般哈尼族村落的基本空间结构，也是节日期间与哈尼人信仰、祭祀息息相关的文化空间。祖灵祭台是十月年期间最为重要的家庭祭祀场所，尽管各地形式有别，但都是哈尼人虔诚祭祖之地。

## 哈尼族十月历

十月历也称太阳历，是上古时代就已发展趋于成熟的一种历法。依据实测太阳回归周期长度作为年的单位，分成10个阳历月，每个月36日，剩余日独立用于过冬、夏两次新年。以冬至日为新年开始，约在4年里置1个闰日，安排在夏天过新年里。这种历法原由彝、白、哈尼、纳西、拉祜、景颇、阿昌等民族的先民承传着。十月太阳历的一个显著特征，是将一年分成两半，在夏、冬两次过新年。哈尼族在夏至附近的“苦扎扎”和冬至附近的十月年，正是哈尼族使用十月历的夏、冬两个新年。受汉族影响哈尼族目前普遍使用十二月历。因为哈尼族将十月视为一年的起始之月，所以哈尼族过完十月年就等于翻年，因而现行农历中一年结尾的十月、十一月、十二月，实际就是哈尼人新一年开始的三个月。

## 哈尼族物候历

哈尼族地区现行历法呈现多样性特征。东部和西部聚居区，基本使用具有突出物候特征的传统历法来安排农事和节日；中部地区部分使用同上述的具有物候特征的历法，部分使用同于汉族的十二月历。在长期的农事生产中，哈尼人积累了丰富的生产经验，总结了一套物候历法，遵从自然物候的变化来安排农事、祭祀和家庭生活。所谓“物候历”是指以物候变化周期为年的单位，以某种树木发芽、某种花儿开放或候鸟啼声来判断季节的变化，一日之内的时间早晚变化，则以观察日影位置的移动变化来确定一天的时辰。既没有准确的年的时间长度，也没有严格的纪月和纪日制度，仅据物候特征安排与之相应的农事活动。物象历取之自然物象，用之于生产，指导着哈尼族的生产生活。这是哈尼人认识自然、顺应自然的必然结果。



## 月份名称

受汉文化影响，目前大多数哈尼族接受十二月历法，碧约、卡多、哦怒等哈尼人除了采用十二月历法，基本按照汉语似的“数字+月”的命名形式来称呼十二个月。其他大多数哈尼人对十二个月的称呼则包含鲜明的物候历特征。因为分布地域广，各地时令稍有差别，各地哈尼族对十二个月份的称呼互有不同。（见综述部分“表1”）

## 以轮纪日

哈尼族曾使用的十月历特征还保留在哈尼人普遍使用的“以轮纪日”的历法习俗中。哈尼语中“一轮”称为“其艳”（Qiqyeiq）或“提艳”（Tiqyeiq），按照虎、兔、龙、蛇、马、羊、猴、鸡、狗、猪、鼠、牛的顺序以十二属相记之。时至今日，大多数哈尼人习惯以十二生肖一轮来择算年节吉日以及推算个人年龄、年岁、月份、日子、时辰，甚至山乡集市的时间。因此，哈尼人生活的地区多有羊街、鸡街、马街、牛街等地名。年岁以同一属相首尾相接13年为一轮，周而复始推算；全年12个月，每一天和一天中的各个时辰都以12个生肖命名。纪日自初一起依次为虎、兔、龙、蛇、马、羊、猴、鸡、狗、猪、鼠、牛。一轮首尾相接合计十三天，两轮二十五天，三轮三十七天，以此类推。比如，从虎日开始，到第二个虎日为一轮，两头算合计十三天；到第三个虎日为两轮，两头算合计二十五天。纪时自凌晨鸡鸣始分为鼠、牛、虎、兔、龙、蛇、马、羊、猴、鸡、狗、猪12个时辰。

## 一年分三季

大多数哈尼族地方将一年分三季，即冷季、暖季、热季，每个季节四个月。哈尼语将这三季分别称为："曹嘎""奥都"和"耶涡"。"曹嘎"意即"云雾笼罩、天气寒冷"，此为冷季，约当汉族农历的秋末和冬季，即农历九月中旬至来年正月中旬，包括十月（猪月）、冬月（鼠月）、腊月（牛月）、正月（虎月）四个月。这一时期，气温下降，甚至出现霜降；一些树木落叶，樱花开放，燕子鸣叫，人们开始砍荞地、犁水田，备春耕。"奥都"意即"百花争妍，万物复苏"，此为暖季，约当汉族农历的春季和夏初，即农历正月中旬至五月中旬，包括二月（兔月）、三月（龙月）、四月（蛇月）、五月（马月）四个月。这段时期，气温回升，天气晴朗，树木发芽抽枝，虫儿出土，黄饭花盛开，布谷鸟声声催耕，然后撒秧、插秧、薅草、锄地，农事繁忙。"耶涡"意即"天气湿热，雨水连绵"，此为雨季，约当汉族农历的夏末和秋季，即农历五月中旬至九月中旬。包括六月（羊月）、七月（猴月）、八月（鸡月）、九月（狗月）四个月。这段时期，天气相对湿热，雨水阵阵，山林蝉鸣声声，竹林笋子遍生，经过一段青黄不接的连绵雨季，收荞子、割稻子，秋收大忙。

## 一年分四季

部分哈尼族地方也将一年分为四季，即冷季、暖季、热季和收获季，每个季节有三个月。四季说的季节与月份的搭配和汉族农历春、夏、秋、冬四季相同。前三季的哈尼语称谓同“三季说”，即“曹嘎”“奥都”和“耶涡”，第四季“收获季”称为“车第”。“车第”意即“打谷子”，以这一时期的重要农事来指称这一季节。也有的地方将第四季称为“户余”，意为“旧年”，即新年到来前的最后一季。有的地方称四季为“朝最”“翁最”“忍最”“祖最”，“朝最”又称“朝夏”，为岁首，即夏历十月至十二月。哈尼十月年便在此季。“忍最”又称“忍翁”，指夏季四至六月，此季阴雨绵绵被认为是“鬼神”活跃的季节，“苦扎扎”便在此季。“祖最”又称“祖索”，是七月至九月，哈尼人认为此季“鬼门”已关，一般不搞祭神退鬼等外祭活动。



## 树分年月

关于历法起源，各地哈尼族均有“树分年月”的传说。流传于绿春县一带的传说：简收姑娘来到阿倮欧滨，口干舌燥的简收把芦苇拐杖插在身旁，弯腰捧了三捧甘甜的泉水。转身，神奇的芦苇拐杖生了根、发了芽，长成了一棵遮天蔽日的大树，世间从此失去了光明。后来，共居一域的哈尼、拉祜、彝、傣等兄弟民族同心协力砍倒了遮天大树。依据大树的枝叶，分清了季节、月份和日子。这一传说在不同哈尼族地区有多种异文，主人公称为“尖收”“检收”，或“滇仙”，情节大同小异。不同的异文中都有三个核心母题：一、她因为某种原因不得不流浪四方；二、她的拐杖变成了遮天大树；三、各兄弟民族同心协力砍倒大树，并依树干、树枝、树叶分年月。正是在“都玛简收”时，哈尼人经历了从“十月历”到“十二月历”的颠覆性转变。其中那一段日月无光的日子正是历法更换带来的日月混乱。以神树定日月的传说也流传在墨江一带的哈尼族白宏人中。主角变成“天神萨玛”，神树也不是拐杖长成，而是一株万年青树，即云南南部多见的榕树。也没有大树遮天、砍倒大树的情节，只是天神根据万年青树的十二个枝杈、三百六十片叶子、四朵花、三十颗籽、十二条根定下一年十二个月、三百六十天、四季、一月三十天、十二属相纪日的历法。

## 神送年月

哈尼族民间还有另一种历法起源传说：在很古的时候，哈尼人不会分年月日，他们的日子十分难熬。听说在遥远的“许余”地方有人会分年月日，于是一个聪明的哈尼人便到“许余”地方去要年月日，这里有千千万万的年月日。一个叫“拉约克玛”的神仙给了年份，一个叫“同锐阿若”的神仙给了月份，同时还给了轮和日。哈尼人从此得到了干干净净的年、月、日和轮。从此以后，哈尼人学会从日算到轮，从轮算到月，从月算到年，也知道过年过节了。

## 寨神林

寨神林是传统哈尼村落必不可少的组成部分，通常位于村落上方，由高大、笔直、茂密的树木构成。其中，有一株树被负责村落祭祀的“咪谷”或“昂玛阿威”认定为寨神树，是祭寨神仪式的虔诚祭献对象，其周围一带均被视为神圣的区

▼ 村头寨神林/白永芳 摄/2010年

域。有的地方以石块围墙划界，有的地方尽管无人为界限，但人们约定俗成心怀敬畏而不轻易靠近。村民忌讳本村人及外人在此放牧、打柴、伐木、野炊、拴马、便溺。除了祭祀活动之时，负责祭祀的相关人员允许进入外，一般情况下任何人不得进入或穿行通过。平时即便落叶折枝也不允许进入清理，留待一年一度的祭寨神时方可统一清理。寨神林被崇尚自然和万物有灵的哈尼人视为护佑村落安康、人畜兴旺、五谷丰登的神圣力量。

## 祖先泉

各地哈尼人普遍都有在十月年、“苦扎扎”等节日里到祖先泉“抢新水”的习俗，将节日中的泉水视为祖先恩赐的福分。“祖先泉”哈尼语一般称为“阿培洛霍”，通常位于哈尼族山寨的下方，是哈尼人建寨之初与寨址同时选定的村寨必备之物。按照哈尼族的古规，安寨必先由一位美丽纯洁的哈尼姑娘找到一眼清甜的山泉。此后，每一年从岁首到年终，每一个节日或神圣仪式中的祭祀，家家户户都必须用取自这眼祖先泉的“圣水”来烹煮祭品和茶水敬献祖先神灵。祖先泉之水，平时兼有村民生活用水和村寨消防灭火之世俗功效，节日、祭祀之中则具有特殊的仪式意义。时至今日，大多数哈尼族村落已多年使用便捷的自来水，但是笃信传统的哈尼人在节日、祭祀中仍然不厌其烦地前往祖先泉取水。

▼ 祖先泉/白永芳 摄/2008年

## 磨秋[1]场

磨秋场是大多数传统哈尼族村落的重要组成部分之一，一般位于村寨中央或下方，是半山哈尼族村寨中难得的一块平展之地，是人们专门翻挖平整出来供节日活动使用的特殊场所。因为这里安放有磨秋，所以叫作磨秋场。平日磨秋杆被取下置于磨秋桩旁的地上，严禁人们随意娱乐。在“苦扎扎”等节日中，男女老少齐聚磨秋场，尽享磨秋翻飞的畅快和愉悦，有的还在一旁载歌载舞欢庆节日。在十月年等节日中，磨秋场也是宰杀村落牺牲之地。通常由村落祭司主持祭祀磨秋桩之后，在磨秋桩旁宰杀并按户分享作为村落牺牲的牛或者猪。各家各户派出一名男子齐聚磨秋场，将分给自家的牺牲领取回家祭祖。

▲ 磨秋场上/白岩松 摄/2011年

▼ 欢乐的秋千场/倪伟顺 摄/2009年

## 秋千场

秋千场是大多数传统哈尼族村落的重要组成部分之一，一般位于寨头或寨脚。东部哈尼族的秋千场多在寨

1. 常见于我们西南少数民族地区，转动时状似推磨，又如秋千上下升降，故名。

脚，西部哈尼族的秋千场多在寨头寨神林边上。也是人们专门挑选或平整出来的一块平地，东部哈尼族的秋千场旁往往建有专供祭祀宰杀牺牲之用的秋房。因为这里立有秋千架，所以叫作秋千场。平日里秋千绳上没有供人们站立或坐的横杆，而且禁止随意荡秋千。在“苦扎扎”、十月年等节日中，每年重新更换秋千柱，重新拴秋千绳、秋千档，还要由祭司主持祭献仪式并象征性率先荡秋千，之后人们方可争相荡秋千、娱乐嬉戏。秋千几乎是每个哈尼村寨必不可少的标志物。或以竹或以木搭建，均为“四柱一横杆”的搭建方式。有的哈尼族村落只有秋千场没有磨秋场；有的既有磨秋场，又有秋千场。兼有磨秋场和秋千场的村落，有的合二为一，有的分而为之却也相距不远。

## 寨门

寨门是每个哈尼村落重要的文化空间分界，寨门之内是受到祖先及神灵庇护的生活空间，寨门之外是鬼邪横行的山野。寨门设置在进入村寨的主要大路上，具体位置在村落建寨之初即已选定，并以狗血划界确认。有些村落在村落两头均有寨门。所谓寨门，在哈尼族东部聚居区往往只是一条经过祭司举行“嘎堵堵”仪式赋予法力的草绳，绳上系以木刀、木剑、木槌、弓箭等，抹以狗血，悬挂于村寨入口处以驱邪阻魔；在哈尼族西部聚居区普遍在村寨入口处安置制作精细的木门，习称竜巴门，哈尼语称

▼ 村委会寨门/黄荣生 摄/2012年

"劳扛"。每年新立寨门，但不把旧寨门拆除，而让其自行朽损。在寨门的立柱和横梁上通常用野樱桃或火炭画上各种飞禽走兽的图案；门下往往要安放一男一女两尊木雕裸像，象征人丁繁殖；门上通常悬挂木鸟以及蜂窝状竹笆，以阻止阴邪之物进入村寨。

▼ 本家祭祖台/白永芳 摄/2007年

## 祖灵祭台

哈尼族是保持祖先崇拜观念和习俗最典型的民族之一，每个传统的哈尼人家基本上都要有一个供祖灵栖息的地方，通常安置在堂屋一角，以竹笆、竹筒、篾箩或小篾箱作为象征物。无论哪种形式，平时都禁止在上面摆放任何东西，严禁随意搬动或触摸。设置或更换祖灵祭台时，要择吉日，杀鸡、蒸糯米饭祭献。不同地方哈尼语对祖灵祭台的称呼不完全一样，常见的有"阿培博格""阿培候格""阿培宗格""阿培邦格""阿培格腊""阿培腊亥"等。所有称呼中"阿培"一词即"祖先"，有的地方也以"阿培阿波"或"阿波"指"祖先"。具体名称和象征物稍有不同，但均以其作为祭祖之对象，且均以竹制品作为祖灵栖所的象征。有的地区哈

▼ 外家祭祖台/白永芳 摄/2007年

尼人家设有两个祖灵祭台，即父系家族祖灵祭台和母系家族祖灵祭台；有的地区哈尼人家只设有一个祖灵祭台。哈尼人在每一个节日和仪式中都少不了在祖灵祭台敬献祭品、磕头祈福，十月年中也如此。

## 二、组织

在传统的哈尼族村落，十月年的组织主要体现在节前报节、清寨以及节日中村落祭祀、家庭祭祀的组织上。各家各户的清洁以及祭祖，一般由家中男女家长组织和安排；村落层面集体性质的活动与祭祀，则由莫批、呗摩、咪谷、最玛、交巴、搓玛等传统社会角色，在不同环节发挥着不同的组织作用。在社会发展中，传统的社会角色在有些村寨里日渐弱化，甚至完全淡出，在有些村寨则得以部分保留。目前，在大多数哈尼族村落中现代社会组织与传统社会组织并存，村民小组领导集体部分取代了传统社会角色的节日组织作用。此外，哈尼族聚居地的乡镇、县级地方政府，积极参与地方十月年的现代组织；与此同时，在省会、州府等地，各级哈尼族学会也形成承担十月年节日组织的新传统。

### 莫批

大多数哈尼族地方，十月年里要由莫批主持村落祭祀以祈福驱邪。“莫批”，也记作“摩批”“摩匹”，有的称“莫期”，是哈尼族原始宗教信仰和民俗生活中负责主持各种祭祀活动的专职人员，同时也是民族历史文化的保护者和传承人。传统哈尼族村落有公认的“三种能人”，莫批是其中一种。哈尼人认为莫批记忆力超凡、知识丰富，能背诵几万行的祭词或长诗；莫批具有超人能力，不仅能控制人的灵魂，还能沟通人神。

绝大多数莫批不脱离生产活动，不以主持宗教活动报酬为主要生活来源。民间根据莫批传承方式和从事活动的内容将其分为三种："斯批""翁批""里批"。他们在等级与主持内容上均有差异。"斯批"又称"娘批""批玛"，属最高等级莫批，均为男性，天资过人、操作娴熟，可以主持葬礼和需要杀牛的各种重大祭祀活动。传承方式为父子相传、师徒相承，民间有沿袭数十代的斯批世家。"翁批"又称为"窝批""刹批""擦批"，属中级莫批。有相当知识，但未掌握全部宗教祭词及操作方式。其传承方式为口耳相传、师徒相承。其宗教职能是驱鬼、叫魂和祭神。主持需要杀猪羊、鸡鸭的祭祀活动。"里批"又称"各批"，只从事叫魂退鬼之类活动，待遇相对微薄。

▲ 莫批服饰/白岩松 摄/2005年

## 呗摩

大部分哈尼族村落，在十月年间"呗摩"也要主持村落祭祀以祈福驱邪。"呗摩"，也记作"毕摩""呗玛"等，是哈尼族原始宗教信仰和民俗生活中负责主持各种祭祀活动的专职人员，同时也是民族历史文化的保护者和传承人。"呗摩"与"莫批"的能力要求、社会地位、社会功能以及传承方式均大同小异，有些哈尼族地区使用“莫批”一称，有些哈尼族地方使用“呗摩”一称。“莫批”一称多见于东部哈尼族地区，大多数存在“莫批”一职的村落，同时还有“咪谷”一职与之呼应，“莫批”主要负责祛邪驱鬼、送丧、叫魂等，“咪谷”主要负责祈福敬神诸事。“呗摩”一称多见于中部、西部哈尼族地区以及东部少部分哈尼族地区，这部分地区“莫批”主要负责祛邪驱鬼、送丧、叫魂等活动。“呗摩”与“莫批”主要差别在于名称和使用地区的不同。也有学者认为，“莫批”简称“批”，泛指哈尼传统社会的宗教主持人，“呗摩”与“批玛”为“批”中的大者、尊者，“摩”与“玛”均为大、尊之意。

## 咪谷

不是所有哈尼族村落都有“咪谷”，有“咪谷”的村落，十月年期间“咪谷”要带领其助手主持村落祭祀及牺牲分食。“咪谷”，有的地方也叫“昂玛阿威”“普斯”，是哈尼族原始宗教信仰和民俗生活中负责主持各种神圣祭祀的专职人员，同时也是民族历史文化的保护者和传承人。主要负责祭寨神、祭祖先泉、祭秋千以及主持十月年间的各种村落祭祀。“咪谷”的传承分家族世袭和鸡骨卦占卜决定两种。无论哪种都要求当选人符合下列条件：成年男性，儿女双全，夫妻健在，且妻子为原配；身体健康无残疾，未受过枪伤、未被兽类噬咬；家世清白、行事端正，家族中无意外死亡和偷鸡摸狗之人。一旦当选，即被视为神灵喜欢之人，成为村民与神灵之间的媒介。每到节庆村落祭祀来临之前，“咪谷”即要加倍洁身自好：不到纠纷争吵之处，不参加一切丧事；禁食来路不明、非正常宰杀的禽畜之肉；夫妻不同房，睡觉时侧身面向寨神林方向。由于特殊的身份，一些地方将经“咪谷”仪式后宰杀的牺牲的骨头以及“咪谷”家的大米都视为具有神性的护身之物。

## 最玛

大多数哈尼族地方，传统“十月年”中，由“最玛”牵头组织节日中的村落集体性活动。“最玛”，也记作“嘴玛”“追玛”，是过去每个哈尼族村落必不可少的社会角色，负责调解村落纠纷、处理村落事务，相当于“头人”“村长”或“寨主”。传统哈尼族村落有公认的“三种能人”，“最玛”是其中一种，且排在首位。大多数哈尼族地方，“最玛”倾向于行政角色，负责处理村落各种事务，政治上享有一定特殊权利。同时，“最玛”也要为寨民尽一定义务。有些哈尼族地方，“最玛”集宗教和行政事务于一身，既是宗教祭祀的主持者，也是村寨行政事务的管理者。与历史上政教合一的哈尼族“大鬼主”相似。通常，“最玛”由带领建寨的家族产生，这些“最玛”的职位一般是家族世袭；有些“最玛”则在最初建寨的几个家族中选举产生，且有一定任期。目前，哈尼族村落里的“最玛”一职基本上被村民小组组长代替，少数村落二者并存。



## 交巴

在一定时期一定区域，交巴与最玛并存，在传统十月年中，共同牵头组织节日中的村落集体性活动。“交巴”，也记作“最巴”或“招吧”，从汉语“总办”一词音转而来，是土司建制中设置的基层头目，其职位在里长之下。因此，只有历史上属于封建土司辖地的哈尼族地方有交巴一职。一般，人口超过百户的村寨均设有一个交巴、一个伙头；不足百户的小村寨，两三个村寨合并设一个交巴、一个伙头。交巴的职责是管理村落行政事务，调解民事纠纷，指挥伙头催征各种赋税、杂派以及接待官府差役等。由官府任命的交巴部分取代之前村落自行产生的最玛的社会职能。大的村落里，交巴与最玛辖区均为一村；小的村落里，交巴的辖区大于最玛所辖的一村。交巴具有官府色彩，最玛纯属民间角色。

## 搓玛

一般，每次十月年等重要年节的村落祭祀前，“搓玛”都要沿着寨中的街道，边走边喊：“明天要祭神咯！全体寨民忌日子，老少不准出门做活计！”寨民听到后自觉遵守并做好相应准备。“搓玛”，字面意思为“大人”，地方汉语俗称“三伙头”或“伙头”，是“交巴”和“最玛”的助手。一般来说，在男性村民中选举产生，每年给予一定报酬。其选举时间大多在祭寨神头一天。因为“搓玛”之职实乃村落杂务处理，个别地方村民都不愿担任此职，所以只好由男性村民抽签决定。“搓玛”的具体职责是完成“咪谷”或“最玛”交代的事务，把他们的决定和通知传达到各家各户。以前还要负责征收赋税、杂派和接待官府差役；现在多配合村落祭祀发出通告、充当祭祀助手、收取集体购买祭祀牺牲的份子钱以及参与祭祀牺牲的分配。



## 云南省民族学会哈尼族委员会

由云南省民族学会哈尼族委员会在昆明组织的一年一度哈尼族十月年庆典已形成新的节庆传统，成为在昆哈尼族对内相聚交流、对外展示民族文化与风采的重要平台。云南省民族学会哈尼族委员会为正式注册的民间学术团体，1994年成立于云南省省会昆明市，下设秘书处、学术部、外联部、办公室等机构。原会长为云南省人大民委原副主任王正芳，现会长为云南省政协副主席白成亮。该委员会主要承担哈尼族文化整理、研究、编撰、传承、宣传等相关学术活动以及在昆哈尼同胞节日庆典的组织工作。十多年来，每年阴历十月以后，约公历11月底、12月初，待哈尼山乡的父老乡亲十月年活动结束后，云南省民族学会哈尼族委员会便择一吉日，组织在昆明工作、学习的哈尼同胞以及兄弟民族代表数百人齐聚一堂，欢度十月年。一般包括杀年猪、学会年会、歌舞表演、晚宴、篝火晚会等活动内容。

# 三、节日缘起

对于十月年的来历、历法的起源、仪式的来源、歌舞和服饰的传说，各地哈尼族中流传有不同的解释。有的哈尼人将节日的起源追溯到始祖母塔婆，有的哈尼人则将节日的起源归功于口述史中的首领窝腿雷、尊唐帕；有的哈尼人将历法的来历与简收姑娘、遮天树王的传说紧紧相连，有的哈尼人则将其解释为天神萨玛的恩赐。十月年期间的敬神、祭祖、祭秋千、祭姑妈魂、背新水、讨吉祥饭菜等仪式活动，均反映了哈尼人信仰万物有灵和祖先崇拜的原宗教，表达了哈尼人对人与神、今人与古人、此人与彼人的认识和理解。节日中具有代表性的传统舞蹈棕扇舞、鼓舞以及“同尼尼”在不同地方都流传有古老的传说；尖顶白帽、超短裤、露脐衣、短裙以及公鸡帽，种种标志性的节日服饰背后，也流传着生动的故事。



## 塔婆与龙日过年

部分哈尼族的传说里，十月年的起源与始祖母“塔婆”向龙子取得五谷、牲畜的种子有关。“塔婆”，也记“汤帕”“塔甫”等，是哈尼族神话传说中的始祖母，红河州一带哈尼族传说，“塔婆”是人类共同的母亲，她生养了哈尼、彝、汉、傣、壮、苗、瑶等二十一种人；西双版纳州一带哈尼族传说，“汤盘”阿妈是人和鬼共同的阿妈；墨江一带哈尼族传说，“塔甫”与“木耶”是洪水神话中传下人种的兄妹，传下苦聪、倮倮、摆夷、布孔、卡别、碧约、哈尼、阿木、西摩洛、民家、阿哈等十二交系。红河州哈尼族还普遍流传“塔婆取种”的传说，大意如下：始祖母塔婆生下二十一个孩子，孩子们长大后先后奔向森林、河谷、高山，谁也不在塔婆身旁。后来，在水里的龙子的帮助下，塔婆从龙宫带回各类物种，从此人间有了五谷生长、家畜遍地。有些地方哈尼人，将此传说进一步演绎为哈尼族十月年的起源，强调了大多数哈尼人在“龙日”过年的文化依据。在哈尼族文化中，“塔婆”是创世神。

## 苏米窝与节日祭祀

“苏米窝”，也记作“送米窝”“松米哦”“苏米余”“苏米乌”等，是哈尼族口头传说中的人祖。在各地哈尼族相互有别的连名制谱系中，始祖“苏米窝”之前的谱系有长有短，内容也有差别，但相同的是都认为那是“人鬼不分”的时代。自“苏米窝”之后才是人的时代，“苏米窝”是第一代“人王”。古歌里唱：苏米窝传播了人种，苏米窝繁衍了后代，苏米窝开创了祖先的家谱。散居各地的哈尼族均以“苏米窝”为共祖，陌生的族胞初次相见普遍有“背家谱”的习俗，一般都是从始祖“苏米窝”开始背诵，一直到祖父辈为止。如此便可推算相互之间的亲疏远近，最终都以“阿培苏米窝”的子孙而相互眷认。哈尼人心目中祖先总是具有护佑子孙的神性，因此在节日、祭祀中总是不忘敬献祖灵，为虔诚的子孙后代求得来自祖灵的护佑与恩赐。

## 窝腿雷与节日开创

哈尼族阿卡人传说中，“窝腿雷”是“十月年”即“嘎汤帕”的开创者。“窝腿雷”，也记作“哦特雷”“余腿雷”“窝铁咧”“乌特里”等，是哈尼族古代历史上人祖“苏米窝”（也记作送米窝、松米哦、苏米余、苏米乌等）的继承人，即其之后一个时代的王的称号。自“苏米窝”“窝腿雷”起的十四代王谱出现在所有哈尼族保存使用至今的连名谱系中，是哈尼人古代历史上共同的首领，也是哈尼人古代历史上共同经历的历史时期。“窝腿雷”既是王号，也是历史时期，不能以一个人的世系简单理解。西双版纳一带哈尼族传说，始祖“苏米窝”的儿子“窝腿雷”

看到百姓们生活一天天好起来。他想出了用节日来耗费百姓财富的主意，于是开创了“嘎汤帕”节，节期15天。他规定，在节日期间大家只准吃喝玩乐，不准下地干活。也即，据此传说，十月年始于“窝腿雷”时代。换而言之，“窝腿雷”时代的王在社会财富有所积累的基础上，开创了十月年，但节日习俗欠完备，以吃喝聚饮为主，且节期较长。

## 尊唐帕与节日恢复

“尊唐帕”，也记作“尊唐盘”“最塔婆”“直他朋”“扎它朋”“撮太破”“直塔婆”“嘴同朋”“最同彭”“据太跑”“集沓婆”等。“尊唐帕”是出现在各地哈尼人家谱中的一个历史人物。同上，“尊唐帕”既是王号，也是一个历史时期。参照各地哈尼族口碑，哈尼族历史研究初步显示，“尊唐帕”时期哈尼人已定居元江流域，并形成自己的势力范围。自人祖“苏米窝”到“尊唐帕”一共十四代王谱，即哈尼族历史上十四个历史发展时期。就其名字分析，“尊”或“最”即“王、首领”；“唐帕”为其名号，有仿取始祖母“塔婆”以获得同样的能力和伟业之意。“尊唐帕”之后，族谱开始分化。西双版纳一带传说“唐帕”生七子：唐盘漫、唐盘沙、唐盘布、唐盘兼、唐盘连、唐盘药、唐盘们。红河州一带则传说“唐帕”有八子：唐帕麻、唐帕沙、唐帕举、唐帕勒、唐帕达、唐帕茨、唐帕威、唐帕们。传说，“尊唐帕”时代规范了各种农事生产和祭祀活动，重新恢复了十月年即“嘎汤帕”，把节期改为五天。并规定节日从新年第一个属牛日开始，到属蛇日结束。

## 简收与历法起源

各地哈尼族的传说里，历法起源都与一位名叫“简收”的哈尼女子有关。“简收”，也记作“检收”“尖收”“滇仙”等，是哈尼族口头传说中一位妇孺皆知的女性。从东部到西部哈尼族聚居区均有关于“简收”的传说，不同的异文有三个共同的母题：一、她因为某种原因不得不流浪四方；二、她的拐杖变成了遮天大树；三、各兄弟民族同心协力砍倒大树，并依树干、树枝、树叶分年月。“简收”这个被神秘面纱层层包裹的哈尼女子，实质上是哈尼历史上一位文化传播者。她在不同地区、不同民族间游历，她把中原地区普遍使用的十二月历法推广到了哈尼人中。正是在“简收”时期，哈尼人经历了从“十月历”到“十二月历”的颠覆性转变。那段日月无光的日子正是历法更替带来的日月混乱。西双版纳一带传说“滇仙”为加滇末期的人物，加滇大致灭于元明之际；绿春一带传说，“阿倮欧滨”祭祀的规矩由“简收”开创。主祭咪谷推算“阿倮欧滨”祭祀已有30代人。大致可知，“简收”时期也即哈尼地区的历法转变大概在宋末元初。

## 天神萨玛与历法起源

“萨玛”是墨江一带白宏人口头传说中与历法起源相关的神灵。萨玛的传说与简收的传说相似，均为以神树定日月的历法起源传说，但是主角不同，情节差异也较大。白宏人的传说中主角不是“简收”或近似的称呼或“滇仙”，而是“天神萨玛”。神树也不是拐杖长成，而是一株自然生长的万年青树，即云南南部多见的榕树。传说中也没有出现大树遮天、砍倒大树的情节，直接就是天神根据万年青树的十二个枝杈、三百六十片叶子、四朵花、三十颗籽、十二条根定下一年十二个月、三百六十天、四季、一月三十天、十二属相纪日的历法。“萨玛”被视为虚空的神，而“简收”是个性分明的人。

## 摩咪与节日祭祀

墨江一带哈尼族白宏人认为，十月年间，高能仁慈的天神“摩咪”会借助磨秋、秋千等物下至村落与哈尼人一同共度佳节，然后又借助磨秋、秋千返回天宫。因此，在祭献秋千的颂词中，主要意思便是迎请天神“摩咪”降临、赐福。“摩咪”也记作“莫咪”，即天神，是哈尼族信仰体系中至上神之一。哈尼人认为，天上有许多神灵，形成一个天神系统，各有管辖。其中，“摩咪”无所不能，统辖所有神灵，主宰世间万物，保护人间一切善良的生灵。同时，如果人们违背天理，天神“摩咪”也会降祸于人。哈尼人一般也亲切地称之为“阿培摩咪”，并认为其有千百只眼睛，能看清世界万般事。哈尼人还认为，属羊日是天神“摩咪”的生日，因此每年夏冬两季都要举行“摩咪洛”仪式虔诚祭献“摩咪”。有的是村落集体祭祀，有的是家庭祭祀，均以一只大红公鸡为祭祀牺牲。

## 威最、斯批与祭秋千

墨江一带哈尼族白宏人以为，十月年期间“威最”“斯批”二神也要来到村寨，与哈尼人一起共度佳节。他们还认为节日里架磨秋、立秋千是因为二神来到人间以及回到天上都是借助磨秋、秋千来实现的。“威最”“斯批”为哈尼族的农业保护神，一般认为二神是夫妻。传说，每年春耕结束时，“威最”与“斯批”二神一同被天神“摩咪”派往人间，到哈尼山寨传达天神的旨意，并守护当年种下的庄稼。大多数哈尼族地方，认为“威最”神与“斯批”神是在每年“苦扎扎”的时候来到村寨，接受哈尼人的祭奉，与哈尼人一同欢度节日。因此，迎接二神降临的哈尼人，家家户户在门口挂上装上青草、锥栗叶、稻谷、荞子的竹筒，作为他们坐骑的马料，祈求五谷丰登。节日结束后，人们将二神送到田间守护庄稼。到了金色的秋天，二神就带着黄熟的稻穗返回天上，向天神复命。

## 阿培阿波与家庭祭祖

每个哈尼人家庭一般都要在自家堂屋安放竹制的祭祖台。栽插、收获、婚嫁、丧葬、祭寨神、苦扎扎等重大活动、节日都要祭献祖灵。一年一度的岁首十月年更不例外，节日期间每天都要祭祀“阿培阿波”。“阿培阿波”，哈尼语，指自家历代祖先的神灵。哈尼人认为灵魂不死，身体只是灵魂的载体。有子孙后代的老人去世后，经过举行符合要求的丧葬仪式，其灵魂会转变成自家的祖先神。祖先神分为本家祖先和外家祖先，本家祖先指父系家族的历代祖先，外家祖先指母系家族的历代祖先。哈尼人的观念里，祖先神的居住地有三：一是坟墓中，通常说的阴间地方；二是天上称为“耶罗合”的地方；三是家中祖先神位上。敬奉祖灵，祖先神能护佑家中的子孙；相反，如果对祖灵叩拜不尊、祭祀不周，也会因得罪了祖灵而受到惩罚。哈尼人认为，转化为祖先神的祖灵具有超自然的能力，世俗生活中可向他们祈求庇护，因而供奉和祭献祖灵成为家家户户不可或缺之事。



## 十月年来历传说

关于十月年的来历，哈尼族地区主要有两种传说。

传说一：很久以前，有个阿妈生了三个孩子，孩子长大后都变了，大儿子变成豹子，二儿子变成一股风，三儿子变成了一条龙，他们相继离开了老人。无依无靠的老人，四处找寻儿子。有一天，她找到了大儿子，豹子却说：“我每天出去叼鸡叼猪讨生活，没工夫照管你。”无奈的她又找到了二儿子，风说：“阿妈！我来去无踪，怎么和你一起生活呢？”阿妈不甘心又找到了三儿子，龙伤心地说：“阿妈！离开了江河我就不能生活，怎么回家呢？”见阿妈愁眉不展，龙安慰道：“阿妈莫伤心，我送你三包东西，会给你带来帮助的。”说罢，龙把东西递给阿妈腾空而去。阿妈只得背着东西独自回家。半路上忍不住想看三包东西到底是什么。打开第一个包，是金黄的稻谷，一阵风把稻谷吹落一地。她又打开第二个包，是一些泥塑的猪、牛、羊，又是一阵风把泥塑吹落在地。阿妈气得骂风儿子，骂声刚落，掉在地上的稻谷便长出了金灿灿的谷穗，泥塑的猪、牛、羊变成了活蹦乱跳的牲畜。阿妈高兴极了说："我的好儿子，可惜没有一个人来陪我。"刚说完，第三个包里钻出三个小伙、三个姑娘，他们拉着阿妈的手说："阿妈不用发愁，我们都是你的孩子。"从此，阿妈过上了幸福生活。她想起龙的一片孝心，于是把农历十月的这一天定为龙日，以后都在这天过年，天长日久变成了今天的十月年。[1]

传说二：很久以前，哈尼人生活在一个美丽富饶的地方，茅屋上炊烟袅袅，院落门前阳光明媚。秋收后，家家户户五谷满仓，房前屋后鸡鸭成群，牛羊遍山坡。一个夏历十月间，满山樱花开时，山间出现一个凶恶的妖魔，向哈尼山寨卷来，毁坏满山坡的庄稼，吞食人畜。哈尼山寨的美好光景不见了，人们过着艰难的日子。有一天，妖魔闯入一户哈尼人家找东西吃，双脚踏进篱笆围墙，看见红艳艳的樱花喷焰吐火，吓得魂飞魄散逃出院来。接着，妖魔又窜到另一家，张开血盆大嘴撕抓厩里的牛羊吃。主人见凶恶的妖魔闯进畜厩来，慌了手脚，随手抓了一个铜盆丢了过去，妖魔一听铜盆"叮叮当当"的响声吓得放下嘴里的牛羊，慌慌张张逃命去了。天渐渐黑了，妖魔见四周一片漆黑，又摸进一家哈尼人家的篱笆围墙内，被妖魔"哗啦哗啦"的脚步声吵醒，主人急忙点着松明火把出门去看，妖魔一见明晃晃的火把一溜烟吓跑了。妖魔被吓了三次，不敢再待下去，从哈尼山寨消失了。茅屋上又飘起了袅袅炊烟，明媚的阳光洒满大地。妖魔被吓跑的这天据说是属龙日，从此哈尼族就把每年夏历十月第一个属龙日定为岁首，十月年就此沿传下来。[2]

---

1. 马晓京.中国100种民间节日[M].广西人民出版社，1991.324－325.
2. 黄桂枢.新编思茅风物志[M].云南人民出版社，2000.113.

## 嘎汤帕来历传说

传说很早以前，哈尼人祖先苏米窝的儿子窝腿雷看到自己带领的百姓们生活一天天好起来，心想如果这样下去，百姓们一定要赶上和超过自己。他想出了用节日来耗费百姓财富的主意，于是开创了“嘎汤帕”节，节期15天，他自己也改名为汤玛阿尧。他规定，在节日期间大家只准吃喝玩乐，不准下地干活。漫长的节日当中，富裕人家每天都要耗费九斗大米，而穷苦百姓家一天只吃掉九箩山药。如此，不但难不倒百姓们，反倒让富裕人家一筹莫展。因此，各地富裕人家纷纷反对，要求汤玛阿尧废除“嘎汤帕”节。于是，“嘎汤帕”节不得不终止。到了哈尼族第十三代子孙的时候，出了个聪明过人的首领，名叫最汤帕。他规范了各种农事生产和祭祀活动，重新恢复了“嘎汤帕”节，把节期由十五天改为五天，并规定节日从新年第一个属牛日开始，到属小龙那天结束。这一规定得到了各地富裕人家和普通百姓的一致拥护。从此，“嘎汤帕”就作为一个传统节日延续下来。每到节日，人们杀猪宰牛、舂粑粑，摆好酒宴，首先要祭献给化为祖先神灵的汤帕阿培。[1]

阿卡人迁徙史诗《雅尼雅嘎赞嘎》中“嘎汤帕”的来历与上文大同小异：在美丽的加滇地方，聪明的阿培汤玛阿尧开创了嘎汤帕节。阿培汤玛阿尧说，“嘎汤帕”要过十五天，从那以后，雅尼雅有了嘎汤帕节。雅尼雅过嘎汤帕节，杀了牛羊又宰猪。祭祀祖先神灵，祭祀万物之神。洗去身上的尘土哟，算清了记账的木刻。雅尼雅过嘎汤帕节，该说的话就要说，该唱的歌就要唱，该办的事情就要办好，该吃的东西要吃饱，该喝的辣酒要喝足。家家男儿高兴，家家姑娘欢乐。“嘎汤帕”过了半个月，雅尼雅天天有酒有肉。汤玛阿尧在歌唱，歌唱“嘎汤帕”带来安康。在欢乐的节

1. 勐海县民委.西双版纳哈尼族民间故事集成[M].昆明：云南少年儿童出版社，1989.45－46.

日里，雅尼雅只顾高兴，男男女女只顾吃肉喝酒。一天吃掉三箩米，一天要宰三头猪，一天要喝三坛酒。谷米少了，酒肉少了。这时雅尼雅，才知道发愁。要汤玛阿尧把“嘎汤帕”改成五日。这就是“嘎汤帕”的来历。

## 背新水来历传说

大多数哈尼族寨子有十月年清晨背新水的习俗。传说：很久以前，在哈尼族村子里，住着一对勤劳善良的夫妇。离村子不远的地方流淌着一股清清的溪水，夫妇俩就在溪水边开荒种地，辛勤耕耘。虽然生活很苦，日子清贫，但夫妇俩经常面带笑容，他们相信只要辛勤劳动，生活就会一天天好过起来。因此，不管刮风下雨，他们总是辛勤劳作。口渴了，就到溪边喝上几口；太阳晒得汗流浃背时，就到溪里洗个澡。秋收时，夫妇俩收回了大背大背的粮食。第二年春天，夫妇俩生了一个活泼可爱的男孩。到了这年播种的时候，接连好几个月都没有下雨，种下去的种子发不了芽。夫妇俩脸上的笑容不见了。如果继续这样下去，往后的日子怎么过？孩子怎么养大成人呢？夫妇俩想起了那股溪水，每天不辞辛劳地挑溪水浇苗。秋收时，村里很多人家颗粒无收。只有夫妇俩收获了一点点。转眼间，十月年到了，可夫妇俩的粮食也吃光了。十月年这天早晨，夫妇俩起床后，妻子愁眉苦脸地到灶前烧火，丈夫没精打采地到溪边去挑水。他把清清的水挑回来，倒进锅里准备烧开水，听见锅里涨水的响声，夫妇俩听声音不像平日，于是揭开锅盖一看，只见锅里沸腾的水变成了白晃晃的银子。夫妇俩高兴极了，脸上又开始有了笑容。他们过了一个快乐的十月年，他们的生活也一天天富裕起来。不久，新水变成银子的故事很快传遍整个哈尼山寨，背新水的习俗也代代相传。

▲ “伙取查”仪式/白岩松 摄/2008年

## 祭姑妈魂的来历

元江一带哈尼族罗比、罗美人过十月年的时候，杀年猪之前有个必不可少的仪式“祭姑妈魂”，哈尼语称“伙取查”。当地哈尼人传说：很久以前，当地哈尼村落里有一位慈爱的姑妈为了保护其侄子的性命，不得不常年四处奔波、流浪在外，以至于最终客死异乡。在哈尼人观念里，客死异乡的人只能变成孤魂野鬼，其魂魄无法回到哈尼祖先生活之地成为护佑后代子孙的祖灵；与此同时，哈尼人认为出嫁的姑娘客死异乡是一件十分晦气之事。为感谢这位为侄子自我牺牲的慈爱的姑妈，同时为避免姑妈游魂对祖灵回家享用祭品的妨碍，所以十月年里祭祖仪式前要先献祭这位客死异乡变成孤魂野鬼的姑妈的游魂。

## 讨吉祥饭菜食俗来历

墨江一带哈尼族白宏人，在十月年中有儿童“讨吉祥饭菜”的食俗。据说，哈尼人的农业保护神“威最”“斯批”是骑着大红马借助秋千下凡到哈尼寨子，和哈尼人一起欢度节日的。天神“威最”“斯批”到哈尼人家串门，乐不思蜀，结果把坐骑大红马弄丢了。于是，吩咐小兵小将四处找寻大红马。小兵小将们忙着找大红马，没能够参加村落欢乐喜庆的聚饮“叠总总”。所以，只好在节日的第二天挨家挨户去讨吃。如今，白宏村寨在大年正日子的后一天即属蛇日，孩子们集结挨家挨户“讨百家吉祥饭菜”，意为扮作为天神“威最”“斯批”找寻大红马的小兵小将们。

## 棕扇舞来历传说

关于“棕扇舞”的来历，哈尼族地区主要有四种传说。

传说一：哈尼人曾经生活在美丽富饶的谷哈地方，由于争斗不过强大的异族，被从谷哈赶走，男女老少不得不往南迁移。有一天，扶老携幼的哈尼人走到一座山头上，大家坐下休息。抬头看见天空有一群鸟自由飞翔，有一位老人不由感慨地说：“我们要像鸟一样能够自由飞翔就好了。”说着，就从路边棕树上采下两片棕叶，当作飞鸟的翅膀，模仿飞鸟的动作跳了起来。从此哈尼人代代相传，形成了扇子舞。此则传说主要流

▼ 集体表演棕扇舞/倪伟顺 摄/2009年

传于红河州元阳、红河、绿春一带。

传说二：远古时，一位哈尼祖先要将棕扇舞教给中老年妇女，但是舞蹈尚未教完，这位祖先就升天了。祖先的拐杖插在村头，长成了参天大树，人们就把它看作是祖先的化身。以后每逢农历二月属牛或属虎日，全村人都去神树下跳棕扇舞纪念祖先，形成了哈尼族一个隆重的祭祖节，称为“阿玛突”。祭祖节期间，众人纷纷跳起棕扇舞，表达对祖先的缅怀与崇敬。此则传说主要流传于红河与元江两县交界地区。

传说三：很久以前，一只白鹇鸟栖息在树上，一位贫病交加的哈尼老人倒在大树下，白鹇鸟看见了，就四处飞去寻来草药，用嘴衔来了水，给老人服下药，老人得救了。为感谢白鹇鸟的救命之恩，老人摘下棕树叶作翅膀仿白鹇起舞，从此就有了棕扇舞。[1]

传说四：古时候，豪尼人在滇池附近经过一场战争后，南迁到哀牢山。这一带是瘴疠之乡，人瘟、畜瘟、庄稼瘟，害得豪尼人无法生活下去。天神萨莫、叶莫看见了，从天上来到人间，各持一把棕扇。他们到村里将棕扇一扇，村里的瘟神就被扇跑了，从此村里无瘟无难、太平安康；他们到田野一扇，害庄稼的瘟神也被扇跑了，从此庄稼长势喜人、五谷丰登。为了让豪尼人能幸福安康地过生活，他们将两把棕扇插在了哀牢山上。从此，那棕扇长成了棕树，棕树上长满了棕叶。豪尼人每遇瘟灾，就折下棕叶作扇起舞，驱赶“瘟神”。每逢节日，就祭献天神保信安康。就这样，原始古朴的棕扇舞流传了下来。此则传说主要流传于哈尼族豪尼人中。[2]

1．中国民间民族舞蹈集成云南卷编辑部.哈尼族民间舞蹈[M].昆明：云南人民出版社，2001.29、45、3.

2．豪尼人的棕扇舞，载云南省玉溪地区民族事务委员会.哀牢山民族风情[M].云南大学出版社，1989.99.

## 同尼尼起源

▲ “同尼尼”/姜定中 摄/2010年

“同尼尼”即扭动身体跳舞之意，俗称扭鼓舞。民间根据舞蹈中有摹似猴子的动作，又称它为“猴子舞”。主要流行于墨江、江城、绿春等地哈尼族中，男女老少皆宜。“同尼尼”的起源民间有多种说法。一种认为源于祭祀。大水井洒马村祭师陈德保追述：很久以前，他们的祖辈祭寨神时，只举行简单的仪式，随着祭祀活动日益盛行，人们为取悦神灵，祈求保佑，在祭祀时手舞足蹈以表达虔诚之心，久而久之形成舞蹈。另一种说法，大水沟东村哈尼老人白波斗讲，同尼尼是古时一位跛足者所创。从舞蹈动作的形态来看，一脚轻轻着地，一腿屈膝，的确带有跛足的某些特征，这种特点被后人模仿为舞蹈动作，沿袭至今。哈尼族白宏人中有另一种说法：“同尼尼”的前身是演练“大碎”“太极”之类的武术。当初哈尼人没有自己的舞蹈，在节日活动中就以拳术为乐，久而久之就演变为“同尼尼”了。[1]

## 哈尼鼓舞来历传说

以鼓为主要伴奏、击鼓起舞是各地哈尼族十月年间的主要舞蹈形式。关于鼓舞的来历有不同传说——

1．中国民间民族舞蹈集成云南卷编辑部.哈尼族民间舞蹈[M].昆明：云南人民出版社，2001.66.

传说一：古时候，一个勤劳善良的母亲领着儿子居住在山中岩洞里。母亲盼望儿子长大成人，可儿子只知道贪玩，不帮母亲做活还要母亲把食物送到他玩乐的地方。送早或送迟了就大发脾气，甚至打骂母亲。儿子二十岁那天，年老多病的母亲采来鸟蛋、鲜果准备为儿子庆贺。儿子久久等不到饭食正有些恼火。突然，鸟粪落在他的手背上，他捡起石头就要砸。这时，母燕飞来给小燕喂食。儿子心头一动，我不也是母亲哺育长大的吗？转头看见母亲提着饭盒拄着拐棍走来。"阿妈！"他大声呼唤着迎上去。母亲以为饭送迟了儿子发火了，吓得转身就跑。儿子叫得越大母亲跑得越快。一条大河挡住去路，母亲心一横纵身跳下了河。儿子跳进河里拼命捞但只捞到饭盒和拄棍。他双膝跪在河边，过度的悲伤悔恨使他前俯后仰、左右摇倒，双手有意无意地拍打饭盒。双脚跪久了就单腿跪，双膝跪破了站起来深蹲或半蹲着痛哭，双手有节奏地拍着挂在胸前的饭盒。直到嗓子哭哑，泪水流尽。他带上母亲的拐棍、饭盒来到一个风景秀丽的地方。他把拄棍插在水边，躺在一旁睡着了。一觉醒来，拐棍已经生根发芽。他认定这是母亲的化身，便决定在此安家。此后，他每次出山都先到树旁，敲响饭盒向母亲祈求保佑；采回食物，就把最好的一份堆在树脚敬献母亲。天长日久，饭盒的两端被敲通了，他捡来笋叶粘上；笋叶被敲通了，他用兽皮蒙上。蒙皮后敲击发出"独、独"的声响，人们称之为"查独""苏独""鲁独"等。[1]

传说二：古时候，哈尼人从遥远北方历尽千辛万苦长途跋涉来到了风光秀丽、土地肥沃的滇池边。他们在这里定居下来，垦荒种田粮食得到丰收，辛勤放牧，牛羊得到兴旺。人们过着富裕安宁的好日子。有一年冬天，一群强大的外族闯进哈尼寨子。势单力薄的哈尼人只好退守到洪特古主大

1．中国民间民族舞蹈集成云南卷编辑部.哈尼族民间舞蹈[M].昆明：云南人民出版社，2001.309.

山。侵犯者一围数月，哈尼人吃完粮食，就宰杀黄牛当食。一个被人们誉为“多科月满阿薄”（即山茶花样)的姑娘，看到遍地牛皮心生一计，建议族长用牛皮来蒙鼓，族长于是带领大家把所有的牛皮都蒙成鼓。此后一个月，侵犯者既不进攻，也不撤退，想把哈尼族饿死在山上。在这紧要关头，族长带领大家化装突围。男女赤足光膀，脸上抹黑，老者在山上擂鼓助威。敌人听到惊天动地的鼓声，看到奇形怪状的喊杀队伍，以为神兵下凡，吓得弃命逃遁。为庆贺胜利，哈尼人把所有的大鼓一齐擂响，人们挥舞作战用的刀、叉、棍棒、弓弩，尽情歌舞。后来，哈尼人还编民谣唱道：“牛皮鼓一响，哈尼山寨多吉祥；牛皮鼓一响，五谷丰登六畜兴旺。”牛皮鼓被哈尼人视为神圣器物，只能在祭龙和过年两大隆重场合才能擂击。过年击鼓起舞，表达哈尼人丰收和迎新的喜悦。[1]

▲ 鼓舞/白永芳 摄/2007年

## 奕车服饰来历传说

哈尼族奕车妇女在十月年等重大节庆活动时，喜欢头戴尖顶白帽、

1. 哈尼族换牛皮鼓的仪式，载云南省玉溪地区民族事务委员会编.哀早山民族风情[M].云南大学出版社，1989.146.

身穿黑布右衽短衣和超短裤。关于奕车人服饰的传说很多。传说一：古时发洪水，万物被淹没。一对兄妹躲进葫芦幸免于难，天神看大地荒凉，撮合兄妹传下人种。天神授意人们挖十二条沟渠将洪水引往天边。奕车人为纪念祖先开挖沟渠的功德，在当家女子额前安一支十二条褶纹的独角，同时表示永镇水患。传说二：哈尼族与其他民族战败南逃时，奕车人走在最后。他们边走边战，进入哀牢山时，衣裤被荆棘撕扯得不成样子。男人们把衣服集中给了女人和孩子，自己用兽皮和树叶遮羞避寒。最终，奕车人度过了艰难时光，建立了自己的家园。为感谢男人们的慷慨无私，妇女只穿短小的裤子，把布料尽量给男人们穿用。传说三：战败的奕车王子突围时，裤子挂破了，只剩下一截遮住下身。天神摩咪降下三顶洁白的尖顶布巾，奕车王子戴上后隐入白色花丛，躲过了追兵。后来，奕车王子与救他的山羚女结婚，生了三男三女。山羚女让长大成人的儿女穿戴上尖顶白布巾和短裤，去各地安家立业。

## 白宏露脐衣的来历

哈尼族白宏女子在十月年等重大节日期间喜欢穿露脐短衣和齐膝短裤，有“衣不遮脐、裤不掩膝”的俗谚。关于白宏女子的露脐短衣有不同的传说。传说一：人类刚学会劳动时，哥哥翁候因为争夺食物咬伤了弟弟翁宏。弟弟质问哥哥，哥哥反诬弟弟，弟弟赌咒让神灵来惩罚，结果哥哥被贬为兽类。很多年后，翁候的后代向摩咪争辩说他的祖先也是人类，万能的神说有肚脐就是人类。于是，白宏姑娘穿露脐短衣，以示与兽相别。传说二：古时天下大乱，白宏祖先和阿哈祖先为了争夺地盘而打起来。白宏祖先斗不过阿哈祖先，伤亡惨重。幸存的白宏阿波逃入深山躲避，阿哈紧追不放。白宏阿波急中生智，割断一截衣服绕于头上，折叠裤脚至膝上，裸露着肚子装模作样用芭蕉叶盖房子。阿哈追兵问他是否见有人经过。白宏阿波指着冒出的芭蕉芯说："早走过去了，他砍掉的树桩都长这么高了。"阿哈迟疑了一下，哼了一声转身走了。后来，白宏阿波娶来媳妇在深山里安了家，他要媳妇也穿短衣短裤。

▲ 身着短裙的阿卡姑娘/陈桂芬 摄/2011年

## 阿卡短裙来历传说

哈尼族阿卡女子在十月年等重大年节中都要穿着传统短裙。关于短裙的来历，西双版纳的阿卡人有个传说：很早以前，阿卡人和傣族是一家，吃、穿、住都一样。后来因为家庭人口多而分家，分家时大嫂拿出做衣裳的布料分成三份，自己留下一份给弟媳两份。所以弟媳的上衣又宽又大而嫂嫂只能做紧身上衣。分裙布时，弟媳照嫂嫂的做法，自己留一份给嫂子分两份，所以嫂嫂穿长筒裙，弟媳穿短裙。泰国阿卡妇女对她们短裙的来由也有传说：祖先神阿培米耶给人们讲授风俗习惯时，各民族都派代表参加，其中包括阿卡人，但阿卡女子却迟迟没有出现，因为没有衣装遮羞。于是，阿培米耶拿起一个装钱的口袋，割断底端，扔给她说："拿去穿吧！"从此，阿卡妇女以短裙为下装。此传说为格朗菲尔德[1]在泰国北部阿卡人居住区搜集

1. F.V.格朗菲尔德.泰国密林中的游迁者——阿卡人.民族研究译丛，1985.5.

所得，阿培米耶是各地哈尼族虔诚信仰的祖先神，从裙装为神所授的传说中可以知道，阿卡妇女穿着短裙的历史的确十分悠久。

▲ 戴着公鸡帽的哈尼姑娘/白永芳 摄/2008年

### 姑娘公鸡帽的来历

生活在红河、元阳、绿春交界一带的哈尼族，十月年等重大节庆活动时，未婚姑娘喜欢佩戴一顶精心绣饰的公鸡帽。关于姑娘头上公鸡帽的来历，民间有一个传说：很久很久以前，一天晚上，一对哈尼族青年男女到森林中约会，遭遇四处伺机作恶的魔王。可怜的哈尼小伙被魔王杀死，惊恐的姑娘拼命逃跑。姑娘跑到寨子边时正好公鸡高声鸣叫，听到雄鸡的啼鸣，魔王被吓得仓皇逃跑。姑娘意外发现魔王害怕雄鸡的秘密，于是怀抱雄鸡重新走进森林，神奇的雄鸡鸣叫竟然使死去的哈尼小伙复活。两人回到寨子后结为夫妻幸福生活。从此以后，追求幸福生活的哈尼女子把帽子制成鸡冠状佩于头上，相信其有驱逐邪魔的神奇魔力。

## 四、仪式活动

作为传统大年，哈尼族十月年有丰富的仪式与活动，但是由于时代发展与地域差异，各地的节日仪式和活动相互不同、各有特点。有的哈尼族村落十月年活动丰富、仪式复杂，有的哈尼族村落则相对简化。大致来说，节前各家各户清扫屋舍、清洗器物，然后集体清洁寨子、修整道路；新年的头晚或新年当天清晨，村落领导人鸣响铓鼓、火炮或火药枪以宣告新年的来临；此后，背新水、舂糯米粑粑、做汤圆、回娘家、认舅舅、送粑粑、家庭聚饮、村落聚饮等活动依次进行，反复寄寓辞旧迎新、合家团圆之意，不断强化着村落中的各种社会关系；与此同时，各种慰鬼、敬神、祭祖的家庭祭祀、村落祭祀相继展开，配合节日期间务必遵守的各种规约禁忌，共同表达着哈尼人对世界的认识以及在宇宙万物之中的自我定位。

## 清洁寨子

各地哈尼族在十月年来临之际，喜迎佳节必做的第一件事情是清洁寨

▼ 清理村道/白岩松 摄/2010年

子，包括各家各户自行清洁以及村落集体清洁。各家各户在十月年到来前几日，基本停止各种劳动，抓紧时间打扫自家居室，彻底清洗全家衣物铺盖以及擦洗各种厨具祭器，同时还将家中纺织备用的所有布匹以及节日盛装一一晾晒。村落统一组织各家各户出劳动力，汇集体之力平整村中以及附近主要道路，以保证来年生产生活的便利；同时一并将村中各种杂草、垃圾、杂物清理干净，并认真疏浚村中沟渠。经过大家的共同努力，平日因忙于生产劳动而导致的家庭、村落脏乱得以清理，整个村寨呈现出朴素整洁的崭新面貌，隐约透露出大年即将来到的信息。

## 铓鼓报节

传统的哈尼族十月年，村寨里一反平日的寂静和各自忙碌的情况，铓鼓声声宣告节日的来临和传达喜庆的气氛。铓与鼓是哈尼村落必不可少的神圣之物，在传统哈尼族社会中被视为神圣的器物，平日不可随意触摸和敲击，节日或祭祀中方可使用。西双版纳一带哈尼族寨子，在十月年到来的头天傍晚，寨子里的寨主“追玛”就要走到自家的阳台上，敲响铓锣向全村人大声宣布三遍“明天要过年了！”墨江一带哈尼族，十月年的清晨，听到铓鼓声声，人们便齐聚秋千架下；呗摩在铓鼓声声中主持祭献秋千，拉开喜庆大年的序幕，之后大家争先恐后荡秋千、各家各户杀年猪；节日期间，人们在铓鼓声声中翩翩起舞、相互敬酒，欢乐喜庆。时至今日，十月年里少不了铓鼓声声喜报节日，敲铓击鼓喜迎四方宾客，敲铓击鼓众人欢乐起舞。各地的节日舞蹈，名称不同、形式有别，但绝大多数都以铓与鼓作为最主要的伴奏，有的甚至作为最重要的舞蹈道具。

## 刻木清账

“核对刻木”是西双版纳哈尼族“十月年”即“嘎汤帕”节的一项重

▲ 核对木刻、清算账务等节日习俗展演/陈桂芬 摄/2011年



要内容。哈尼族历史上没有文字，很多地方以刻木记事来治理村务。平日里，村民承担村落义务、向寨主借用或归还财物，寨主都以刻木方式一式两份做好记录，一份交与村民，一份寨主保存。每年辞旧迎新之际便是清理账务之时，“刻木清账”由寨主“最玛”和“交巴”共同主持，节日的第一天，“最玛”和“交巴”在寨子中间摆好篾桌，端坐等候众人前来。各家各户的男主人手里拿着木刻前来对账，核对刻木、结清账务。没有男主人的寡妇人家平日不需要承担寨子里的任何义务，因此基本不需要核对刻木。这个时候，自家没有能力还债的穷人，一般也要向亲戚朋友借钱结清村落债务。实在无力结清就意味着要被抄家，家中仅有的种猪或种鸡等值钱之物都将被赶走，若是如此还不能结清债务就要被赶出寨门，从此流落寨外。有些哈尼地方，穷人到富裕人家打长工或做短工，到了这个时候也是清账归家之时，因此他们甚至把十月年称为“然哈普”，意为“打工

清账”。

▲ 糯米团与核桃面/白永芳 摄/2010年

## 伙同特

舂糯米粑粑，哈尼语大多称为“伙同特”(Hoqtoq teil)，是每个地方哈尼人十月年必不可少的活动。传统的舂糯米粑粑完全使用木制工具和人力，糯米蒸煮好后先要舂成糯米团。有的地方用独木舟型木盆，两名男子合力舂捣；有的地方用木桩型木臼，一位男子独自舂捣。舂好的糯米团均要由主妇亲自取下，放入清洁、撒上香料的簸箕，主妇将糯米团分小并团压成碗口大小的圆形粑粑，并在其表面均匀抹上一层香喷喷的紫苏、芝麻、核桃或花生面。目前，大多数人家贪图方便，选择将蒸煮好的糯米送到机器房碾磨成糯米团，再带回家用手工团压成粑粑。还有的地方，以袋子装入蒸煮好的糯米饭，以铁锤敲打成糯米团，再团压成粑粑。糯米粑粑做好尚不可急于食用，主妇取三块装在碗中置于堂屋一角祖灵栖息处，以示祭献祖灵。之后，众人方可自由取食。暂时吃不完的糯米粑粑，通常两三块一包，以采自山野的新鲜野芭蕉叶仔细包裹，不仅方便存放，而且自然沾染了芭蕉叶的清香。

## 扎勒勒

做汤圆，哈尼语称“扎勒勒”(za’ lei lei)，是十月年中必不可少的节日活动。大年正日子的凌晨，各家各户争先恐后做汤圆。据说，此举是为了把主管庄稼年成的“谷娘”迎接到自己家中，以求来年丰收。制作汤圆一般由家庭主妇负责：取适量糯米面，以取自祖先泉的“新水”和面，搓成丸状。汤圆有大有小，可多可少。作为祭祖专用的大汤圆，一般做六个，分两碗装。其中，三个汤圆裹上芝麻面或紫苏面等呈黑色，三个汤圆保持白色。两碗汤圆与两碗酒、一碟盐巴辣椒共同摆于祭祖专用的篾桌，由主妇主持祭献。祭献词一般为：吃三个黑汤圆送走旧年，吃三个白汤圆迎来新年！部分哈尼族献两次汤圆，一次在大年正日子的头天晚上，表示辞旧，称为“伙威扎勒勒”（Hoq yul za’lei lei）或“伙威芭”(Hoq yul bal)；一次在大年正日子的清晨，表示迎新，称为“伙奢扎勒勒”（Hoq siiq za’lei lei）或“伙奢赫”(Hoq siiq hel)。有的地方祭献三碗汤圆：第一碗祭献人神毕梭，求其保佑人丁平安；第二碗祭献财神则梭，求其让畜厩里猪鸡牛羊肥又壮；第三碗祭献庄稼神康梭，求其让田地里的五谷弯腰垂首。有的地方汤圆煮熟后先喂牛，牛助人耕耘获得了丰收，表示慰劳。

▲ 祭品/刘海青 摄/2010年

## 厄区获

所谓“取新水”哈尼语称“厄区获”（Eelqul hoq），即到村落建寨之初择定的泉水处取水用于节日食品清洗和祭祖，这一眼村村皆有特定的泉水俗称“阿培洛伙”。村落之中，所有集体祭祀、村落祭祀的仪式用水必须取自此处。目前很多哈尼村落的民居中已安有自来水管，但是仪式用水仍然坚持取自祖先泉“阿培洛伙”，村民观念中只有此水具有仪式的神圣性。十月年的凌晨，鸡叫头遍，哈尼村落的年轻姑娘、媳妇要早起去“取新水”，最传统的形式是一手执火把、一手端米碗，身后背竹筒。夜色中，人人行色匆匆，忌讳相互对话，恐自家福分流失。至泉水处，手端一碗米对着水源祈求五谷丰登、人畜兴旺。取回的泉水用于和汤圆面、煮茶水等制作各种祭品所需。

▲ 出嫁女归省/白永芳 摄/2010年

## 回娘家

十月年“大年”正日子的第二天，出嫁的女子要回娘家。在夫家过了大年第一天，穿戴一新的女子便以背篓背着糯米粑粑、酒水、猪肉、水果等回娘家，在娘家小住两天再返回夫家。返回夫家时，娘家通常要送一条猪腿，即使家境困难杀不起猪，或是因女儿太多分不过来，也要设法买猪腿让姑娘带回，否则会被人看不起。当年出嫁的姑娘，则要穿着繁复华丽的嫁衣携夫君和伴娘、伴郎一同回娘家。除了要到娘家赠礼、磕头外，还要到家族中各家赠送糯米粑粑、酒水和少许猪肉，按照规矩，先去外公家和已分家的哥哥家，然后去叔伯家。所到各家接收赠礼后则要回赠糯米粑粑以及一只小鸡。此外，通常还回赠各种水果、糖点，忌讳让出嫁的姑娘空着背篓或挎包离开。

## 阿威沙

十月年期间，已婚已育的出嫁女，除了背东西回娘家，还要带着孩子回去"认舅舅"，哈尼语称"阿威沙"（Aqhhyu sal)。哈尼人有"以舅为大"的舅权观念，民间有"舅舅不大，外甥不长""天上算太阳最高，地上数舅舅最大"等俗谚。"认舅舅"是每个新生儿必须履行的礼俗，一般在孩子出生后第一个十月年里进行。大年正日子的第二天一早，母亲就给新生儿洗净脸、换新衣。出门前在孩子的脑门上点一指锅烟子，帽子上系一个大蒜和一枝红泡刺儿以避邪，因为离开家、离开村落就离开祖灵、寨神的护佑，而新生儿魂魄虚弱易招惹阴邪之物。母亲背着孩子，肩挎装有炒黄豆、熟鸡蛋和糯米饭的步包，一手持伞、一手执镰刀前往舅舅家。手执伞与镰刀亦为祛邪之意。路上遇见迎面而来的人，不分民族和男女，母亲都要满面笑容地抓一把炒黄豆递上来。对方接过炒黄豆，要说上几句祝福的话。途经小河，要找一块小石子先扔过河，然后在石子落地的地方休息，吃糯米饭与鸡蛋。若逢路人经过，邀其共食。到了舅舅家，孩子交给外公、外婆、舅舅、舅妈轮流抱过。按照规矩，舅舅必须给孩子赠送一份礼物，可以是钱，也可以是鸡蛋、鸭蛋或小鸡。哈尼人通过"认舅舅"的礼俗来确认和铭记生身母亲的血缘祖根。

## 胡息阿昂色

▼ 胡息阿昂色/赵德文 摄/2010年

十月年里宰杀年猪，哈尼语称为"胡息阿昂色"，有的地方也称为"梅昂色"。具体来说，可分为两种。一种是村落祭祀以猪为牺牲。作为牺牲的猪可大可小，要求体态端正、毛色纯黑。由仪式主持人在节前仔细挑选，

可在村内挑选，亦可到集市购买。购买牺牲的钱无论多少，须由家家户户平均凑钱。另一种“杀年猪”指各家各户杀年猪，可以一户人家自己单杀一头猪，也可以三五户人家合杀一头猪，视自家经济实力和食用需求而定。按古规，各家各户的“阿昂色”必须在村落集体“阿昂色”结束之后。否则，视为个体家庭对村落集体利益的冒犯。无论哪一种杀年猪，宰杀前务必以取自祖先泉的“圣水”浇于猪尾、猪足与猪头，表示祛邪。有的地方杀年猪前要用汤圆、米、茶、酒等献给肥猪，并说一些安慰猪和自我开脱的话。

## 伙衾批

“伙衾批”是哈尼人在十月年里最基本、最重要的社交礼仪之一，也称为“扎赫批”。哈尼语“伙衾”即指“糯米粑粑”，“扎赫”则指包括糯米粑粑在内的祭祀供品，“批”即“送、背”。一般的粑粑大小如成年人巴掌，大致呈圆形，厚约1—2厘米，一般两三块一包用芭蕉叶包裹。有些地方，送舅舅家的粑粑需附一块小粑粑在上面，表示关系非同一般；有些附上两块小粑粑，表示是重孙辈给祖爷辈送的粑。送粑粑的具体时间，一般都在大年正日子当天下午及次日。这个时候，哈尼村落里多是你来我往送粑粑的人们。舅舅家的所有家族及长辈家庭都要送到粑粑，其他亲友根据日常交往情况可送可不送。每年送粑粑最先要送所有舅舅家，依长幼顺序进行，送完舅家方可送其他亲友家。一般收到粑粑时，要回赠糯米粑粑、一个鸡蛋或一些糖果，所以送粑粑备受小孩们的青睐。若是当年出嫁的女

▼ “伙衾批”中的糯米粑粑与肉/白岩松 摄/2010年

子回娘家送粑粑，娘家至亲各家都要回赠一只鸡或一只猪腿以表关心和祝福。节日期间，前来做客之人离开时，也必须以糯米粑粑相赠。哈尼人的送粑粑表示对血缘关系、亲属关系、友好关系的认同和强化。民间普遍有“是亲戚就要送糯米粑粑，送了糯米粑粑就是亲戚”的眷认观念。双方若有矛盾冲突，以拒绝送粑粑和拒绝收粑粑表示；若是连续三年没有收到粑粑则说明双方关系已破裂。

## 家庭聚饮

▲ 节日聚饮/白永芳 摄/2010年

十月年作为哈尼人的岁首大年，也是家庭聚饮的喜庆时刻。各家各户备好丰盛的美酒佳肴，除了家人团聚之外，还要邀请各种亲朋好友前来聚饮共食。节日临近，外出打工的人归乡，在外工作、念书的也设法回家，平时天各一方的家人得以相聚，一起叩首祭祖、分享祭品；家人曾经结拜的各种干亲此时也应邀前来过节，包括孩子的干爹干妈，父母的结拜弟兄或姐妹，还有附近村寨在生产生活中结下深情厚谊的其他兄弟民族，此时也前来共度佳节。哈尼寨子周围多有彝、傣、汉、拉祜、瑶等族的寨子，大家居住地山水相连，日常多有往来。在一些地方，哈尼人与居住在河谷的傣族或其他民族甚至还形成共有耕牛或马匹的“牛亲家”“马亲家”。十月年期间，“牛亲家”“马亲家”自然要相聚共饮，畅谈劳动与生活。哈尼人家以宾客盈门为喜庆祥瑞之事。客人前来，一般带来酒水饮料或糖果；客人酒足饭饱归去之时，主人家务必以糯米粑粑以及年猪之肉相赠。

## 长街宴

▲ 节日的山寨/白永芳 摄/2007年

十月年期间，部分地方有“长街宴”食俗。长街宴也称“长龙宴”“街心宴”，有些地方哈尼语称“叠总总”，有的地方哈尼语称“资吾夺”，是哈尼族在各种重大年节时的一种集体食俗，多见于昂玛突、苦扎扎、十月年等节日中。节日中的某一天，各家各户制作一桌丰盛的菜肴端至村落中，以村落仪式主持人咪谷或莫批以及寨佬为首桌，其余首尾相连，贯穿村寨街心，呈长龙状，故得名。一般，开宴前各家各户要以最好的菜肴和一瓶酒敬献首桌，有的还要磕头祈福，然后双手合呈捧状接取咪谷或莫批以及寨佬回赠的一点点菜肴。仪式主持人向铓、锣与鼓敬献菜肴和美酒后，众人欢呼，表示欢庆丰收，宴席开始。传统的长街宴一般只有男性与女性长者入座，年轻媳妇和姑娘在一旁加酒添菜。席间，老人们、男人们交流生产生活，酒酣之际老人们开始吟诵古歌“哈巴”，内容涉及开天辟地、迁徙历史、生产劳动、礼仪习俗等。“哈巴”唱毕，青年人纷纷向长辈及客人敬酒。当年新婚的夫妇，或者结婚多年未孕的夫妇，要双双前来向寨佬们磕头祈福，以求来年能顺利得子。

## 敬老献食

不少哈尼族地方在十月年间有“敬老献食”之俗。墨江一带哈尼族是在十月年期间摆“敬老宴”。正日子次日，村中六十岁以上的老人团团地围坐篾桌旁，悠闲自得地品尝着酒菜。全寨家家户户的少妇、少女和儿童捧着酒菜聚来，她们将碗里盛满的猪肝、豆腐、豆芽等菜肴恭敬地递给寨佬们，然后象征性地为长老们一一斟酒。有些地方虽无集中摆设的“敬老宴”，但有携美酒佳肴到长辈家献食的习俗。元江一带哈尼人即有“敬老献食”之俗，哈尼语称“扎赫其”。节日的正日子，杀年猪当天，家中主妇或未成年儿女把几块鸡肝、嫩肉等放在一个小碗里并盛少许鸡汤到长辈家登门敬献，接受献食的长辈则为儿孙祝祷祈福。同一家族或者相邻的晚辈都需向长辈敬献，这是哈尼人衡量一个家庭或者一个人是否有孝心的标准之一。

▲ “扎赫其”仪式/白岩松 摄/2010年



## 讨吉祥饭菜

墨江一带哈尼族白宏人在十月年期间，还有儿童讨“吉祥饭菜”的食俗。大年正日子的次日即属蛇日的下午，寨子里各家各户十岁上下的儿童齐聚于秋千旁，大家大体进行分工，有的负责敲锣，有的负责打鼓，还有的负责背着背箩准备装讨来的食物。然后，一同敲锣打鼓热热闹闹、挨家逐户地去讨“百家吉祥饭菜”，把全村走一遍。每到一户人家，户主必笑脸相迎，并把准备好的吃食倒入他们的背箩。如果孩子们无心地遗漏了哪一家，那一家主人会非常生气。待所有家户都已走完，孩子们便回到秋千架下，一起享用来自家家户户的“吉祥饭菜”。俗以为，孩子们前来讨食是带给各家各户“福气”；孩子们分食来自各家各户的“吉祥饭菜”，也就获得了来自各家各户的吉祥好运。

## 伙勒哈

泼食慰鬼仪式，哈尼语称“伙勒哈”，是每一次年节里家庭祭祀中必有的组成部分，是对家中、村中非正常死亡的孤魂野鬼的一种安抚行为。泼食通常由家庭主妇进行，泼食的内容包括米饭、菜肴、汤圆、酒水、茶水等用于祭祖之食，在家门口的路边上以两条芭蕉叶交错垫于地上，将所泼食物倒于其上。十月年期间的“伙勒哈”仪式几乎贯穿节日始终，从大年正日子头一天晚上的晚餐开始，每一次正式的家庭祭祖完毕都要进行泼食。对孤魂野鬼进行安抚，避免其进入屋内抢食，以保证家中诸位节日降临的祖灵得以安心享用各种祭品，从而取悦祖灵，以期获得祖灵更加长远有效的庇护，恩泽子孙。

▼ 伙勒哈仪式中的糯米团子/刘海清 摄/2010年

## 哈杂呗

节日期间专门的慰鬼仪式，哈尼语大多称为“哈杂呗”。凌晨，各家各户继“做汤圆”相关仪式之后，待公鸡叫过即可举行慰鬼仪式。也有的地方或家庭在头一天晚上即已举行。此仪式由家中男主人主持，取出祭祖专用篾桌摆上祭品——盐巴一碟、酒一碗、花椒一碗、筷一双、米半碗、鸡蛋一个。将篾桌端至家门口的路边，由家中男性负责在篾桌旁宰杀一只鸡，不需区分毛色和公母。在篾桌边支起三颗石头，就地升火烹煮整鸡。之前摆于篾桌的半碗米连同鸡蛋倒入锅中同煮，煮至鸡肉烂熟。起锅后，取锅中鸡蛋去壳制作鸡肉蘸水，鸡肉切块装碗。家中全体成员在门口路边聚食，未尽之食忌带回家，倒于路边祭献因非正常死亡而不能成为祖灵的游魂。恪守规矩的地方，连“哈杂呗”用过的碗筷也必须在屋外洗净才能带进家。举行仪式这天，家人忌争吵，否则来年会多灾多难。此仪式与“伙勒哈”仪式意义基本相同，都是为了抚慰孤魂野鬼，保证节日期间与子孙后人相聚的诸位祖灵不受打扰。只是此为独立仪式，“伙勒哈”仪式仅为祭祖仪式的附属部分。



## 代卡哦阿塞

节日期间专门的慰鬼仪式，元江一带哈尼语称为“代卡哦阿塞”。“代卡”指“院子，房子外边”，“哦阿塞”即“杀鸭子”。在家门外附近择一适合之地，生火烧水；以一只鸭为祭品，也可用鸡代替。杀鸭前，用瓢舀少许冷水浇于鸭掌、鸭翅、鸭头，拔几撮鸭毛和米粒抹在摆放祭品的篾桌上。宰杀后，再拔几撮鸭毛和米粒放在篾桌上。然后清理鸭身并煮熟。煮熟后，把整只鸭放入一个大碗摆放在篾桌上，另加三碗米饭、三双筷子、一碗茶、一碗酒，

▼ “代卡哦阿塞”/白岩松 摄/2010年

进行献祖仪式。献完后，把少量的鸭肉与汤、米饭、酒混在一个碗里，将其泼出门外。长辈象征性开餐，全家人共享。食用仪式祭品时只能在堂屋或厢房屋，绝不可到有火塘的厨房，且不可与祭祖的鸡肉混吃。仪式专为祭献非正常死亡的孤魂野魂，以阻止他们进入堂屋，与堂屋中正常死亡的祖灵们抢食祭品。

## 伙取查

有些哈尼族地方在十月年里有“祭姑妈魂”的习俗，哈尼语称“伙取查”。“伙取”中的“伙”即“阿伙”，指姑妈或者嫁出去的女儿，“取”指“贫穷、困苦”，合在一起意为“贫穷、没有地位的姑妈”。“查”本意为“煮”的意思，这里指以烹煮的方式祭献。据说是为了祭献客死异乡变成孤魂野鬼的姑妈，以清洁祖宗们回家的路。意义与其他地方哈尼人的“哈杂呗”一致，一方面是安抚非正常死亡的孤魂野鬼，一方面是为了保证正常死亡的诸位祖灵安享节日祭品。“伙取查”是元江一带哈尼人杀年猪前必须做的一种仪式。具体做法如下：在家门外附近择一适合之地，生火烧水；以鸭蛋一枚、米饭三碗、筷子三双为祭品，摆放在祭祀篾桌上。将鸭蛋破壳倒入锅中，三碗米倒入同煮。煮熟后又分别装回三个碗里，取少许鸭蛋、饭米粒在篾桌上，表示祭献给不能进入堂屋享用祭品的孤魂野鬼。最后家人共食鸭蛋粥饭，大多是男主人和小孩食用。

## 宰鸡祭祖

十月年期间的宰鸡祭祖仪式，哈尼语称“阿哈色”，在“哈杂呗”仪式之后举行。由男主人在家中祖灵栖息处的前方宰杀一只鸡。杀鸡前用瓢舀少许冷水浇于鸡足、鸡翅、鸡头，拔几撮鸡毛和米粒抹在摆放祭品的篾桌上。宰杀后，再拔几撮鸡毛和米粒放在篾桌上。煮熟后，把整只鸡放入一个大碗摆在篾桌上，与两碗水、两碗酒以及一碟盐巴辣椒一同祭祖。两双筷子置于篾桌上，表示请神灵享用祭品。杀鸡之时，男主人口念祈福之词：Zalha seivq a loq saq yie biv meeq，kal yie biv ma，ssaq ssyu bul jiov bi sal，ho hhyu zeiq qov bil beeq。大概意思是：以此鸡为牺牲祭献，祈求赐予福气——让庄稼饱满、子孙安逸、钱粮不断。献完后，把少量的鸡肉与鸡汤、米饭和酒合在一个碗里，将其抛洒出大门外，即泼食慰鬼。

## 村落祭祀

十月年间的村落祭祀，指的是全村集体凑钱购买一头猪作为祭祀牺牲，全村集体祭祀磨秋桩，然后宰杀处理牺牲。宰杀牺牲除了祭献之意，还有预兆之用。取出猪肝后，村中寨佬齐聚仔细看卦，以期知晓将来一年村落是否安康、雨水是否适中等事。哈尼族地区普遍有看猪肝卦的传统习俗。在节日祭祀或婚礼仪式中，杀猪取出猪肝，一般为便于观察，将猪肝放在一只反扑的大碗上或平放在砧板上。村中祭司、寨佬一同聚首查看猪肝卦象，视猪肝的颜色、纹路、裂痕、筋脉长短，参照杀猪的目的综合分析，解释卦义。猪肝的每个部位有固定名称，每个部位解读不同卦义。“肝叶长得好，里外

▼ 分祭品/白永芳 摄/2008年

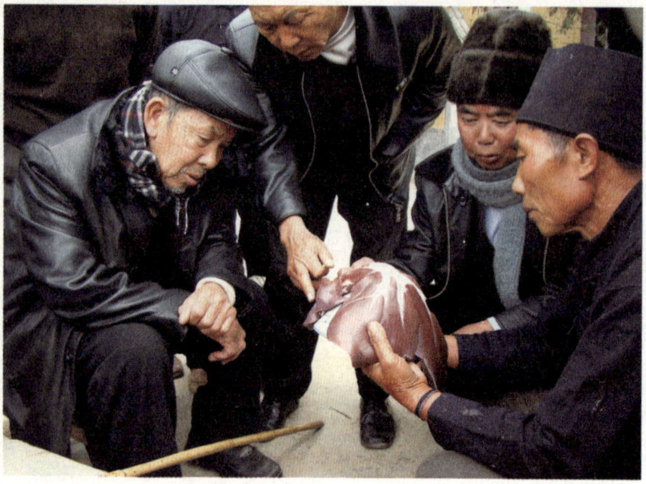

▲ 看猪肝卦／白永芳 摄／2008年

都好瞧，里外一般平，外面经脉清楚，里头筋络明晰，是来年口福的好兆头。下边连着中间，中间连着上边，上边接得不歪也不偏，是吉祥如意的好预兆，上方肝根处厚嘟嘟，是全家无病无痛的好兆头”。猪肝卦象十分复杂，有经验的老人才能诠释。若猪肝出血红肿凸凹不平，呈现不吉卦象，寨佬们就以相应的仪式当场禳除。之后，所有猪肉包括内脏猪血全部均分到每一户，各家各户派出一名男子前来领会祭祖。分食祭祀牺牲是村民合法身份的一种习惯法标志。



## 扎赫赫

十月年间，各家各户领取村落祭祀均分到各家各户的牺牲来祭祖，哈尼语称为“扎赫赫”。经过村落神圣仪式的猪肉，哈尼语一般称为“扎赫”，在村民眼中此为经过神灵赐福的神圣食物。有的地方也称之为“煞包”。“扎赫”被领回家后即刻下锅烹煮，煮熟后切成肉丝分装于三个小碗中用于祭祖，此外一般还有三碗米饭、三碗清酒、三双筷子、一碗花椒、一碗盐巴，统一摆放在篾桌上。由女主人身穿传统长衫，双手端起篾桌朝祖灵栖息处上下摆动三次，口中默念祈福之词。“扎赫赫”仪式后，主妇还要配合泼食“伙勒哈”仪式。之后全家按年龄由小到大轮流向祖灵磕头，包括前来做客的人也不例外。一方面表达崇敬、感恩之情，一方面祈求获得祖灵荫庇护佑。磕头之人必须戴帽脱鞋，以示虔诚。祭祖之后的猪肉“扎赫”连同早上家庭祭祖“阿哈色”的鸡肉，一同留为节日家宴中集体食用，还要留出一部分给出嫁女回娘家食用。宴席上食用“扎赫”的时候，须按照年龄从大到小轮流食用，以示敬老尊长。哈尼人认为，食用了十月年的“扎赫”，新的一年里即可得到祖灵的护佑。

▲ 吃祭品/白永芳 摄/2012年





## 磕头祈福

▼ 磕头祈福/白永芳 摄/2007年

十月年里，贯穿节日始终的祭祖活动中人们都要虔诚磕头。哈尼族村落里，在各种人生仪礼与节日仪式中都少不了磕头感恩与祈福。一般来说，哈尼人的磕头方式大致分为三种：第一种，对各种神灵（包括祖灵）的磕头，具有鲜明的祈福性质。磕头人面向供奉给神灵的祭品双膝跪地，双手于双膝前撑地，俯下身子以额头接近身前地面三次，表示虔诚感恩；然后直身抬头，双手合并成捧物状，在胸前上下摆动三次，表示接受神灵的赐福。叩首感恩与双手接福的动作要重复三次。第

二种，丧葬中对死者的磕头，主要是感恩与哀悼。磕头人面向棺木双膝跪地，双手与身侧掌心着地，俯下身子以额头接近身前地面三次。第三种，婚礼上一对新人向父母的磕头，具有感恩和祈福的意义。新郎和新娘，以及他们的男伴女伴，一同跪在席子或红毡上，新郎及男伴、女伴双手撑地，抬头注目宾客；新娘头盖黑帕或花巾，爬扑于地。

## 献猪头

元江一带哈尼族，在十月年里有献猪头的习俗，当地哈尼语称“昂吴普”。“昂吴”即指“猪头”；“普”字面意思为“煮”，实际上是指将猪头煮熟祭祖。在十月年开始的第三天即属马日一早，各家各户把过年所宰杀的肥猪的整个猪头仔细刮毛洗净后烹煮。煮熟后，将整个猪头端至家中祖灵栖息之处，由主祭之人念诵祈福之词，将猪头摆放在“阿培邦格”上表示祭献。然后，全家人或亲朋好友一起共享节日美食。当地哈尼人把这一天惯称为“昂吴普”，即“祭猪头”。吃过早饭后，主祭人把家中两个祭祖台“舞昂”和“邦格”上节日以来摆放的所有祭品统统撤下，用芭蕉叶等物品包裹，拿出村外丢弃。大多数人选择弃之于寨神林“昂玛阿波”边上。

▼ 焦香的猪头／白岩松 摄／2010年

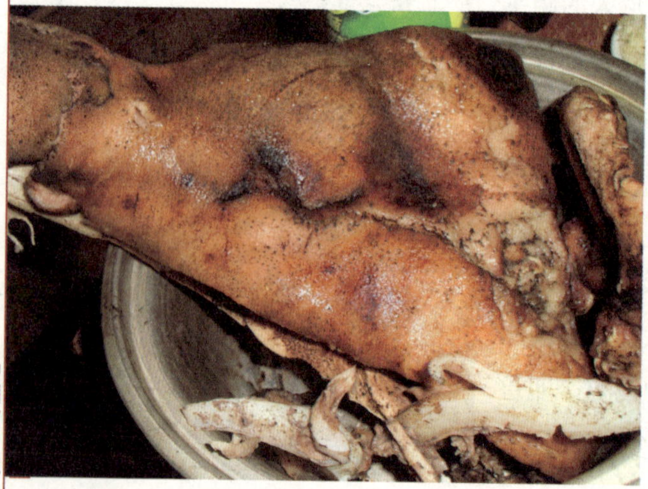

## 祭献秋千

墨江一带哈尼族白宏人在十月年大年正日子的午饭后，由摩批主持祭献秋千的仪式，表示迎请天神“威最”“斯批”。据说“威

▲ 祭秋千/赵德文 摄/2010年

最”“斯批”每年要回天上议事，根据人们对诸神的虔诚程度降给人们祸福。“威最”“斯批”上天、下凡都要借助秋千，所以每逢“十月年”白宏人都要架秋千迎送“威最”“斯批”，以求天神给白宏人多多降福。摩批将专门用于祭祀的篾桌在立好的秋千旁摆好，在篾桌上摆放茶、酒、饭、菜各一碗，粑粑三块，黑、白汤圆各三个，竹筷三双。秋千正中披挂红彩，全寨人聚集在秋千周围。摩批站在秋千的坐板旁边，手端起汤圆，念颂“黑那施米黑衣巴”等祷词，将黑汤圆用手抛于身后地上，表示辞旧；然后，又念诵“里普书诗喝色十拉”等祷词，意为迎新。此时，鞭炮齐鸣、铓鼓震天。摩批用双手把秋千推送三下，意为告诉天神“威最”“斯批”白宏人的秋千已经架好了，哈尼人恭候他们光临。此后，欢乐的荡秋千活动方才开始。

## 择日禁忌

按照传统历法，各地哈尼人过年的日子基本是确定的，大多数在阴历十月第一轮属龙日或属牛日，有的在阳历十二月最后一轮属牛日。但是，一旦遇到特殊情况发生，则要另择吉日，通常要延至下一轮同一属相的日子。所谓特殊情况主要指在节日正日子头一天出现下列情形：村中有人去世、村中房屋倒塌、狗上屋顶、红脖子蛇进家、野兽进入村寨等。出现意外和不吉之事，除了节日延期，还需要做禳解仪式。若是狗上房屋，必须把狗主人的舅舅请来，把狗拖到村边祖先泉旁，请寨中其他家族的人前来宰杀煮食，吃不完的狗肉就地掩埋，狗主人本家所有人不得食用，以此乞求祖先神灵护佑消灾。红脖子蛇进家要立即打死，放进火塘烧；或活捉装进小竹筒，加一只小鸡，交由摩批带到村边岔路口做仪式，诵驱鬼祛邪之词，最后连同小鸡一起放生。一旦发现野鸡、麂子等野生动物闯入寨子，须用公母鸡各1只、公鸭1只（有的地方用山羊1只、黄狗1只、白公鸡1对），由莫批带领众人在寨门外公祭，祈求寨神、门神保佑村民安康。再用竹篾编制许多圆圈，置于寨门旁以增强寨门驱鬼除邪的法力。

## 劳作禁忌

各地哈尼族在十月年里都有“劳作禁忌”，以此表达对祖先神灵虔诚的感恩与敬奉之心。禁忌时间一般从大年正日子头一天辞旧之日开始，一直到新年的头三五天。在此期间，忌讳村中男女老少上山捕猎、采集、打柴，下河拿鱼、捉虾，更不允许扛着锄头或其他生产工具下地劳动，有些地方甚至忌讳妇女使用剪子、做针线活，甚至连从山上带绿色植物进村都遭到禁止。因为过节和敬神，村民被要求彻底休息。一旦有人破坏相关禁忌，则被视为有损于村落集体的利益，就会遭到其他村民指责和村中寨佬的惩罚。因此，节日期间不得摆动背篓、锄头等物，也忌讳将其负于头顶、扛于肩部，只能拿在手中。

## 饮食禁忌

各地哈尼族在十月年期间的饮食禁忌各有不同。普遍忌食牛肉和新捕获的野生动物，但可以食用以前捕获并腌制好的野味。若是新近捕获的鸟、野鸡、竹鼠等野物，在过节前可食用，过节头一天起便不可带鲜活野味回家，更不可食用。按照传统习俗，十月年开始的第一天，大多数哈尼村寨都忌讳本村寨以外的人前来做客。即使有之前便已入村参加过年的外客，也不允许客人参与享用当天村落祭祀分到各家各户用以祭祖的猪肉，即便是已经出嫁的姐妹或女儿也在禁食之列。大年正日子当天集体分食猪肉，以此强化社会身份和村落意识。同样，用于家庭祭祖的猪肉，具有强化家庭成员身份和意识的功能，因此仅限于家中祖灵护佑范围之内的人员食用。此外，以各种食物祭祖之时，盛装祭品的碗严禁相碰或挤压；在祭祖仪式完成之前，严禁食用糯米粑粑、饭菜等各种食物；宴席上，长辈端坐上席，小辈坐于左右和下方，忌讳小辈抢先下筷，要先由长辈吟诵一段祝词、品第一口酒、尝第一口菜，众人才能举杯动筷；席间，祭祀牺牲的心、肝等内脏食品，由长辈专享；鸡头鸡脚由老人看过卦相后再食用，鸡腿、鸡胸肉要给家中最年幼的孩子；席间，忌讳由长辈给晚辈敬茶；席间，严禁吟唱情歌、拨弹乐器，更不可以出现吐痰、放屁、抠鼻、跷二郎腿、指手画脚、大声炫耀、酗酒醉疯等无礼行为 。[1]

## 出行禁忌

在十月年期间，对不同的人有不同的出行禁忌。大致分为三种：第一，对普通人而言，十月年正日子的当天，忌讳外人前来做客，同时也忌讳到别人家做客。对哈尼人来说，在这辞旧迎新之际各家各户的家庭祭祖，有着不同寻常的意义，祈求的是一年的福分，获得的是一年的护佑，需要虔诚投入祭祖仪式，恐外人的打搅影响仪式以及夺去自家福分。第二，各家各户负责家庭祭祀的主妇，在节日期间忌讳到别人家里吃饭，忌讳四处串门，必须安守自家。俗以为，家庭主妇是各家各户家魂的守护人，过年期间祖先神灵降临享用子孙敬奉的祭品，作为家魂的守护人务必

1. 白宇:哈尼人饮食概论；红河州哈尼学会编纂:哈尼学研究(第一集) [C]1991.(内部资料).

陪护在家以示虔诚。与此同时，年节期间家庭财物忌讳外借他人，也不出售任何物品。此举也是守住自家福分之意。第三，负责村落祭祀的祭司节日期间不能离开寨子，每天必须安守寨子。因为村落祭司作为村寨中与神灵沟通之人，同时也是村寨魂灵与福分的守护神。辞旧迎新的关键时节，祭司安守村寨即是守护村寨来年的福分。

## 五、表演艺术与口头传统

舞蹈、音乐以及丰富的口头传统是哈尼族十月年的重要组成部分。不同地方的哈尼族对“跳舞”有不同的称呼，有的称为“乐作蹉”，有的称为“哈阿瑟”，有的称为“嘎尼尼”，有的称为“阿腊蹉”。大多数哈尼族舞蹈以日常生产生活中的器物作为表演道具，保留了庄重古朴、稚拙自然的风格。各地普遍传说舞蹈起源与各种祭祀活动密切相关，发展到后来成为各种节日庆典活动必不可少的部分。在十月年等节日中跳祭祀性舞蹈，有向神灵祖先祈求五谷丰登、人丁安康、六畜兴旺之意，同时也增添了节日的喜庆气氛。“哈巴”与“阿茨”是哈尼族音乐的两大主要类型，也是十月年期间喜闻乐见的音乐形式。“哈巴”为在家庭或村落聚饮中演唱的风格庄重的传统音乐，演唱内容极为丰富，以传承知识为主旨，主要有“四季生产调”“斯检奴检”等；阿茨则是节日中青年男女山野对唱的音乐形式，以沟通情感、表达爱慕为主旨。

### 乐作舞

“乐作”为哈尼语，“乐”是大家之意，“作”是玩跳之意，“乐作”就是大家来跳舞。也有人认为“乐作”是跳舞时反复出现伴唱“作乐

▲ 女子乐作舞/白永芳 摄/2010年

作”而得名。主要流传于元阳、红河、绿春、金平等县哈尼族地区，是十月年等重大节日中最常见的舞蹈形式。“乐作”是形式较简单的广场自娱性舞蹈，常是数人围圈击掌而舞，并伴以有节奏的“作乐作”声及“哦呵”的喊声。伴奏用锣、鼓、三弦、巴乌、二胡等。演奏者也可以边伴奏边加入舞蹈。根据乐作舞分布及特点大致可分三类：第一类是元阳县哈播、黄草岭及绿春县戈奎等地的乐作，动作单一、套路少，跳时以脚跺地，刚健有力，主要以锣、鼓、铓伴奏。此类乐作具有哈尼族舞蹈特有的深沉稳健之风格。第二类是元阳县果统一带的乐作。有所发展，形成较为规范的跳法。开始围圆圈做正步跳，接着蹲转跳，然后两人对面做交叉擦背、对脚、摸螺蛳、摘果、单脚蹲等动作。提肘耸肩、控腿下落是果统乐作舞的独特风格。第三类是红河县阿扎河、石头寨、甲寅地区的乐作。套路完整，与邻近彝族地区的“乐作”近似。

▲ 棕扇舞/倪伟顺 摄/2009年



## 棕扇舞

棕扇舞，哈尼语称“参帕昂拉”或“参帕宝色昂拉”，哈尼族全民性舞种，十月年间所跳的主要舞蹈之一。因以棕叶修剪成扇形作为道具，因此得“棕扇舞”之名。棕扇舞最初主要用于祭祀活动，舞姿不求统一，但每个动作均有象征性，男性模拟动物或鸟类，女性手持棕扇模拟白鹇鸟动作，各自起舞，表示对死者的尊敬和怀念，既庄重肃穆又感情真挚。随着社会发展，棕扇舞逐渐淡化祭祀成分，发展为今天既可用于祭祀仪式更是自娱活动的舞蹈，不仅在祭祀、丧葬时歌舞，逢年过节、农事休闲时亦可歌可舞。除了模拟各种动物形态之外，舞蹈还加入了生产劳动的模拟动作以及表现技巧的杂耍动作。棕扇舞以铓、鼓、钹和唢呐等为伴奏乐器，道具由内装谷子、苞谷、荞子、银链、铜币的一对竹筒及若干松枝组成，摆放在竹篾席上。棕扇为女子专用道具。原来一直用棕叶当扇子，以后逐渐改用折扇。动作已不仅是模仿鸟的动作，还加上生产劳动的模拟，如背肥、送肥等。有的艺人还用扇舞表现一定的情节，如仙女下凡祝贺婚礼；有的艺人又加上杂耍动作，如在桌子上跳，用嘴咬住桌子一角把桌子抬起来等。舞蹈有一定技巧性，动作古朴、厚重，形态逼真。富于民族与地方特色的哈尼族棕扇舞，已进入国家非物质文化遗产保护名录。

## 哈阿瑟

“哈阿瑟”，意即跳舞，是流行于红河南岸元阳、金平、绿春、红河等哈尼族地区十月年等节庆活动中的舞蹈之一。因常常以武术器械为道具，也被称为“客拉哈阿瑟”，“客拉”有脚手、武术和技术等多种含义。“客拉哈阿瑟”即带有竞技性质的舞蹈，简译为杂耍舞、兵器舞、武术舞等。以所持道具的不同分大刀舞、小刀舞、三叉舞、棍棒舞、节棒舞和流星锤舞等，用于节日喜庆或安葬祭祀。一般以铓、锣、鼓、镲等打击乐伴奏。过去，杂耍舞是丧葬仪式中不可缺少的一部分，哈尼族民间历来都有一些由艺人组成半专业性的杂耍队伍，专为送葬服务。杂耍队首先围着棺材跳各种武术动作，然后在棺材前跳打开路。各种武术杂耍形成行列，意在驱邪赶鬼。杂耍舞的起源无法考证。有人认为哈尼地区的杂耍都是外来的；但舞蹈中的刀叉等均是哈尼先民代代相传的兵器、狩猎工具，所以有的哈尼老人说“是哈尼古代就有的舞”。

▼ “哈阿瑟”的表演人员及部分道具/白永芳 摄/2007年

## 火玛蹉

“碗舞”哈尼语称为“火玛蹉”，主要流传于元阳县哈尼族中，是十月年间由女性表演的传统舞蹈之一。舞时人数不限，只需成双即可。每人两手各持一对碗，以手指控制使叠在一起的两只碗相碰击发出“咵、咵”的响声，舞者即随碗的节奏起舞。哈播过去只限于在每年举行祭寨神“阿玛突”活动时跳碗舞，麻栗寨等地则在祝贺新生婴儿时跳。虽然各地跳的时间场合有异，但碗舞的含意是一致的，即代表幸福吉祥。祭祖时跳碗舞，意为让哈尼世世代代丰衣足食；在庆贺新生儿出生时跳碗舞，意为祝愿子孙昌盛。据说很久以前跳碗舞时，不准许男性在场，怕他们看到妇女们模拟原始群婚的性爱动作。经过历史的发展演变，碗舞已成为哈尼妇女的独特舞蹈，现在不仅在“阿玛突”及庆贺新生儿时跳，在一些盛大的节日活动中也能跳了。碗舞的动律特点：两腿屈膝上下起伏，提腿前后晃动，两手持碗做前后碰碗动作，上身稍前俯，眼视斜下方。表现了哈尼妇女朴实、内向、含蓄、庄重的性格。

## 铓鼓舞

“铓鼓舞”是建水哈尼人最富特色的传统舞蹈，因舞者手执铓与鼓铿锵起舞而名之“铓鼓舞”，在十月年等重大节日集体表演。铓鼓是哈尼族村落的神圣器物，平时专门摆放于专人家中，任何人不得触摸。过年时，第一天祭寨神；第二天清早由小孩到保管铓、鼓的人家背来铓、鼓。中午由寨佬在村中歌舞场的高台上主持跳铓鼓仪式：双手把铓举起，以示敬天地；再以酒浇于铓和鼓，而后向众人举铓三次，表示敬父老乡亲；最后再敲三下铓，宣告跳铓、鼓开始。顿时哈尼山寨铓鼓齐鸣，老少男子一拥而上，争先起舞。哈尼人认为，过大年这天谁跳得最好、最欢快，鼓敲得最响，谁家来年的庄稼就长得最好。第三天，人们穿上节日盛装来到歌舞场。 当地哈尼人古话说："迁徙时，谷种不要忘记带上，铓鼓不要忘记带上。"建水哈尼族民间还有这样一个传说故事：很久以前，哈尼族南迁到哀牢山区，过着狩猎生活。寨佬带领族人上山打猎时走散，就把树干挖空、蒙上兽皮做成鼓，用鼓声召集走散的人们。谁知，野兽听到鼓声，不但不躲避，反而围了上来，全族人看到这情景，高兴得继续敲鼓，狂欢起来。此后，哈尼人依靠鼓，捕获了许多猎物，日子一天天好过起来。鼓给哈尼人带来了幸福，所以哈尼人视鼓为神圣吉祥之物，从古至今沿袭着重大节日中必须跳舞敲鼓的习俗。

## 同尼尼

"同尼尼"即扭动身体跳舞之意，俗称"扭鼓舞"，为哈尼族十月年间所跳的主要舞蹈之一。因舞蹈中有模拟猴子的动作，有人又称它为"猴子舞"。主要流行于墨江、江城、绿春等地哈尼族中，男女老少皆宜，可以手拿毛巾、筷子、烟筒、酒碗等生活用品为道具。舞蹈中有双手背击鼓、侧身后仰击鼓和从脑后击鼓等动作。有的地区跳时则不击鼓，无规范套路，只以基本动作反复扭动，动作的大小快慢随舞者情绪而自由变化，其风格特点是上稳下活，拧身摆臀，以手、肩、腰、臀、腿的动律构成独特的韵味；整个的风格是粗犷中见柔韧，稳沉中见灵活，舞蹈展现了古朴的原始风貌。"同尼尼"有独舞、双人舞或数人齐舞等多种形式，以古朴庄重的鼓声为伴奏，伴随着古老的祭祀活动而存在，并保留了原有的特色。尽管舞蹈动作简单，但很讲究内在而古朴的韵律，极富民族特色和独特的艺术魅力。传统的"同尼尼"多在祭寨神或丧事守灵时跳。随着社会历史的发展，"同尼尼"现已不仅仅局限于祭祀和丧葬活动才跳，而被广泛用于喜事和一些传统的民族节日活动中。气氛热烈欢快，表现出热爱生活的喜悦心情和寄托着对未来的追求。哈尼族白宏人则有过十月年跳"同尼尼"的习俗，有辞旧迎新、驱邪去秽之意。

## 嘎尼尼

“嘎尼尼”是绿春、江城一带哈尼族在十月年等节日时必跳的一种自娱性舞蹈。其舞的形式和风格与“同尼尼”相似，但跳时手臂的动作不如“同尼尼”那样大方，只是双手持道具在胸前轮转，下身的动作也比“同尼尼”收敛柔和，且跳舞时多两人面对。“嘎尼尼”主要有：徒手舞、手巾舞、筷子舞、棍子舞、敬酒舞、猴子舞、转肩舞等多种。女性动作含蓄，幅度摆动小，主要动作特点是转肩，两手在身前屈肘上下舞动，双腿颤蹲，经常变换重心。一个动作跳到完，但和谐优美，别具风格。女性最少要两人以上对跳，更多喜欢围圈众舞。男性动作粗犷热情、各自发挥。有正面击鼓、背面击鼓、胯下击鼓等动作，有时离鼓徒手起舞，有时双人配合。因个人性格、兴致、体力等各不相同，所以在舞蹈中有的强调扭动，有的强调掏手，有的喜欢砍掌，有的强调甩手，有的晃肩明显。“嘎尼尼”以铓、鼓、竹筒等为伴奏，节奏跳跃明快。舞蹈基本动律特征突出，虽无固定队形和套路，但动作变化复杂，韵味无穷。在过哈尼族传统大年的时候，跳舞者和围观者众多，不对发出“哦——色”的呼喊声，气氛非常热烈欢快。

## 竹竿舞

竹竿舞是哈尼族庆祝重大节日时的大型民间舞蹈之一，一般在村中开阔的歌舞场进行，多流行于元江、宁洱以及西双版纳等地。因以八根竹竿为道具和打节奏而得名。因为舞蹈者随竹竿和锣鼓的节奏在闭合变换的竹竿间蹦跳，也叫跳竹竿。一般八根长竹竿平行排放成四行，竹竿一开一合，随着音乐鼓点的节奏不断变换形式，而且随着锣鼓节奏的变快而由慢变快，竹竿开合、上下，有节奏地发出整齐的声响。身着节日盛装的哈尼青年男女，用单脚或双脚在四对竹竿之间灵巧地跳动，当一对竹竿分开

▲ 竹竿舞/黄荣生 摄/2012年



时，会在竹竿的空隙中左跨右跳转身腾挪，时而双腿跳，时而单腿跳，时而侧身跳，时而腾跃跳。每年在哈尼族的十月年、“耶苦扎”、祭寨神等传统节日或重大祭典的时候，哈尼人民会跳起竹竿舞，祈求消灾避邪、五谷丰收。民间还有一种说法，年轻人跳过竹竿舞，人就长高一节。

## 竹筒舞

“竹筒舞”主要流行于西双版纳、普洱一带的哈尼族阿卡人中，是十月年等重大节日中表演的主要舞蹈之一。“竹筒舞”当地哈尼族称为“咿板嘟”，“咿板”意为竹筒，“嘟”意为跺、跳。据说“竹筒舞”源于哈尼族原始宗教仪式中击打竹筒驱赶野兽邪魔的习俗和对竹的崇拜。节日中，村落祭师率先以竹筒顿楼板发出第一声击打，之后村中男女手持竹筒顿自家楼板发出响声，以此驱邪除魔、消灾避难。后经一代

▲ 女性竹筒舞/黄荣生 摄/2011年

代哈尼人加工创造，演变成了今日的竹筒舞。舞蹈以高及腰部的竹筒为道具，同时以竹筒击地发出的富于节奏感的声响为伴奏。“竹筒舞”一般在“耶苦扎”“嘎汤帕”等重大节日期间跳。跳舞人数不限，男女皆可参加。队列形式多为圆圈或男女各站一排，对歌式舞蹈。舞蹈节奏欢快，动作以双腿跺跳、小腿弹动为基本动律，歌声和竹筒声融为一体，气氛十分热烈。



## 得拨蹉

“得拨蹉”，哈尼语，有“大家欢跳”“载歌载舞”之意。西双版纳、澜沧、孟连等地哈尼族阿卡人十月年等年节中常见歌舞之一。兼指同民间舞蹈、民间歌曲和以此曲调演唱的歌曲。有慢速和快速两种类型，前者古朴庄重，后者欢快活泼。曲调分五声调式，唱词内容广泛。作为歌舞可由青年人边唱边跳，作为歌曲可由长者通宵演唱。传统的“得拨蹉”是在村中娱乐场“德夯”跳的舞蹈。每天吃过晚饭后，哈尼男女青年都要到“德夯”玩耍，进行自娱性的歌舞。每当月亮升起，青年男女就在“德夯”燃起篝火，尽情地唱歌、舞蹈，解除一天的疲劳。“得拨蹉”一般为女性跳，男性在一旁伴唱。但也有男女边歌边舞的。歌词多与爱情和生产劳动相关。男女青年也在这时交流感情，寻找自己的意中人。舞蹈人数不限，但须双数。动作以拍手、双脚跺踢、蹲颤等为特点。音乐欢快、动作奔放，舞者边跳边唱道："得拨蹉哎，得拨蹉！我们大家一起来跳舞。得拨蹉哎，得拨蹉！"唱词前后都有"得拨蹉"的衬词，舞名也由此而来。

▲ 得拨蹉/陈桂芬 摄/2011年

## 帽子舞

"帽子舞"流传于西双版纳一带哈尼族阿卡人中，当地哈尼语称为"罗豁豁尼尼"，是哈尼族阿卡人在过耶苦扎、嘎汤帕等重大节日时喜欢跳的舞蹈。舞蹈以一顶笋壳帽作为道具，帽尖插五彩羽毛。舞蹈多在寨子中央平整的地方进行，参加人数、男女不限。以女舞者为主，男舞者边击乐伴奏，边配合女舞者变换队形。女舞者右手五指抓握帽尖紧紧地站在一起，脚的动作单一，主要是手部动作变化。手中的帽子忽而从胸部向前平伸，忽而向侧伸出，忽而又在头上盘旋。双腿以灵巧的小跑跺步

▼ 帽子舞/陈桂芬 摄/2011年

移动位置，双膝微颤。整个舞蹈使人感觉潇洒自如，活泼大方。

## 别列扭

“别列扭”舞蹈也叫“跳铓锣”，流传于西双版纳哈尼族阿克人中，其中尤以景洪市勐龙乡最具代表性。“别列扭”主要是在过年、过节、上新房、婚丧嫁娶时跳的舞蹈。“别列扭”一般由两男两女表演。两男中的一人双手各执一双竹筷；另一人右手持银筷，左手持小酒瓶。两女中一人左手持小酒瓶，右手捧一小把米；另一人右手持银碗，左手捧一小把米。舞蹈前，由女的把米撒向大家三次，忌全撒完，然后开始跳舞。男的动作有弓步、虚步转身，双手执竹筷起舞，使人觉得自由而不放肆，轻松而又不松散。女舞者的动作双脚跟拧动，臀部上撅，协调一致，恰到好处。这些动作的组合，构成了舞蹈特殊的韵味。“别列扭”是阿克人过年时最喜爱跳的舞蹈之一。

## 阿腊蹉

“阿腊蹉”亦称“阿匝蹉”“独阿蹉”，字面意思即为“跳舞”，是流行于元江、墨江一带自称或互称为白宏、梭比、罗比、罗美、奕车的哈尼人中的传统舞蹈。每年岁首十月年中，当地哈尼人都要跳“阿腊蹉”，喜庆丰收，祈求人畜平安、风调雨顺。舞蹈时，以大鼓、铓、钹、锣、唢呐伴奏，舞者边舞边唱，所唱内容多为人类万物起源。最初，此舞蹈只在祭祀活动时跳，后来也在节日喜庆之时表演。一般，男女老少均可参加舞蹈。舞蹈队形一般保持圆形或半圆形，动作多带有腿部的颤动。舞蹈中，上身或前倾或后仰，大臂小臂甩转动作简练有力，由慢渐快。开跳时，由德高望重的老人率先起跳，之后其他群众尾随之。男性舞步一脚前半掌或是脚尖点地半蹲以及睡地击鼓的姿态，动作为两腿上下屈伸，重拍向下，双手摆甩，转肩轮手。女性动作多为一手拿筷子一手拿手巾的群舞或伴舞，以胯部左右晃胯带动双膝转回，手以轮甩手巾、摆动筷子为基本动作。舞蹈动作基本上为模拟各种动物形态及生产劳动过程的动律。如：哈母骂则(老熊洗脸)、哈母阿拉都(老熊穿裤)、哈其搭伙巴(猴子摘瓜)、欧松乌都塔(鹭鸶啄鱼)等。舞蹈开始由祭司“呗摩”或村中德高望重的老人吟诵古歌祝词，诵毕，舞者围成圈，边唱边舞。奕车人中此为男性老人舞蹈。舞蹈中一人专司击鼓伴奏，两人在鼓前边跳边击鼓。在基本动作一致的情况下要变换七套动作。舞者在鼓斜前方站八字步，双腿均匀屈伸，同时左右手交换击鼓。完成基本动作后，在转身、甩胯、颠跳等动作中先用右手摸左胸、鼻子、左眼、左臂；之后，又换左手摸右胸、鼻子、右眼、右臂。边跳边摸，全部完成为止。

## 铓鼓

铓鼓是铓与鼓的合称，是各地哈尼族在十月年等重大节日中配合使用的两种古老乐器。每个哈尼族村落都必须有一对神圣的铓鼓，分鼓即意味着分寨。这对铓鼓的制作与更新都要遵循祖传的古规，虔诚谨慎为之。有些地方哈尼族，头年就要选定制鼓吉日，选百年古木为材，祭过祖先，求过安福，方可伐木，取其主干剥皮凿空，留下厚度均匀的空壳风干备用。有些地方的哈尼人制鼓时必须用“苦扎扎”宰杀的牛皮，用未干的牛皮把鼓身两端紧紧封死，边缘部分牛皮制成皮绳用于固定、扣紧。随着牛皮自然风干、收缩、绷紧，一副哈尼大鼓就做成了。从古至今，但凡哈尼人安寨建房、重大祭祀、节日庆典、婚丧嫁娶，均要敲铓击鼓。在哈尼族的宗教生活和日常生活中都离不开鼓和铓。安寨建房时，敲铓击鼓为的是祛邪驱鬼、清洁寨子；祭祀之日，敲铓击鼓是敬奉神灵祖先，娱神娱人，祈求保佑人畜兴旺、五谷丰登；老人去世时，敲铓击鼓为的是送死者灵魂回到祖宗生活的地方；战争中，敲铓击鼓为的是动员人民、鼓舞斗志。平常的日子里，铓鼓放置于专人家中，一般时候不准触摸和敲响铓鼓，更不能把铓鼓抬出寨外。现在，各地哈尼人在欢度十月年时，普遍要敲铓击鼓喜庆丰收，辞旧迎新，纵情欢乐。

## 小三弦

小三弦是各地哈尼族十月年歌舞表演中普遍使用的民族器乐之一，哈尼语称之为“腊候候然”，为歌手和男青年的专用乐器。构造与汉族三弦大致相同，一般琴身不超过50厘米，琴钮长约8厘米，琴筒直径约5厘米。琴身大多选用梨木、杜鹃树、椿树、棠梨树等制作。琴筒用竹笋叶、猪膀胱等做蒙面，琴筒的音窗一般雕有花样繁多的花纹图案；琴钮多雕刻成动物的头，鸡头、鹿头、龙头等；背带多半用心上人赠送的彩带“帕阿”；琴弦多用羊皮筋或肠衣制作，三根弦粗细有别；拨片多用牛角或坚硬的木材制成，音色清脆、古朴而深沉。小三弦虽属即兴弹奏的乐器，没有固定的乐曲曲谱，听似曲调纷繁，但乐曲结构和拨弦手法都有一定规律，并成为一种传统的习惯手法。小三弦旋律比较复杂，易于表达深沉难言的思想情绪。不但独奏曲调很多，还常用于器乐合奏。演奏方式自由随便，可以边跳边弹，也可以走着或坐着弹。既可以单独演奏乐曲，亦可以自弹自唱。十月年期间的歌舞表演，小三弦是方便携带、易于表演，深受哈尼群众喜欢的器乐表演形式。

▼ 弹三弦的哈尼男子/王建福 摄/2004年

## 长竹箫

▲ 长竹箫/白永芳 摄/2007年

长竹箫是哈尼族十月年等节日表演中普遍使用的民间乐器之一，流传于各地哈尼族。长竹箫分三个孔和两个孔两种。三个孔的长箫全长85厘米，直径1.5—2厘米不等，吹孔高于顶端，有竹哨片。两个孔的设于末端，其中底部一孔，面部二孔，与吹口距离较远，约80厘米，奏法含口，口吹而发音，音量低微，音域率小，音域为十度，控制气息，配合三个孔而得音阶。制作长竹箫，取泡竹一根，可长可短，可粗可细，根据竹子长短、精细之别，而得不同调性的音阶。无论哪种长竹箫，它的音乐都较纯真而清脆，甜润和优美，曲调非常抒情，表达的形式和内容多是谈情说爱，用以表达爱慕之情而吹奏。

## 阿茨

“阿茨”也记作“阿哧”或“阿期”，是哈尼青年男女野外对唱的歌曲形式，“十月年”的晚上，也是哈尼青年男女山野对歌、谈情说爱的绝好时机。“茨”有“玩耍”“动情”之意，故字面意思为“玩耍的歌或动情的歌”，通常译为“情歌”“山歌”。歌唱“阿茨”的行为被称作“阿茨咕”。“咕”有叫喊、呼唤的意思，同表述演唱“哈巴”的动词大有不同。阿哧的歌唱之所以被称作“叫喊”“呼唤”，是因为常常要在山野里和对手相距较远的情况下大声歌唱所致。再加上它以爱情表达为主题，在哈尼民间被认为是一种“害羞的歌”，不能随便在家里当着父母兄长或亲友哼唱。习惯上，“阿茨”与“哈巴”一起视为哈尼民歌中最重要的两类歌种，演唱的机会最多，但场合及功能大不相同。随着男女交往的场合不同，歌唱时音量大小的需要不同，又分为大声、中声和小声三种不同的“阿茨”。它的歌种名称和歌唱行为的表述也不同，歌唱方式也存在区别。

## 哈巴

“哈巴”，哈尼族古歌，有些地方也称“拉巴”，各地哈尼人十月年中普遍有演唱“哈巴”的习俗，既是节日氛围的烘托，也是民族传统文化的重要传承。演唱“哈巴”习惯称“哈巴热”或“哈巴咔”。“哈巴”是哈尼族民间歌曲最重要的传统类别之一，语义通释为汉语的“古歌”或“赞歌”，常在节日庆典、起房盖屋、娶亲嫁女、丧葬祭祀和朋友聚会等社交场合的餐桌旁演唱。演唱哈巴的行为，哈尼语称作“哈巴惹”“哈巴卡”“哈巴咿”“哈巴兹”等，其中的词尾“热”“咔”“咿”“兹”等均为吟唱之意。哈巴演唱在哈尼民间是一种有学识、有礼貌的庄重之举，所唱内容包括人类起源、民族历史、四时节令、农事活动、民情风俗、传说故事、处世哲理、信仰崇拜等。体裁上有长篇叙事与哲理短歌之分。唱腔流派众多，风格庄重典雅。哈巴最基本的演唱方式是餐桌前坐唱，主唱开腔，一领众合。主唱歌手每告一段落，听众就一致帮腔给歌手助兴。主唱的歌手可以是一位、两位或多位。演唱者多为知识渊博的中老年男女，而以造诣高深的摩批最具权威。

## 胡佩拉佩卜

“胡佩拉佩卜”（Huvqpeiq lapei puv）即“四季生产调”，是哈尼人十月年期间“哈巴”演唱的内容之一，主要流传于红河哈尼族彝族自治州的红河、元阳、绿春、金平等县。哈尼人关于对自然、动植物、生产生活的丰富技能和经验形成一套完整的民间文化知识体系，经过总结提炼，以“哈巴”形式代代传承，使哈尼族农耕生产、生活文化一直延续至今。“四季生产调”虽有不同版本，但主要内容相同。一般分为引子、冬季三月、春季三月、夏季三月、秋季三月五个部分，完整再现了哈尼族的劳动生产程序和生活风俗画面，传授系统的哈尼族梯田农耕生产技术和独特生活习俗，是一部完整的哈尼族生产生活教科书。引子强调了传承古歌、传授传统知识的重要性，其余部分按季节顺序讲述或介绍梯田农耕的程序，包括泡田、打埂、育种、撒秧、插秧、拔秧、栽秧、薅秧、打谷子、背谷子、入仓等过程及相关的民俗活动。其中也包括了与农耕活动相应的天文历法和自然物候变化规律，用通俗易懂的语言描绘了哈尼族喜庆丰收的十月年，并对年轻人进行人生礼仪教育。“四季生产调”经国务院批准列入第一批国家级非物质文化遗产名录，红河哈尼族彝族自治州的朱小和被列为该文化遗产项目代表性传承人。



## 斯检奴检

“斯检奴检”也是哈尼族长者在十月年等节日庆典或重大祭典中以“哈巴”形式演唱的主要内容之一。“斯检奴检”与“四季生产调”一样是哈尼人的农时节令叙事长诗，主要流传于红河哈尼族彝族自治州的红河、元阳、绿春、金平等县。哈尼语“斯检奴检”的本意为“草木苏醒”，揭示了哈尼人以物候观节令的历法特征。“斯检奴检”中以早期创世史诗所叙述的历法内容为基础，概述了动物、植物的特点，吸收了汉族的数字记月，对节令的变迁掌握更为准确，总结了诸如如何选择牛种、如何打理秧田等生产技术知识。“斯检奴检”是哈尼人生产生活知识的积累，对哈尼人农耕生产有积极的指导意义。

## 窝果策尼果

“窝果策尼果”是元阳一带哈尼族在十月年等节日庆典或重大祭典中“哈巴”演唱的主要内容之一。完整的“窝果策尼果”，分为“烟本霍本”(神的古今)以及“窝本霍本”(人间的古今)两大部分，细分又包括二十多个相对独立的内容：“烟本霍本”(神的诞生)、“俄色密色”(造天造地)、“查牛色”(杀查牛补天地)、“毕蝶、凯蝶、则蝶”(人、庄稼、牲畜的来源)、“俄妥奴祖”(雷神降火)、“雪紫查勒”(采集狩猎)、“湘窝本”(开田种谷)、“普祖代祖”(安寨定居)、“厄朵朵”(洪水泛滥)、“塔婆罗牛”(塔婆编牛)、“嵯祝俄都玛佐”(遮天大树王)、“虎玛达作”(年轮树)、“直瑟爵”(头人、贝玛、工匠)、“艾玛突”(祭寨神)、“奇虎窝玛策尼窝”(十二月风俗歌)、“然密克玛色”(嫁姑娘讨媳妇)、“诗窝纳窝本”(丧葬的起源)、“苏雪本”(说唱歌舞的起源)、“虎珀拉珀卜”(翻年歌)、“砸罗多罗”(祝福歌)。“窝果策尼果”结构庞大、内容丰富，如哈尼人的“百科知识全书”，表演者一般根据具体场景，选择部分内容进行演唱。

## 十二奴局

“十二奴局”也是哈尼长者在十月年等节日庆典和重大祭典中“哈巴”演唱的主要内容，在哈尼族民间广泛流传，以东部聚居区的元阳、红河、金平等地的唱本较为系统而完整。“奴局”是哈尼语，相当于汉族文体中的“篇”“章”，“十二奴局”即“十二路歌”的意思。每个“奴局”之内又包含若干个有联系而又可以独立存在和演唱的内容，哈尼民间有“十二奴局，七十二个哈巴”的说法。“十二奴局”演唱内容涉及哈尼族先民对于宇宙自然、人类发展、族群历史、历法计算、四时节令、农事活动等方面的认识和理解。分为开天辟地、天翻地覆、杀鱼取种、砍树计日、火的起源、三种能人、建寨定居、生儿育女、祖先迁徙、孝敬父母、觉车赶街、四季生产等十二个部分。“十二奴局”之间没有严格的先后次序，常常是根据不同场合和需要选唱其中有关的部分。每个部分既可独立存在，又可连接起来演唱，总称为“十二奴局”。

## 六、游艺娱乐

各种趣味盎然的游艺娱乐项目是十月年期间哈尼人快乐的源泉，对青少年来说尤为如此。大多数游艺娱乐项目起源于哈尼人生产生活，以生活中随处可得的材料作为娱乐器材，如木头、竹子、棕叶、鸡毛——以竹木砍制陀螺、弓弩、高跷或架成秋千、转秋、磨秋，将棕叶编制成“草包”，用鸡毛扎成鸡毛球；有些项目甚至不需要任何器材，如摔跤、斗鸡、角抵。打陀螺是哈尼族传统十月年的标志性游艺项目，具有“旧年翻转新年到”的象征寓意；荡秋、转秋和磨秋的起源与哈尼人的农耕传统以及对人与自然关系的认识密切相关；射弩与哈尼人的狩猎传统有关；高跷则与哈尼人的山地生活环境分不开；摔跤、斗鸡、角抵是哈尼男子对身强力壮、机敏灵活的追求；掷草包则是哈尼男女情感交流的方式之一。天长日久，大多数游艺项目的初始文化意义弱化，竞技意味日渐增强。

### 打陀螺

打陀螺是哈尼人在传统十月年辞旧迎新之时必有的一种游艺，以陀螺旋转寓意年月翻转。如古歌所唱“十月大年打陀螺，哈尼人欢快地送走了年底月根，年翻月翻又过了一年”；“孩子们碰陀螺并非手闲无放处，那是通过玩陀螺来翻转新年”。陀螺包括倒锥形木制陀螺体和鞭绳两部分。陀螺体选用坚硬木料砍制而成，一般直径9－10厘米，高10－20厘米。鞭绳多用麻绳或牛筋制成，长2米左右。鞭绳由上而下缠于陀螺上部，抽旋后让其自转于地。可分组比赛，抽转陀螺以旋转时间长者为胜。但胜方的“陀螺神”(相当于队长)，一定要胜对方的“陀螺神”。打陀螺的第二步，是支打比赛，输方将陀螺抽转给对方打，胜方从画在地上的基准线上打击。五人或六人的陀螺队，只要打着并转赢对方一次就算赢。如果陀螺只碰着对方陀螺神的陀螺，不仅使对方陀螺越打越转，且自己的陀螺就此停下，全队则算被“卖”吃而成为输方。此外还有一种玩法：画直径约1米的圆圈，一方支陀螺于圈内，攻方用抽旋的陀螺抛去，以打出圈为胜。十月年，村落的年轻人带上精心砍制的陀螺齐聚娱乐场，一比高下、喜庆欢呼。按照古规，每年十月年结束陀螺便要丢弃，等到来年过节之时方才砍制新的陀螺供玩耍。目前在一些偏远哈尼族地方，还保留旧俗，只有秋收后到十月年之间约一个月的时间可以打陀螺。



## 打鸡毛球

打鸡毛球是哈尼人喜闻乐见的一项民间传统体育活动，多在农闲季节和十月年等节日里举行。十月年前一天和新年开始的三天，打鸡毛球活动最为热闹。鸡毛球用结实的各色布包上糠末扎成，中间稍细，底座大，上面插上二三十根彩色的大公鸡羽毛，跟羽毛球相似，制作精巧美观。哈尼族青少年一般都会打鸡毛球，三十岁左右的中年人也喜欢玩。鸡毛球活动场地简易，一块平地，中间画一条界线，或者拴上一条绳子就行。活动人数不限，分别站在界线的两边。活动开始时，双方相互用单手把鸡毛球抛向对方，随球的起落，前后左右来回奔跑，互相扣杀。活动规定不许越过界线。双方争夺时，如果谁先被鸡毛球碰到耳朵，在一阵欢呼声中，所有参加活动的人一拥而上去揉他的耳朵，直到每个人都揉到耳朵为止，才又开始继续活动。有趣的是，有时被鸡毛球碰到耳朵的人常赶紧逃离场地，于是大伙便一齐追去，抓住逃跑的人继续揉耳朵，气氛轻松愉快。

## 掷草包

“掷草包”是哈尼族男女青年十月年等重大年节中最喜爱的娱乐之一。“掷草包”哈尼语称“拌鲁点”。“拌鲁”是用叶子裹成的圆体草包，“点”就是掷、丢。“拌鲁点”既是一种风趣的游戏，又是青年男女感情交流的媒介。“拌鲁”是哈尼姑娘精心制作的由十几片呈长形的棕子叶编成的草包，里面装满花絮，外面用五颜六色的细绳裹紧；上端用两条长约二尺的带子穿连，下端则垂着飘带。姑娘们兴高采烈地来到草场上，小伙子们也相继而来。每个姑娘都备有一对“拌鲁”，其中一个是为她未来的恋人所制作。姑娘先在场地中央起舞，将“拌鲁”掷向空中，吸引小伙子们来迎合。在姑娘丢掷“拌鲁”的过程中，小伙子可以去抢其中一个即将落地的“拌鲁”赠给她，并拉着她的手一起玩“拌鲁点”。若小伙子抢姑娘的“拌鲁”时遭到拒绝，他只能在一旁观望，否则会被姑娘们嘲笑。取得姑娘信任的小伙子，可以把两个“拌鲁”接稳，依次把作为爱情纽带的“拌鲁”抛向天空，一起玩乐。通过“拌鲁点”成全姻缘的夫妻，有的把“拌鲁”珍藏到生儿育女后，甚至辞世之时。

## 荡秋

一些哈尼族地方十月年期间还要荡秋千。秋千，有的地方哈尼语称为“阿厄”，有的地方哈尼语称为“哈策”。哈尼族的秋千又可细分为两种，双绳荡秋、单绳荡秋，东部哈尼人多双绳荡秋，西部哈尼人多单绳荡秋。秋千架的搭建材料传统以笔直的树干、竹子为多，四根粗壮均匀的树干或竹子为秋千柱，两两交叉靠近，再以一根横杆架于上面，秋千绳捆于横杆上。一些村落贪图方便，以两根水泥电线杆代替四根秋千柱，也不再像过去那样一年一换秋千柱表示辞旧迎新。节日期间的秋千不是随便可以玩乐的，必须由专人立新的秋千，由宗教仪式的主持人咪谷、摩批等举行完一定的仪式之后，众人方可开始荡秋。俗以为，荡秋可祛除疾病和不顺，迎来一年的健康和好运。因此无论男女老少都要争相荡一荡秋千。有的地方则认为“十月年”期间天神“威最”“斯批”要通过秋千才能来到人间与哈尼人共庆佳节，所以要架秋千迎送。与此配合，家家户户采来锥栗叶、青草，并缝制一个装有五谷的小布包，一同挂在大门右侧的墙壁上，作为天神的“马料”，祈求五谷丰登。秋千同时也是撮合青年男女的爱情媒介，不少青年就是借高高的秋千架开始了相互的爱慕最终结成了伴侣。

## 转秋

转秋，也叫车秋、轮子秋，普遍流行于哈尼族地区，有些哈尼族地方欢庆十月年的时候有乘坐转秋的习俗。据说乘坐转秋的多为年轻姑娘，因为转秋是天神借此赐给人们“俊美”。 转秋的形态大致看起来犹如过去车水专用的木制水车，只是将水槽的位置换成坐板。一般一架转秋按圆周等距安置四块或六块坐板，可以供多人同时坐乘。每次打秋时，原则上每块坐板都要坐上人，起始的时候，一般还要有人猛推相助转动。车秋转动之后，轮转着地的人要双脚蹬地，以奔跑姿势向前向上用力，给车秋持续转动提供动力。当车秋旋转自如，乘坐者还可表演各种技巧增添情趣。这是哈尼族人民在长期劳动实践中创造出来的一种娱乐性的体育运动。

## 磨秋

磨秋是哈尼人极富民族特色的体育器具和民间娱乐。大多数哈尼族地方，磨秋只是在“苦扎扎”节日期间玩耍，但少数哈尼族地方也在十月年间打磨秋。在哈尼人观念里，磨秋桩是农业保护神“威最”和“斯批”

的坐骑。上山砍磨秋杆、抬磨秋杆以及架起磨秋就是表示迎接“威最”和“斯批”二位神灵。磨秋由磨秋桩和磨秋杆两部分构成。磨秋桩一般用结实的栗树做成，顶端削尖作轴心栽于磨秋场中央，高约2米；磨秋杆一般用标直的松树做成，长约7米。过节前几天，全村每户一名男性参与上山砍树。过节的头天下午，请有经验的木匠，把磨秋杆砍修得两端粗细大体一致，并在正中间凿出孔以便磨秋杆安放在磨秋桩上，形成可以起伏旋转的磨秋。打磨秋时，磨秋杆的两端分别坐上或爬上1至2人（两头保持人数相等），磨秋杆旋转，一头落地一头升空。落地一头的人边往前跑边用力蹬跳升空，使另一头下沉落地，如此交替反复，飞旋不停，惊险紧张。勇敢的哈尼族小伙、姑娘在秋杆上翻飞如燕，悠然自得。

## 摔跤

摔跤是哈尼族在十月年等重大节日期间非常喜爱的一项传统体育项目。在哈尼族山寨，男孩五六岁就开始学习摔跤，草地、田边、地角、打谷场等便是他们的摔跤场，几乎每个村寨都有自己的摔跤手。他们既是摔跤手，又是生产能手。优秀的摔跤手常常又是哈尼姑娘追求的对象。不同地区的哈尼族摔跤样式有所不同，但古老独特的民族风格都是一致的。有些哈尼族称摔跤为“辣把则”，有些哈尼族称摔跤为“台阁”，苦扎扎、

▼ 摔跤/马继春 摄/2012年

▲ 哈尼弩弓/马继春 摄/2012年

十月年等重大节日之时都会举行摔跤比赛。哈尼人摔跤不分体重级别、不受时间限制，一般都是三局两胜制。在互摔中允许抓腰带，运用抱单、双腿、抱腰、抱肩、夹颈背、过背、挑腿等技术动作，以对手双肩着地为胜。胜利者应得奖品，披红挂彩，由本寨青年扛回寨中，被称为“英雄”“大力士”。



## 射弩

射弩，是源于哈尼族古代生产生活的一项民间体育活动，射弩在哈尼族中历史悠久，也是哈尼族青年男子十月年期间竞技、娱乐的一项活动。弓弩既是生活中不可缺少的防身自卫武器，又是狩猎工具，也是哈尼族男子威武、雄壮的象征。哈尼男子外出弓弩不离身。弩的形状似弓，用坚硬的桑树和梨树做成。射弩的姿势犹如水平托弓射箭。只要扣动扳机，箭便顺弩床中的箭槽飞出。上弦须用很大力气，因此箭可射得很远。射弩时，身法、步法、站法以及呼吸的协调等都很有讲究。猎取大野兽时，一般箭头上涂有毒药。谁要是猎获大兽，谁就会受到大家的祝贺和尊敬。哈尼族的习俗是：猎获野物不管大小平均分配，即使在路上，也见者有份，除了兽头和兽皮归击中者。目前，哈尼人的射弩仅是节日中的竞技体育项目和娱乐活动。

## 踩高跷

踩高跷，方言俗称“双拐”，哈尼语称“赛蒙抬”，是各地哈尼人十月年期间喜爱的体育游戏之一。在竹林遍生的哈尼山乡，大多数高跷以粗大适中的竹子精心砍制。相传，“赛蒙抬”原是哈尼人行走荆棘地和穿流过河所使用的一种特殊工具。在两根木棍上捆上一个脚踏板，然后脚踩在踏板上，用手握扶着木棍，手脚并用，左手左脚、右手右脚同时迈出行步。随着时间推移和历史发展，“赛蒙抬”不再是哈尼人必须随身携带的行走工具，但是作为一种先民的智慧结晶，以其特殊性在哈尼人的生活中流传下来，并慢慢发展演变为一种娱乐健身的群众活动。高跷的种类有四种：第一种为以天然树杈制作的形式；第二种为用竹、木做好主杆，然后打孔安装踏脚而成；第三种是用竹、木挖槽后，把踏脚嵌入绑牢于上而成；而第四种则是将较细的短棍做成三角形状，并将其绑在竹、木的长杆上而成。踩高跷可以因地制宜地制作高跷用具，举行比赛非常方便，在哈尼族民间有广泛的普及性。节日的村寨里，经常看到成群年轻人在高跷上走来走去。连小孩子都会自己砍竹子制成简易高跷。相互间比赛时，以谁踩着高跷跑得快、踩高跷的时间长为胜。

## 斗鸡

哈尼人的“斗鸡”并非以公鸡来争斗，而是哈尼少年中流行的一种体育游戏，是十月年等节日中哈尼族青少年喜爱的体育游戏之一。“斗鸡”是游戏者一腿蜷起单腿跳动，以蜷起的膝盖相互进攻的一种活动。“斗鸡”游戏以集体斗为主，两队人数相等，先由两队领头的用“包剪锤”等办法来确定哪位队长先挑选自己的队员，轮流挑选，选完为止。人少的时候，一对一、二对二也可以。游戏前在地上画一长方形场地，两端各画一圆圈叫“营地”，大小尺度不限，内放实物。“斗鸡”设有公证人或裁判员。当裁判员下达“准备”口令后，双方队员一条腿支撑，一条腿蜷起叠成盘形，用双手抓紧。当裁判员发出“开斗”口令或口哨后，除一至二名队员看守自己营地和实物外，其他人从自己营地出发，以支撑腿跳动，用膝盖顶、压、闪、碰等动作攻击对方，失去平衡双脚着地者被淘汰。经过反复争夺，凡能获得对方营地实物返回自己营地者为胜。“斗鸡”对提高腿部力量、平衡、灵活性等有一定价值，也有益于培养顽强拼搏、团结协作的精神。

### 角抵

“角抵”是哈尼族的一种对抗性较强的传统体育项目，有的地方也称作“抵肩”。 这种对抗性的游戏一直延续到今，成为十月年等节日中哈尼青年男子喜爱的传统体育项目之一。比赛时，双方可根据自己的身高、体重、力量、技能自愿结合选择对手。相传，勇敢善斗的哈尼族先民，把哈尼人崇拜的羊角装饰在头上作为勇敢、有力、灵巧和吉祥的象征，两人一组双双互相扯着，肩靠肩、头靠头，用摔扑滚翻、顶力等技能相互进攻以决胜负，这是一种利用原始的徒手搏斗技术为形式的游戏。这种游戏并不是单纯地追求娱乐，它在原始社会的体育运动中占有十分重要的地位。其活动方法和竞赛规定是，划一个直径为六米左右的圆圈，圈内的中心点作为双方站立位置的标志。当听到裁判员“预备”的口令时，双方站在所规定的位置上头顶头或左肩抵左肩，右肩抵右肩，裁判员发出“开始”的口令后，双方用力顶，顶出圆圈者算输。比赛一般采用三局二胜制或一局决胜制。

## 七、节日用品

十月年的餐桌上，丰富的食物显示了节日与日常的饮食区别，大多数节日食物只是为了丰富节日的餐桌、增添节日的喜庆，部分食物则是必不可少的节日食品，具有特殊的文化意义。如以糯米为基本食材的糯米粑粑、汤圆，是各地哈尼人十月年期间寓意辞旧迎新、合家团圆的食品，在十月年的辞旧仪式、迎新仪式、祭祖、归省等活动中不可或缺。此外，白旺、鸡肉稀饭、芭蕉花、魔芋、豆豉、拌生等作为哈尼人的传统美食，也是十月年的餐桌上最受欢迎的美味佳肴。与之相配合，土锅茶、焖锅酒是哈尼人节日里最喜爱的传统饮品；水烟筒则是哈尼男人的嗜好。在十月年的各种仪式和活动中，一些物品具有特殊的仪式意义，如家家户户祖灵栖息的竹台、祭祖专用篾桌、舂粑粑的脚碓、木臼、包粑粑的野芭蕉叶等。此外，节日中的男女也穿戴上节日盛装，平时已日渐式微的传统服饰得以集中展示。穿戴一新、装饰繁复的民族服饰既给哈尼人增添了别样的魅力，又给哈尼村落增加了节日的喜庆气氛。



## 糯米粑粑

糯米粑粑是哈尼人十月年间必不可少的物品，以糯米为主要原料，将蒸好的糯米饭舂捣之后挎压成圆形。传统的糯米粑粑舂捣方式完全使用木制工具和人力，有的地方用独木舟型木盆，两名男子合力舂捣；有的地方用木桩型木臼，一名男子独自舂捣；还有的地方，是把蒸煮好的糯米饭装入袋子，用铁锤敲打。男子舂好糯米团后，由主妇亲自取出，放入撒上香料的簸箕，再将糯米团分小并团压成碗口大小的圆形粑粑，并在其表面均匀抹上一层香喷喷的紫苏、芝麻、核桃或花生面，糯米粑粑即制作完成。但是不可急于食用，要等主妇取三块装在碗中置于堂屋一角祖灵栖息处，以示祭献祖灵后，众人方可自由取食。暂时吃不完的糯米粑粑，通常用采自山野的新鲜野芭蕉叶仔细包裹，两三块一包，不仅存放方便，而且自然沾染了芭蕉叶的清香。随着物质条件和生活方式的变迁，目前大多数人家

▲ 主妇团压粑粑/黄荣生 摄/2012年

已经抛弃传统的人力舂捣方式，将蒸煮好的糯米送到机器房碾磨成糯米团，再带回家中用手工团压成粑粑。

## 汤圆

汤圆，哈尼语称“扎勒”，是十月年中必不可少的传统节日食品。制作汤圆一般由家庭主妇负责：糯米淘洗后浸泡2—3小时，淘干水分，用碓舂成米粉，取适量糯米面，以取自祖先泉的“新水”和面，搓成丸状。放进滚水里煮，汤圆漂起即熟。汤圆有大有小，可多可少。作为祭祖专用的大汤圆，一般做六个，分两碗装。其中，三个汤圆裹上芝麻面或紫苏面等呈黑色，三个汤圆保持白色。两碗汤圆与两碗酒、一碟盐巴辣椒共同摆于祭祖专用的篾桌，由主妇主持祭献。祭献词一般为：吃三个黑汤圆送走旧年，吃三个白汤圆迎来新年！部分哈尼族献两次汤圆，一次在大年正日子的头天晚上，表示辞旧，称为“伙学扎勒勒”；一次在大年正日子的清晨，表示迎新，称为“伙奢扎勒勒”。有的地方祭献三碗汤圆：第一碗祭献人神毕梭，求其保佑人丁平安；第二碗祭献财神则梭，求其让畜厩里猪鸡牛羊肥又壮；第三碗祭献给庄稼神康梭，求其让田地里的五谷弯腰垂首。

## 白旺

白旺俗称“头刀菜”，是哈尼族男子十月年中极其喜爱的一道传统佳肴，流行于各地哈尼族中。主料为新鲜洁净的猪血、鸡血、狗血、山羊血，以猪血为多。辅料是翠绿的蔬菜、野菜和各种调料，如萝卜、芫菜、青菜、蒜叶、鱼腥草、车前草等。制作程序是：把蔬菜洗净切碎备用；在干净器皿中撒上适量食盐，盛接猪血或鸡血，趁热用筷子沿同一方向不停地搅拌，待起泡沫后放着待用；割取少许精瘦肉或肝等，用炭火烤熟剁细放入血中，再加入切碎的蔬菜、食盐、味精、小米辣、芫菜根、蒜泥、花椒粉、八角面、草果面、辣椒面等辅料，搅拌均匀、压平，并在器皿底部轻拍几下，最后撒上炒香捣碎的花生，等待半小时左右结成一大块即成。有的地方哈尼人此时还要夹一颗干净的火炭丢到上面，“哧”一声随青烟撵去“毒”气。食用时用刀划成小块即可。哈尼族白旺色泽鲜红带绿、味道香甜麻辣，是岁时节庆和祭祀大典期间必不可少的美食。

▼ 白旺/白永芳 摄/2012年

## 鸡肉稀饭

▲ 鸡肉稀饭/白永芳 摄/2012年

鸡肉稀饭是各地哈尼族具有代表性的传统饮食之一，是十月年等重大节日祭祀以及婚嫁、盖新房、贺生等仪礼的餐桌上必不可少的美味佳肴。哈尼语称为“期玛”，味道鲜美，营养丰富，深受哈尼人喜爱。鸡肉稀饭的原料是：活鸡一只，必须是自家放养的本地土鸡，外来的鸡一般不用；用米有多种，都会选择用上好的特级米，一般有紫米、糯米和普通大米可作为备选的用米材料；其他的配料用材各不相同，因用米的不同而不同，选择紫米或糯米作材料时，配料之中就绝对不能使用香草之类的香料。要不然，煮出的鸡肉紫米稀饭或糯米稀饭，就会失去紫米或糯米天然的醇香，也会淡去鸡肉的香甜可口之感，影响到鸡肉稀饭的味道。如果选择一般普通的大米作材料，则必须选择添加香草作配料，要不然，就会只有鸡肉的香甜之味，而缺少配料之香气。具体做法如下：用清澈的山泉水将米淘净，用温开水泡上。宰杀活鸡，拔毛剖腹，取内脏后洗净；以整只鸡连同鸡杂放入锅内加清水，同时放入淘洗好的米约二三两，再浸泡十分钟左右肉饭同煮；用猛火快速加温煮涨，待米煮到半生不熟时，慢慢地将柴火退去，留下炭火慢煨约半小时。起锅后将整鸡捞出切成块装碗，有的撕成条放入粥中；在粥中撒入适当食盐、姜末、八角面等调料即可食用。也有的哈尼族地方，简化为直接将鸡肉洗净切细与米同煮，味道不如整鸡熬煮那般鲜美。

## 芭蕉花

▲ 腌芭蕉心/黄荣生 摄/2011年

芭蕉花是各地哈尼族十月年期间普遍食用的野生植物，可凉拌、腌食、炒食。凉拌芭蕉花的制作方法是：先把芭蕉花苞里面的嫩芭蕉胎取出来，洗净蒸熟，放凉后用盐臼舂细，放进碗里撒上适当的食盐、辣椒、豆豉搅拌均匀即可食用。酸芭蕉心的制作方法，取芭蕉花苞里面的嫩芭蕉胎，晒成半干，放入冷米汤水加盐、干辣子面、花椒面揉均匀，然后装在竹筒里或土罐里封存置于火塘边，七天后即可食用。现吃现取，不用再加工，味道酸辣辛香，健脾开胃。若操办红白喜事时缺少这道菜，说明当家主妇不勤快。还有另一种腌法：取芭蕉花苞里面的嫩芭蕉胎切细，加上盐巴及少许稀饭拌匀后放入瓦坛内腌制，两三天即可食用。腌芭蕉心在酒席上使用时必须用芭蕉叶做碗盛装。芭蕉花炒狗肉的制作方法：将芭蕉花洗净后去掉蕊取花瓣切细，用盐腌渍片刻再漂洗一遍以去涩味。烹调时，先将切成薄片的狗肉爆炒至八成熟，再将切好的芭蕉花瓣加入肉内，炒熟即可。

## 魔芋

魔芋，哈尼人称“基哟”，是十月年必不可少的传统美食之一。魔芋块茎为天然野生植物，各家各户采自山上。首先将野生魔芋块茎去皮洗净，然后在大盆里以擦子擦成丝，再以菜刀切碎。所有魔芋切碎后，加入清水充分揉搓，然后分别抟成皮球大小的圆球状，置于大盆中静放一夜。也有人家图方便，将全部魔芋抟压成一整块，静置一夜。次日，将已

▲ 酸菜煮魔芋/白永芳 摄/2010年

经黏成一团的魔芋球或魔芋块仔细切成片状，然后放入大锅加石灰水以大火透煮。据说，必须要石灰水才能够去除魔芋原有的“麻”味。将煮透的魔芋片取出，逐片捶打松散，然后清洗待用。以此民间土法制作的魔芋富于韧性，口感特别，而且余味无穷，是哈尼人家待客的上品。成品魔芋可以配合蘸水直接食用，也可加酸腌菜炒吃或煮汤。魔芋炒酸菜制作方法是：把魔芋切成条状，锅内放油少许，待油烧至八九成热，放入魔芋爆炒，后加酸菜、食盐、辣椒等即可。味酸辣可口、开胃。

## 哈尼豆豉

哈尼豆豉，是哈尼族特有的豆制食品，其色黄黑，生时味重熏人，烤熟后味香扑鼻，是哈尼人十月年餐桌上的主要调料之一，素有“哈尼族味精”之称。制作方法是：将优质黄豆浸泡后煮熟，晾冷后，用纱布袋包起来，加裹稻草，装入箩筐盖严让其发酵。捂上三五天，在豆子表层生出霉菌后倒入木盆，加上用黄豆壳烧成的黑灰，放在大盆里搅拌后用菜刀剁成豆泥。以一定比例的鸡肝散花、花椒叶和豆秆灰加水煮沸并滤去杂质，将滤出的水搅拌在豆泥中。捂盖几天直至有味，取出捏成小饼或小团，放在簸箕或筛子里，让太阳暴晒或用火熏干，然后便可放在干燥处保存，随时取用。吃饭前，放入火塘烤熟捣碎即可食用。可单独食用，如乳腐、豆豉等腌制品一样下饭；可加入蘸水食用，如味精、盐巴一样调味；亦可放入笋子、蕨菜等蔬菜、干菜炒食，具有提味的独特效果。哈尼民间有“没有豆豉、不成蘸水”“宁可三日不吃油，豆豉顿顿不能少”“不吃豆豉，不会唱山歌”等俗谚。



## 哈尼蘸水

哈尼蘸水是一种具有风味特点的佐料、调味品，在哈尼族十月年的餐桌上必不可少。蘸水的做法极其复杂，将小葱、芫荽、胡椒、麻椒、薄荷、香柳、韭菜、香椿等切碎，将大蒜、姜、苤菜根、小米辣、哈尼豆豉等捣烂，加入盐、花椒、辣椒、味精拌匀，最后加入煮熟的鸡蛋及动物内脏等。总共有近30种配料，这些配料都具有开胃健脾的功效，同时每一种配料又有自己独特的功效。比如，辣椒、姜可以驱寒防暑，草果、香柳能消食打气，蒜可以杀菌消炎，苤菜可以健脾，花椒能开胃提神，韭菜则可以滋阴壮阳……以各种主菜原汁肉汤按一定比例事先晾凉倒入蘸水配料中，可使植物香料保持新鲜，香味持久。哈尼蘸水可分鸡肉蘸水、猪肉蘸水、牛肉蘸水、狗肉蘸水、青菜蘸水、磨芋蘸水、竹笋蘸水等，不同的肉食蔬菜配上不同风味的蘸水，各具特色，各有风味，共同的特点却都是色、香、味俱全，味道鲜美爽口。在众多的哈尼蘸水中，最有名的是哈尼鸡肉蘸水，它是哈尼蘸水的代表。鸡肉蘸水除一般的佐料外还需要拌有鸡汤、鸡肝、鸡肠、鸡血、鸡蛋等配制而成。香中有辣，辣中有鲜，鲜辣爽口，令人胃口大开。

▼ 鸡肉蘸水/白永芳 摄/2010年

## 肉松

肉松，也是哈尼族十月年宴席上常见的一道风味菜肴。哈尼人的肉松可以选用多种肉料，猪、牛、麂子的精肉或者鱼雀、泥鳅、黄鳝等，任一种均可。首先将鲜肉或鸟、鱼等制成干巴，自然风干或在火塘边烤干均可。食用时，把干巴用水煮熟或用火烤熟后，切成二三厘米长的条块；放入盐臼中，加入一块生姜，用石杵慢慢捣烂，捣至能分出肉丝即可。装碗后再撒入辣椒、花椒、盐巴、味精、茎菜、芫荽等拌匀即可食用。肉松味道干香麻辣，可口耐嚼，是一道下酒的好菜。因食材不同，可分为猪肉松、牛肉松、麂子肉松、雀肉松、鱼肉松等，其中尤以麂子肉松为最好，哈尼族常以此招待贵客。其他猪肉、牛肉、鱼雀、泥鳅、鳝鱼等肉松也别具风味，同样深受哈尼人喜爱。有些地方，还在肉松里加肉汤，调制成风味独特的肉松酱。



## 拌生

拌生，哈尼语称“泽棱”，意为“十样东西拌在一起”，这是一道以生菜为主的凉拌菜，是“十月年”等节日或其他宴席中常见的一道美味佳肴。主要原料是橄榄树皮、萝卜、葱、蒜、韭菜、茎菜根、鱼腥草、车前草等能生食的蔬菜和野菜多种，另外要有新鲜的猪精肉或牛精肉。先将瘦肉洗净剁细，然后放入沸汤稍煮，或爆炒后加少许水，煮熟后起锅装碗放凉待用；把多种蔬菜和野菜洗净，用刀认真切碎，用手轻轻地搓揉备用；把煮熟晾凉的精肉汤、盐巴、辣椒、味精、酸醋、酱油等倒入先前切碎揉搓好的蔬菜中，用筷子搅拌均匀即可装碗食用。这道凉拌菜清爽可口，解腻醒酒，适合在油腻较大、喝酒较多的时候食用。

## 土锅茶

土锅茶是哈尼族人最早创出的一种饮茶方式，并作为一种茶文化被其他少数民族所接受和传播，各地哈尼人在十月年间必煨茶水敬神、待客和自饮。这种在土锅或土罐里煮成的茶，古时候是专门用来招待客人的，故又名待客茶。传统的土锅茶是哈尼人最喜爱的节日茶饮，这是一种古老而方便的饮茶方法。土锅茶的制法是：将土锅或土罐盛清水放在三脚架或火炭上煮沸，水多用取自山中的清泉水；以新鲜茶树老叶为原料，越老越好，先将老叶茶置于火塘边烘烤至微黄，散发出清香味；将烤黄的老茶叶揉软放入水滚的土锅或土罐内煨煮，煨煮中不断加水，煨煮1至2小时，煮得越透味越好。土锅茶的特点是：色泽深黄带紫，滋味苦涩回甘，饮之消暑解渴、清心明目、消脂解腻。传说很久很久以前，一位勇敢憨厚的哈尼小伙，在深山猎得一只危害山寨人畜的凶豹。小伙用大锅煮好后，邀约全寨男女老少共享，大家边吃边跳起舞，跳到口干舌燥时，小伙子请大家喝锅里的开水。突然一阵大风把旁边的树叶吹落到锅里，大家喝了锅里的开水，感到苦中带甜还有一丝清香在其中，非常爽口。从此，哈尼人就把飘落锅中的树叶称为“老拔”，也由此开启了种茶的历史。

## 焖锅酒

“焖锅酒”是哈尼族以特有的酿酒方式制作的酒水，十月年等节日庆典，哈尼人以能喝到自制焖锅酒为快。“焖锅酒”以稻谷、玉米、高粱等为原料，色泽橙黄，有香醇、甜美、平和的特点，酒精度不低，但不易醉人，备受欢迎。哈尼族的“焖锅酒”制作以户为单位，自酿自食，大多数地区都是由家庭主妇承担。制作方法是：将原料加水浸泡二三天后捞出，倒入大锅内煮熟透；熟料摊在避光篾垫上凉至水分半干，撒上一定比例的酒曲拌匀，装入大瓦罐，用粗糠和泥封死罐口，置于阴凉处一个月；蒸酒时以小甑子为

▲ 焖锅酒/赵德文 摄/2010年

宜，每次装十公斤左右酒料，酒料装满后，中心部位留出一定空位，置一大汤碗(用来接酒)。甑子头上放一个特别的铜锅，里边装冷水，这就是冷却器。这一切就绪后，将甑子支在大锅里蒸。冷却器的水热了就换进冷水，一般换过三次水之后，一甑酒就算酿成了。这种酿酒方式，出酒时不让酒淌出甑子外边，而是直接在甑子里边接酒，“焖锅酒”由此而得名，哈尼语称“丛捂阿巴”。

## 豆腐

豆腐，哈尼语称“呐古”，有多种食用方法，是哈尼人喜爱的菜肴。有些哈尼族地方，十月年各家各户必须自制豆腐，并在节日的宴席中以此为菜肴。过节前家家户户在屋顶晾晒黄豆，用于做豆腐的黄豆通常为自己所种；晒好的豆子在过节前一天用清水浸泡，使其充分吸水、发软；节日当天凌晨五点，各家开始将豆子拿去用豆腐机碾磨，将豆汁和豆渣分别带回家。传统制法是以石磨手工研磨制作豆腐，现在普遍以豆腐机代替石磨。豆汁放入大锅透煮，舀入大盆后加入适量石灰水，搅拌直至凝固，以插筷不倒为做成标志。将煮好的水豆腐倒入木桌上备好的木框纱布，以纱布包裹、以木框定型，上压适当重物以挤压出多余水分。待不再有水分滤出即可。新鲜制成的豆腐可直接切块，凉拌吃或打蘸水吃；还可做成豆腐圆子煮汤，豆腐圆子的制作是：将豆腐捏碎拌入新鲜肉末、姜末、盐，轻搓成丸状，以肉汤为底料，放入烧滚的肉汤煮熟后加芫荽等香料即可食用。

## 牛肉

▲ 带皮牛肉/白永芳 摄/2012年

牛肉是哈尼人在十月年等节日餐桌上的主要菜肴之一。大多数哈尼人有养牛的传统，也善于食用牛肉。牛肉干巴以新鲜牛肉为原料，其中又以黄牛肉为上佳。制作的时候，取新鲜宰杀的牛肉，只要精瘦牛肉，将牛肉切成拳头粗细的条状，以盐巴、辣椒面、花椒面等反复搓揉，然后挂于通风之处风干。牛肉干巴食用时，或切片油炸，或烤熟舂成肉松。酸笋牛肉，原料是酸笋和新鲜牛肉。制作方法是：把新鲜牛肉洗净后切成250克大小的肉块放入锅内加清水煮，同时放少量的牛排、牛脂肪、牛血及内脏一起煮熟透。把肉块取出切成小肉片与酸笋丝混煮一小时，再做一碗配有薄荷、麻椒、香柳、辣椒、食盐、味精、肉汤的蘸水，与牛肉片、酸笋蘸食。其味鲜甜、麻辣、开胃。烂炬牛肉，原料为牛肉，以黄牛肉为佳。制作方法是：将宰杀好的牛肉洗净砍成约250克的大块，适当加入洗净的牛排骨、牛腿骨、牛油、牛血及其内脏一起煮，煮至肉熟烂为止，取出肉块切成小片，再做一个配有薄荷、花椒、辣椒、食盐、味精、肉汤的蘸水，以肉片蘸食。其味鲜甜爽口。牛苦肠蘸水，制作方法是：将牛粉肠剁碎，将其中的分泌物以棕衣皮或纱布滤去渣，用过滤所得的汁液盛入碗中，再加入适量的牛胆汁、食盐、辣椒、薄荷、花椒、蒜泥、芫荽、白菜丝、萝卜丝等，拌匀即成。可蘸牛肉吃，可单独食用。风味独特，苦凉回甜，有清热止咳之功效。

## 鱼肉

鱼类是哈尼族十月年等节日宴席中不可缺少的一道菜肴，包括稻花鱼、泥鳅、鳝鱼等不同种类，吃法多样。腌鱼，其制法是：将鲜鱼去除内脏清洗干净，摊放入菜盆内，撒入适量食盐、辣椒面、花椒面等佐料拌匀，然后摊开在筛子上，放在火塘上方的炕笆上让火慢慢熏烤，至半干时放进瓦罐里存放待食。时间长短均可，食用时取出来以油炸香，其味香酥麻辣，适宜下酒。清蒸鱼，其制法是：将鲜鱼去除内脏清洗干净，放入大碗中，再撒上食盐、草果、八角等香料，置于甑子里蒸，其味鲜嫩香甜。夹棍烤鱼，其制法是：将鲜鱼去除内脏清洗干净，在鱼肉上抹上盐巴、辣椒、花椒、八角等作料粉，用夹棍夹好，置于火塘边慢慢烘烤至熟。烘烤出来的鱼香味扑鼻，又脆又香，肉质鲜美、回味无穷。叶子包烧泥鳅，其制法是：将鲜泥鳅洗净，均匀洒上食盐、豆豉、辣椒面等，把泥鳅用鲜芭蕉叶子包好放入火炭灰里捂起十至二十分钟，待外层的叶子烧焦时，内包泥鳅便可食用。其味鲜美香辣，是绝佳的下饭菜。水煮鳝鱼，其制法是：将梯田放养的鳝鱼洗净后直接放入烧沸的水中煮，同时加入酸菜、野菜、姜末等配料，煮约5分钟左右，出锅前加入少许小米辣、薄荷提味。吃的时候需要特殊技巧，其味鲜美爽口。

## 祖灵祭台

哈尼人在每一个节日和仪式中都少不了在祖灵祭台敬献祭品、磕头祈福，十月年中也如此。哈尼族是保持祖先崇拜观念和习俗最典型的民族之一，每个传统的哈尼人家基本上都要有一个供祖灵栖息的地方，通常安置在堂屋一角，以竹笆、竹筒、篾箩或小篾箱作为象征物。无论哪种形式，平时禁止在上面摆放任何东西，严禁随意搬动或触摸。设置或更换祖灵祭台时，要择吉日，杀鸡、蒸糯米饭祭献。不同地方哈尼语对祖灵祭台的称呼不完全一样，常见的有“阿培博格”“阿培候格”“阿培邦格”，或“阿培格腊”“阿培腊亥”。所有称呼中“阿培”一词即“祖先”，有的地方也以“阿培阿波”或“阿波”指“祖先”。具体名称和象征物稍有不同，但均以其作为祭祖之对象，且均以竹制品作为祖灵栖所的象征。有的地区哈尼人家设有两个祖灵祭台，即父系家族祖灵祭台和母系家族祖灵祭台；有的地区哈尼人家只设有一个祖灵祭台。

## 篾桌

十月年中各种祭祀的种种祭品，均要摆放在精致的小篾桌上进行仪式。篾桌，以细竹条精心编制而成的桌子，是哈尼族重要的生活用具及宗教用品之一。哈尼族传统村落里，大多数成年男子都擅长编制包括篾桌在内的各种竹器。将高数米的新鲜竹子砍回家，仔细破成竹条并削刮平滑待用。一般，先编制出方形的密实的桌面，再分别向下及向上编制出高约四五十厘米的一圈镂空桌架和高约十厘米的一圈桌围。就形制而言，哈尼族的篾桌为方形，不同于傣族的圆形篾桌。哈尼族的篾桌分为两大类，生活用篾桌与祭祀专用篾桌。用于日常生活中摆放饭菜供家人食用的篾桌，一般比较大、比较高，以适应生活需要；此外，家家必有专门用

▼ 分食牺牲/白永芳 摄/2008年

于祭祀的篾桌，在一年到头的各种祭祀中，摆放祭品供奉神灵，一般比较小、比较矮，以方便搬动和端执。

## 火塘

有些地方哈尼人还保留有祭火塘的习俗，十月年等节庆中家庭祭祖时，都要用米饭、肉食和酒专门祭祀火塘。火塘是传统哈尼人家必不可少的组成部分，大多设在厨房和堂屋之间，四季燃烧、常年不熄。穷苦人家的火塘上以三块锅庄石作为炊具支架，大多数人家以铁三角作为炊具支架。锅庄石一般用三块长条状鹅卵石摆成三角形，置于火塘中；铁三角则为一直径约15厘米的环形铁圈下带三条高约二十厘米的铁脚，架于火塘之上。火塘既可用于烹煮饭菜、烧水、煮猪食，亦可用于照明、取暖。劳作一天的哈尼人，夜幕降临之后就喜欢围坐在火塘边闲聊、纺线、吸烟。有些地方哈尼族，老人儿孙满堂后就搬到火塘旁睡。民俗以为，老人睡在火塘边不仅比较暖和，而且靠近祖先神灵。哈尼人的火塘是家庭兴旺的象征，不得任意搬动、跨越或用脚踩踏，忌讳朝里面乱扔杂物或吐口痰。

▼ 传统火塘／白永芳 摄／2011年

## 水烟筒

十月年的村落，随处可见怀抱水烟筒惬意享受的中老年男子。水烟筒是各地哈尼族男子酷爱的烟具，大多数成年男子都会自己砍制。大多数哈尼人的水烟筒取粗竹筒整根制成烟筒，当中竹节打通，只留底节，长约

60—80厘米，直径6—8厘米。金平哈尼族的烟筒工艺尤为精巧，将竹坯劈成细条，三五十条竹坯方可箍成圆筒。最巧的工匠，将粗大竹劈成细条时竹皮相连不断，而坯条之间不相连，制成的烟筒称“连皮烟筒”。在竹筒靠近底端约三分之一处插一直径2厘米左右小铜管或小竹管作为烟嘴，烟嘴小孔周围包铜片一圈，顶端刻嵌羊角状小角两只呈V型，是放烟丝燃点的地方。吸烟时，先在竹筒内装上半筒水，以刚好超过烟嘴的高度为宜。在烟嘴放上金黄的烟丝，点燃后，吸烟者的嘴巴和下颌贴紧竹筒上端开口，使劲吸使里面产生负压，而使烟气通过水吸入口中。吸食时，竹筒里的水不断发出“咕咕”的翻滚声。这种吸烟方式，烟吸入口中之前要先经过水的过滤，因而少了许多有害成分。烟嘴位置过高，则会因入水较深而“翻不动水”；烟嘴位置过低，则因入水过浅而“翻不起水”。故有经验的师傅均视筒身长短粗细准确选择开口处。

▲ 吸烟的男子/丁香 摄/2010年

## 炕笆

炕笆是哈尼族家庭必备的用具之一，以竹篾编成，一般长1.5米、宽约1米，悬吊于屋内火塘上方，上下各一块，四角以竹圈串连固定于屋顶。上面摆放谷物或一些厨房用具，常年四季任凭下方火塘的烟

▼ 炕笆/白永芳 摄/2010年

熏火烤。哈尼人的炕笆与火塘一样兼具实用性与神圣性。因哈尼人生活的山区多气候温凉，阴雨天气较多，哈尼人的炕笆经常用于摊烤急需的谷物和易于腐霉的食物。对哈尼族人来说，炕笆又是具有神圣性的，是人神共用的什物。在哈尼人观念中，炕笆是诸多天神和祖灵的栖息地之一，在一些家庭祭祀中要将祭品摆放在炕笆上以供奉取悦神灵。因此，忌讳外人在没有征得主人同意的情况下私自触动炕笆或取拿存放在炕笆上的物件。哈尼人认为，外人触动炕笆就会惊扰栖息于此的诸位天神及祖灵，因而会给自家及客人招罪降祸。

## 盐碟

在十月年等节日祭祀中，盐碟和茶水、酒、大米一起，作为最基本、最重要的祭品，用于祭献神灵和祖先。盐碟，哈尼族语称“扎德才号”，既是哈尼人日常生活中重要的生活用具之一，也是哈尼人诸多祭祀中必不可少的祭品之一。传统的哈尼族盐碟为木制器具，普遍使用于哈尼族各地区。一般将木头凿成高脚杯状，下有底座，只是杯体较浅，而且杯中凿成“S”形分格，一边用于盛盐巴，一边用于盛辣椒。有心的人家，还配有相应的木盖。随着哈尼山乡人们生活的发展变化，木制盐碟多被陶制、瓷制盐碟所代替。在日常生活中，大多数地方哈尼人吃饭之时要摆上装有盐巴和辣椒的盐碟，作为佐餐调味之必需。仪式中随处可见的盐碟，充分表明盐在哈尼人生活中重要的、神圣的地位。

▼ 盐碟/王健福 摄/2004年

## 脚碓

脚碓是传统哈尼族村落使用最广泛的生活用具之一，是十月年等节日期间糯谷去壳、糯米舂成粉末的重要工具。一组脚碓由石臼、碓杆、碓杵、碓嘴、碓轴、碓木叉等组成。碓杆一般长2米，宽约0.2米，呈长条形。碓杆前端凿通一孔安装碓嘴，杵正对面掘地安放石臼；碓杆的后端砍成0.5米扁平的脚踏板。以一原木作轴，轴中央粗两头细，轴的中央处凿通，让踏板穿过。然后将轴的两头放在已安好的木叉上。舂碓者以脚踏板，使碓杵起落，舂击可脱去臼内谷粒的皮，不断舂击可使米粒成粉。20世纪80年代以前，哈尼族寨子几乎家家户户都有这种古朴而又实用的脚碓，有的人家设有专门的碓房，有的人家把脚碓安装在厨房里。入夜或清晨，哈尼山寨就响起舂谷的脚碓声，别有一番情趣。随着时代发展，哈尼山寨也用上了碾米机，脚碓逐渐成为历史记忆。

## 木臼

木臼主要指哈尼人在十月年等节日中用以舂糯米粑粑的木制工具，一般分为两种：木盆式以及木桩式。木盆式木臼以一段长约150厘米、粗约50厘米的木头横放砍凿而成，形制类似独木舟。配合一对木杵使用，木杵为一直一弯两根，均长约1.2米左右，以天然木材砍制而成。舂糯米粑粑时，壮劳力二人各执一根木杵站在木臼两端，对放入木盆的糯米饭交错用力舂击，片刻便能将糯米饭舂成黏糯米团。木桩式木臼以一段长约80厘米、粗约60厘米的木头竖放砍凿而成，树干上端的截面向下砍凿呈圆盆状。配合一根木杵使用，长约1.2米左右，顶端稍粗，舂捣当中作为着力点。

▼ 木盆和木杵/刘海青 摄/2010年

舂糯米粑粑时，一名壮劳力手执木杵站在木臼旁，奋力舂捣。哈尼人还普遍使用竹臼，用于舂捣辣椒、花椒、花生、苏子、核桃等。以两节粗大的竹筒作为材料，以其中一节为主，保持两端竹节，削去约三分之一竹筒作为开口，相应的底部削平以便摆放；相连的另一节竹子削去大部分，在连向竹筒开口正中的一段削成手柄，便于舂捣时把持。

## 野芭蕉叶

野生的芭蕉叶，叶子宽长翠绿，表面光滑如涂蜡，普遍生长于哈尼族地区。各地哈尼族在十月年等重大节日前，均要上山采摘足够的野芭蕉叶回家备用。十月年期间的野芭蕉叶主要用于如下几个方面：第一，包糯米粑粑，即用大块的芭蕉叶将舂好的糯米粑粑三两个包成一包，用于存放或赠送亲友；第二，铺在餐桌上，不少哈尼族地方的节日宴席要在桌上加铺一层芭蕉叶；第三，铺在领祭品的容器底上，各家各户在领取村落祭祀均分的祭品时，在竹篓、小盆或大碗等容器底上，均要象征性铺上一两条芭蕉叶；第四，慰鬼仪式“伙勒哈”中垫底，节日中正式祭祖前都要举行“伙勒哈”泼食仪式以抚慰孤魂野鬼，泼食之时须先以两条芭蕉叶交错垫底；第五，在各种包烧中用于包食物，野芭蕉叶包好需要包烧的菜放入炭火中捂烧，待叶子烧焦，里面包的菜也烧好。总之，野芭蕉叶频频出现在十月年中，其各种实用性或仪式性的使用，实际上

▼ 野芭蕉和芋菜/陈桂芬 摄/2011年

是哈尼族先民在物质匮乏的时期曾经大量将野生芭蕉叶作为餐具、炊具等器具使用的历史遗痕。

▲ 哈尼族男子节日服饰/陈桂芬 摄/2011年

## 男子节日服饰

各地哈尼族男子节日服饰大同小异，多为短衣长裤包头式。哈尼男子头上用宽约五寸的长条黑布裹头，成一圆平面，顶多裸露。大多数地方有包头布越长越大越显得荣耀的观念。包头外端大多有用彩色丝线绣成的齿形花纹。刺绣精美的包头帕，常常是姑娘赠送给小伙的爱情信物。有些地方男子还喜欢在包头上插上染成彩色的羽毛或白色带纹的白鹇羽毛。男子大多数上身穿对襟长袖黑色短衫，衣襟左右下方有两个无盖衣袋，左襟上方有一个小衣袋，前襟饰以成排布带结扣，有的用小银扣；大多数地方男子还喜欢穿无袖、无领对襟短褂，领口、袖口、襟边多绣纹，衣襟左右下方有两个无盖衣袋。节日盛装也佩戴银饰。大多下穿黑色宽裆长裤，裤脚肥大。过去，居家时候喜欢穿下有两木齿的木屐，外出生产劳动多赤足，出远门时多穿草鞋。中华人民共和国成立后，男子衣着逐渐改变，县市只有老年人穿传统衣服，青年人与汉族青年穿着无大的差异。

## 女子节日头饰

十月年中，各地哈尼族女子多佩戴绣饰精美、佩饰繁复的头饰。大多数哈尼族地方的未婚女子传统发式是编独辫垂于脑后，戴一顶缀有银币、银泡的圆形布帽，讲究的还缀饰海贝、彩色羽毛、塑料珠等。少数哈尼族地方的未婚女子不戴圆形布帽，如有的戴公鸡帽，有的戴尖顶白帽。哈尼族已婚妇女的头饰有较大地域差异，大致可分为三大类：包头类、头帕类、帽子类。自称哈尼互称腊米、哈欧、罗比、罗美、艾罗、期第、果活、果觉的哈尼族妇女多为包头类头饰，编双辫盘于头顶再以方形包头折叠包裹于外。多喜将黑色棉线掺入发中编出又粗又黑的辫子；包头上多有绣饰，包头巾四角多缀有毛线束、毛线球或缨珞；多在包裹包头前以藤圈、布带或圆形无顶布帽加以固定头发。十月年等节日时，在包头外增加银泡头带、银链、银铃、银葫芦、彩色料珠、彩色线穗、彩色毛线球等饰品。自称豪尼、白宏、卡多、碧约、阿木的哈尼族妇女多为头帕类头饰，多用一块或两块条状头帕包裹于头。碧约妇女两条头帕缠绕折叠后，以彩带固定，线穗随留出的布条自头顶垂于后背；卡多妇女以头帕层层缠绕成硕大盘状，再以多条绣花布带交错固定并作为垂饰；豪尼妇女先将黑色头帕缠绕于顶，再将蓝、绿或粉色头帕缠在黑头帕外；白宏妇女将发辫盘于顶，先以头帕缠头，再以另一头帕覆盖，最后以彩色塑料珠串固定；西摩洛妇女将发辫在头顶盘成“角”状，以一条黑色头帕缠绕呈船形，剩一段头帕垂于脑后；阿木妇女编辫盘于顶，以黑色头帕缠裹，再将一条黑色绣花头帕覆于头顶，以一条彩带固定。自称阿卡和被其他哈尼称为奕车的哈尼妇女为帽子类头饰。阿卡妇女头饰一般分为“尖头型”“平头型”“包头型”三种，均为竹银相配型帽子，以土布、竹子和大量银饰为主要材料，还要辅以彩色塑料珠、彩色羽毛，甚至兽骨、昆虫、野果、野花等。奕车妇女的传统头饰为白色尖顶布帽，长约两尺，下端饰有彩色绣纹，垂至后背。

## 女子节日上衣

十月年中的哈尼族女子衣装丰富多彩，大致可分为右衽和对襟两大类，各自又可分为短衣、长衣两种。卡多、阿木、豪尼、西摩洛以及自称哈尼互称腊米、哈欧、罗比、罗美、艾罗、期第、果活、果党、奕车的哈尼族女子，多穿右衽衣，大多数都喜欢在外套穿一件褂子。右衽衣无领斜襟长袖或半袖，除了奕车衣服为净黑，其他多为：衣领、衣襟、衣摆和袖口用丝线、银纸、花边等装饰；袖管多为蓝、黑双色或红、黄、蓝、绿、紫多色布条交错拼镶；衣服两侧开衩，后襟呈燕尾状，短衣遮臀，长衣及膝。褂子分右衽、对襟两种，均错落有致地镶缀有大量银泡、银币、银片、银铃、银葫芦。卡多、腊米、果党、艾罗妇女多穿右衽长衣，外套银泡缀饰的右衽短褂；绿春县城一带的哈尼、哈欧妇女多穿右衽长衣，外套银泡缀饰的对襟短褂；元阳、金平一带罗比、罗美妇女多穿右衽短衣，外套银泡缀饰的对襟短褂；期第妇女穿右衽短衣，外套银泡缀饰的右衽短褂；奕车、豪尼、阿木妇女穿右衽短衣，无外褂；西摩洛妇女穿右衽长衣，无外褂。此外，讲究的人家在衣领、衣襟处还要缀饰银链、银针

▼ 罗比、罗美哈尼族服饰/白永芳 摄/2007年

▼ 西摩洛哈尼族服饰/白永芳 摄/2008年

▲ 绿春哈尼族服饰/马继春 摄/2012年

筒。传统服色多以黑色、藏青色为主，现在部分地方出现改良版民族服饰，年轻女子服色相对鲜艳，多用红、绿、黄等色彩，中老年妇女依然保持黑色、藏青色。碧约、白宏、阿卡以及红河、元江的罗美穿对襟衣。碧约妇女的上衣由三层紧身衣和一件宽松长衫组成，宽松的半袖对襟白色长衫，袖口不过肘，衣襟长及膝部。一条绣花腰带紧束于身。白宏女性上装为圆领对襟长袖紧身黑布短衣，长不掩脐，袖长及腕。沿襟镶有小银泡、大银泡、银币、银环为饰。腰间系宽约五寸的自织布带，上绣各色花卉图案。大多数阿卡女子上衣大多为无领无扣对襟黑色短衣。衣襟和衣摆镶以彩色花边作为装饰，左右胸前镶缀大小银币和银泡；衣袖下半段多以蓝、绿、红、黄彩布与黑色本布拼接。红河、元江的罗美妇女穿无领对襟超短半袖衣，袖不过肘，衣不遮脐。袖口、下摆用多色布条拼镶呈“回”纹，衣领以多色布条拼镶一圈似“云肩”，沿衣襟两边钉有布扣、银扣。

## 女子节日下装

十月年中哈尼族女子的下装可分为裤装和裙装两大类，又依长短分为长裤、短裤、长裙、短裙。此外，各地哈尼妇女几乎都有精美的尾饰和护腿与裤子或裙子搭配穿着，相得益彰。豪尼、白宏、芒达阿卡以及自称哈尼互称腊米、哈欧、罗比、罗美、艾罗、期第、果活、果觉、奕车等的哈尼妇女基本都穿裤装。豪尼、白宏、南联山阿卡以及部分罗比、罗美、果活妇女的传统裤装为及膝短裤，小腿上都要戴腿套，腿套上绣有多种精美图案；奕车妇女的传统裤装为超短裤，以能束紧臀部为好，前边呈人字形对折出七道褶子；腊米、哈欧、艾罗、期第、果活、果觉以及部分罗比、罗美、果活妇女穿宽腿长裤，多为黑、藏青等色，在膝下和裤脚边饰以精美花边。穿着裤装的哈尼妇女，除了奕车外，大多数都在裤装外围系尾饰“批夺”，尾饰有方形围腰式、尖形燕尾式、条形普通式，多以彩线绣饰和以银泡、银鱼缀饰，尾饰是女子成年的标志性饰物。碧约、卡多、阿木、阿卡、西摩洛等哈尼妇女的传统下装为裙装。碧约、卡多、阿木、西摩洛传统下装为宽松的长筒裙，黑色、藏青色，素净无装饰，从腰际垂至脚面。腰间系绣花围裙，上面缀饰银泡、银鱼。西摩洛女子婚前穿白色土布半裙，婚后换为黑色长裙。阿卡妇女除了芒达阿卡外，下装为及膝短裙，通常以自织黑色、藏青色土布浆压而成，短裙前要加围精心装饰的绣片，小腿戴装饰精美的护腿套。



## 八、节日文献

哈尼族历史上没有本民族文字可供记载，加之哈尼族历史上长期分布在远离政治经济文化中心的云南边陲，对于包括十月年在内的哈尼族历史文化，仅有部分汉文史籍中有零星述及。迄今为止，对哈尼族十月年的明确记载最早可见清嘉庆《临安府志》。对于理解和研究哈尼族十月年比较有文献价值的著述基本上都是20世纪80年代以后出版的，包括综合性的《哈尼族社会历史调查》、《哈尼族文化大观》、《中国少数民族大辞典·哈尼族卷》以及专题性的《哈尼族民间舞蹈》、《思茅少数民族》、《红河哈尼族彝族自治州哈尼族大辞典》，还有搜集整理的经典口头传统《哈尼族四季生产调》、《十二奴局》、《窝果策尼果》、《哈尼朵阿玛》、《雅尼雅嘎赞嘎》等。

## 哈尼族社会历史调查

《哈尼族社会历史调查》一书由《民族问题五种问题》云南省编辑委员会编，1982年由云南民族出版社出版，共收入有关哈尼族社会历史的19篇调查资料，涉及哈尼族聚居的金平、元阳、红河、墨江、景洪和勐海等县市，主要调查整理者有刘尧汉、严汝娴、段国定、宋恩常、索文清、李健、阿海等。大多数为1958年配合编写《哈尼族简史简志》需要调查搜集的资料，个边篇目为1981年调查。其中《哈尼族史料小辑》、《金平县三、四两区格邹支哈尼族习俗》、《元阳县哈尼族情况琐记》、《墨江县龙坝区娘浦寨哈尼族（布孔支）社会历史调查》、《景洪县南林山哈尼族社会调查》、《勐海县哈尼族社会调查》等篇目均涉及当地哈尼人十月年的有关记载，是我们了解半个多世纪前这些地区哈尼族十月年基本情况的宝贵资料。2009年，该书由古永继负责修订，修订后由民族出版社出版。

## 哈尼族四季生产调

《哈尼族四季生产调》最早于1989年由云南人民出版社出版，由白祖额收集、段贶乐翻译。最新版本《哈尼族四季生产调》于2010年7月由云南民族出版社推出哈尼文、国际音标、单句直译、单句意译、整体意译的对照体形式。此版本在前一版本基础上增加了白们普的演唱，此部分哈尼文记录由杨学真完成，汉文翻译由白金山、龙元昌完成，国际音标由陈拉抽完成。“四季生产调”虽有不同版本，但主要内容相同。一般分为引子、冬季三月、春季三月、夏季三月、秋季三月五个部分，完整再现哈尼族的劳动生产程序和生活风俗画面，传授系统的哈尼族梯田农耕生产技术和独特生活习俗，是一部完整的哈尼族生产生活教科书。引子强调了传承古歌、传授传统知识的重要性，其余部分按季节顺序讲述或介绍梯田农耕的程序，包括泡田、打埂、育种、撒秧、插秧、拔秧、栽秧、薅秧、打谷子、背谷子、入仓等过程及相关的民俗活动。

## 十二奴局

《十二奴局》于1989年最早搜集整理并出版，此版本由张牛朗等歌手演唱，赵官禄、郭纯礼、黄世荣等人搜集整理，云南人民出版社出版。最新版本的《十二奴局》于2009年4月再次由云南人民出版社推出，演唱及搜集整理者均不变。《十二奴局》是在哈尼族民间广泛流传的创世史诗，以东部聚居区的元阳、红河、金平等地的唱本较为系统而完整。“奴局”是哈尼语，相当于汉族文体中的“篇”“章”，“十二奴局”即“十二路歌”的意思。每个“奴局”之内又包含若干个有联系而又可以独立存在和演唱内容，哈尼民间有“十二奴局，七十二个哈巴”的说法。“十二奴局”演唱内容涉及哈尼族先民对于宇宙自然、人类发展、族群历史、历法计算、四时节令、农事活动等方面的认识和理解。分为开天辟地、天翻地覆、杀鱼取种、砍树计日、火的起源、三种能人、建寨定居、生儿育女、祖先迁徙、孝敬父母、觉车赶街、四季生产等十二个部分。

## 窝果策尼果

《窝果策尼果》于1992年12月由云南民族出版社以《哈尼古歌》的书名首次出版，此版本由朱小和演唱，史军超、杨叔孔、卢朝贵整理翻译。最新版本的《窝果策尼果》于2009年12月由云南民族出版社以《窝果策尼果》的书名分三卷出版，推出哈尼文、国际音标、单句直译、单句意译、整体意译的对照体形式。此版本的演唱者、翻译者与前一版本同，哈尼文及国际音标注音由卢朝贵、何炳坤完成。《窝果策尼果》追溯开天辟地、万物起源及风俗礼仪，涵盖了哈尼族生产生活、宗教祭典、伦理道德、文学艺术、行为规范等内容。全书分为上下两篇，上篇《烟本霍本》(神的古今)分十二章：《烟本霍本》(神的诞生)、《俄色密色》(造天造地)、《查牛色》(杀查牛补天地)、《毕蝶、凯蝶、则蝶》(人、庄稼、牲畜的来源)、《俄妥奴祖》(雷神降火)、《雪紫查勒》(采集狩猎)、《湘窝本》(开田种谷)、《普祖代祖》(安寨定居)、《厄朵朵》(洪水泛滥)、《塔婆罗牛》(塔婆编牛)、《嵯祝俄都玛佐》(遮天大树王)、《虎玛达作》(年轮树)；下篇《窝本霍本》(人间的古今)分八篇：《直瑟爵》(头人、贝玛、工匠)、《艾玛突》(祭寨神)、《奇虎窝玛策尼窝》(十二月风俗歌)、《然密克玛色》(嫁姑娘讨媳妇)、《诗窝纳窝本》(丧葬的起源)、《苏雪本》(说唱歌舞的起源)、《虎珀拉珀卜》(翻年歌)、《砸罗多罗》(祝福歌)。



## 思茅少数民族

《思茅少数民族》一书由思茅行政公署（现普洱市）民族事务委员会组织人员调查编写，徐永安担任主编，1990年由云南民族出版社出版。主要撰稿人员有牛学解、白存德、白志学、禾万忠、刘混、李跃东、李亚明、陈德责、和立成、徐永安、黄桂枢。该书编写的初衷是希望能对读者认识思茅各民族的特点有所裨益。《思茅少数民族》一书编辑人员深入民族地区调查获取第一手资料，编写中偏重各民族传统习俗部分。其中，对当时思茅行政公署辖区内的碧约、卡多、腊米、期第、阿卡、布都、白宏、阿木、西摩洛等哈尼人的历史文化与节日习俗分别做了较为翔实的叙述，记载了碧约、腊米、期第、白宏、阿木等哈尼人与十月年有关的内容，涉及节日名称、节期选择、杀猪规矩、肝卦解释、舂粑粑、食汤圆、背新水、祭祖祭辞、节日禁忌、祭献野鬼等，是我们了解20世纪80年代末思茅地区哈尼族十月年的珍贵资料。



## 哈尼朵阿玛

“朵阿玛”是哈尼族世代口耳承传的精神财富，包括谚语、成语、格言和俗语等。日常生活中，“朵阿玛”是哈尼人待人接物的准则，教育后代的经典。《哈尼朵阿玛》一书由白祖额、白碧波搜集整理，1991年由云南民族出版社出版，收录了流传于绿春、元阳、红河、金平、建水等地哈尼族中的部分“朵阿玛”。全书分为民族宗教、生活习俗、道德伦理、事理、讽喻、时政、经济、自然等部分，是认识和理解哈尼族文化的语言材料。其中有二十多则“朵阿玛”与哈尼族十月年相关，如“Caoq hev ssol zal lo hha teil, Sseil hev ssol kuq lo hha zaq”（冬季到了过十月年，夏季到了过“苦扎扎”）；“Haqniq galtaol aolzei siq teiq teiv e, Haqniq salsiil huvq peiq la peiq teiv puv teiv pal aol”（哈尼十月年打陀螺，打陀螺愉快地送走一年）；“Huvq jaq aqhuq Laoqsel jol, Hhaol kul aqhuq Laoqseq jol”（呼出年来的是龙收，呼出春来的是劳色）等。这些都是了解和研究十月年的经典语言材料。

## 雅尼雅嘎赞嘎

《雅尼雅嘎赞嘎》是流传于云南西双版纳以及东南亚阿卡人中的哈尼族迁徙史诗，由施达、阿海搜集翻译，1992年由云南人民出版社出版。史诗长达六千多行，包括《雅尼雅的先祖》、《开辟加滇》、《加滇的衰落》、《邦纠继位》、《迁徙的悲歌》、《到了景洪坝》、《从出走到定居》一共七章，内容涉及人类起源、古代社会生产生活、民族战争与迁徙等，集中了大量笔墨叙述开辟加滇、建设加滇、失去加滇、离开加滇的历史。其中第二章《开辟加滇》中有《嘎汤帕节》一节，集中叙述了阿卡人的十月年，即“嘎汤帕节”的创立和更改、仪式与活动以及天神米耶与阿卡人共度节日。该书是认识和理解哈尼族阿卡人十月年节日起源、内容与文化内涵的重要文献之一。

## 哈尼族文化大观

《哈尼族文化大观》一书是第一部全面、系统、科学地介绍哈尼族文化发生、发展、演变的著作，1999年由云南民族出版社出版。该书由史军超担任主编，史军超、李期傅、赵官禄、白玉宝、白云昌、李德祥等哈尼族学者共同完成。全书包括《世居滇南群山的古老族群》、《语言文字》、《灿烂的迁徙文化》、《历史沿革》、《蔚为壮观的梯田文化》、《举世瞩目的茶文化》、《经济生活》、《宗教信仰》、《风俗习惯》、《伦理道德》、《天文历法》、《文学艺术》、《科学技术》、《建筑名胜》、《教育体育》、《哲学思想》、《政治和军事》、《新闻出版》、《医药卫生》、《商业贸易》、《交通贸易》、《哈尼族与世界各国的交流》等二十二章内容。其中《风俗习惯》、《天文历法》、《宗教信仰》等章中《节日与节日习俗》、《祭祀习俗》、《饮食习俗》、《天文历法的产生与发展》、《现行历法及特点》、《属相纪年纪月纪日》、《摩批及其宗教职能》、《多神信仰与社会生活》等节的内容对我们认识和理解哈尼族十月年相关文化事项具有重要意义。

## 哈尼族民间舞蹈

《哈尼族民间舞蹈》由中国民间民族舞蹈集成云南卷编辑部编写，2001年由云南人民出版社出版。各县编写组先后若干次深入哈尼族聚居的地区，对哈尼族民间舞蹈进行普查、搜集。在编写过程中，认真阅读了元阳、红河、绿春、金平、建水、墨江、新平、元江、江城、普洱、景洪、勐海、勐腊、景谷及镇沅、孟连、澜沧、思茅等县(市)的县卷资料及有关文史资料后，经过分析、研究、筛选，从106个(套)节目中选编了43个舞蹈进行介绍，较全面地反映哈尼族舞蹈的分布及发展状况。其中乐作舞、棕扇舞、碗舞、铓鼓舞、同尼尼、竹竿舞、竹筒舞、帽子舞等均为各地哈尼族十月年等重大节日期间欢跳的舞蹈。该书对每一种舞蹈分概述、音乐、服饰道具、动作说明、跳法说明等部分，并附相关白描图，介绍全面细致而生动直观，是我们认识和理解哈尼族十月年舞蹈的重要文献。

## 中国少数民族大辞典·哈尼族

《中国少数民族大辞典·哈尼族》是一部较全面、系统地介绍哈尼族各方面知识的历时性、综合性辞典，2006年由民族出版社出版。该辞书由王正芳担任主编，李期博、赵官禄、白玉宝等11人担任副主编，何炳坤、钱勇、李元庆、姜定中、李德祥、白松、白茫茫、白云昌等60余人作为委员，200多人参与撰写。《中国少数民族大辞典·哈尼族卷》是第一部综合性反映哈尼族文化的辞书，兼顾历史与现实，涉及多种学科，体现了辞书融资料性、可读性、学术性为一体的特点，是认识和研究哈尼族文化的重要文献。该辞书共收录4000余条辞目，涉及哈尼族社会、地理、历史、思想、宗教、风俗、文物、风景名胜、经济、科技、教育、文化艺术、医药卫生、体育、新闻出版、语言文字、文学、人物以及附录等部分。其中宗教、风俗、地理、历史等部分的内容对我们认识和理解哈尼族十月年及相关文化具有重要的参考价值。

## 红河哈尼族彝族自治州哈尼族大辞典

《红河哈尼族彝族自治州哈尼族大辞典》是红河州哈尼族的第一部辞书，2006年由云南民族出版社出版。该辞书由李期博担任主编，黄世荣、李元庆、郭纯礼、毛佑全、张佩芝、黄绍文担任副主编，马荣学、车金明、卢文静、白学光等52位主要撰稿人参与编撰。编纂过程中，编写人员深入边疆哈尼族聚居区调查研究，力求准确把握红河州哈尼族的文化特征。同时，参考了大量哈尼族相关文献典籍，吸收了关于哈尼族的最新研究成果，力求做到科学性、客观性、规范性和概括性。该辞书是一本融资料性、可读性为一体的单一民族的综合性工具书，共收录了4097条辞目，涉及哈尼族历史、地理、社会、经济、语言文字、科技教育、文学艺术、文化、宗教信仰、风俗、医药卫生、体育、典籍论著、人物以及附录等部分。其中，宗教信仰、风俗、地理、历史等部分的内容对我们认识和理解红河州哈尼族十月年及相关文化具有重要的参考价值。

## 九、其他



在时代发展的进程中，不少地方的哈尼族十月年习俗发生了不同程度的变迁，不同地方哈尼族的十月年习俗相互产生了差异，大多数地方的十月年习俗逐步简化，有部分哈尼人甚至已经完全失去传统十月年习俗。如卡多、豪尼、碧约人几乎已经没有关于传统十月年的文化记忆。因此，二十多年前对不同自称或互称的哈尼人的十月年的记载显得尤为珍贵，如成书于1990年的《思茅少数民族》一书中，记载了思茅地区（现普洱市）期第、腊米、白宏、碧约等支系的十月年习俗，包括节日名称、节期、活动与仪式、规约与禁忌，甚至对仪式祭词的记录以及对某些民俗事项的文化解释。这些珍贵的记载，是我们认识和理解哈尼族十月年的多样性以及节日变迁的宝贵材料。此外，《红河哈尼族文化调查》一书中，对绿春、红河两个哈尼族村落十月年的个案实录，也为我们更全面认识和理解哈尼族十月年提供了宝贵个案。

## 哈尼族期第人十月年记载

“十月年”期第人称为“合社扎”，意即吃新年的饭。农历冬月末腊月初任选一个属龙日开始过节，节期六天。过节前一天即兔日晚，亲友到来之前，拿一树枝插于门外，暗示不准外人进家。杀三只鸡在门外煮熟，献给无家可归的鬼魂野鬼。献饭时不准和外人说话，也不能让外人来吃饭。属龙日鸡叫头遍，人们要备办香火和盛水器皿到井里接“新水”，如能摸到一个青蛙则是吉兆。新水接回家杀鸡和煮汤圆献神灵，要煮三个大汤圆，表示粮食、人丁、禽畜都得到发展，煮好汤圆后和鸡肉一起拿到当家人住的床头献祭家神。吃过早饭，亲友们到来后开始杀猪。猪拴紧后，用米和茶到家神处祈福：“今午得杀一头，明年要给杀三四头，保佑粮食发展，猪养得多。今年杀的是小猪，不杀大猪，不杀母猪，大猪母猪要发展。”祈祷完后由家庭主妇拿一些茶、米和清水撒在猪身上，口中念道：“明年换个更大更胖的来。”猪杀好后要把头脚留在一边，过三天才收拾，意思是要让猪的亡灵在家里多待几天。猪收拾净后取出猪肝看卦：肝梁厚实是运好，肝梁薄是运气不好；肝叶上有窝坑，年内有人要亡故；肝叶出现红斑将要发生火灾，家畜要遭瘟疫；肝叶开裂不会发财，肝叶不开岔将要发财。之后看胆，胆汁饱满粮食会丰收。如果杀着“米心猪”，认为主人来年运气不佳。节日期间亲友们围席而坐，边喝酒边唱歌。歌词多为祝愿粮棉丰收、人畜兴旺、钱财满箱的内容。也有的唱节令歌，如“疲苦里路”（一种开春时节叫的小鸟，叫时要挖地备耕）；“贺布”（即布谷鸟，叫时要下种），“落叶阿节”（一种小蝉，叫时种子要发芽）；“尼哈路”（农历七月份出洞的一种蝉，叫时谷子要扬花）；“哥妈”(一种农历八月出洞鸣叫的蝉，叫时要撒荞、割谷）。成年人们成天地喝酒，孩子们荡秋千、打陀螺，纵情地耍到年过完。[1]

## 哈尼族腊米人十月年记载

每年冬月中下旬择属龙日开始过大年。属龙日杀猪，杀猪前用糯米面做三个大面团，代表“布”（人）的面团最圆；代表“卡”（五谷）的为椭圆；代表“节”（六畜）的要戳一个洞。面团蒸熟后先供在祖宗牌位下。等猪毛褪光后，用代表“节”的面团放进猪嘴，意为让猪吃供品，今后养猪会更发展。家人吃饭前要用猪肉、肝、烟、酒、茶、米等供祖宗，当家人念祝词，大意是：今天过年，我们杀了猪，摆好酒，请祖宗一同来享用，祈求祖宗保佑家人无病无灾，猪鸡牛羊粮食大发展。念完祝词后，将供品每样取一点泼洒在门外，众人围坐桌前喝酒吃肉，听老人唱过年调。当晚还要接新水，水接得越多预兆运气越好，有枪者要鸣枪助兴。第二天（蛇日）舂粑粑，粑粑舂好后，要先拿出三块供祖宗、灶神，再拿三块喂耕牛。第三天（马日）送亲友回家，要包一些猪肝、粉肠、猪脚给老人带回去。[2]

## 哈尼族白宏人十月年记载

农历冬月人们要选择属龙、蛇、马日过“眯色扎”节。龙日凌晨，鸡叫头遍，大媳妇要拿着米和拾水的竹筒到水井边接“新水”。到井边的先端着米碗祈求神灵保佑全年粮食丰收，全家人平安无恙，

1．云南省思茅行政公署民委：思茅少数民族[M]．昆明：云南民族出版社，1990.161－162．
2．云南省思茅行政公署民委：思茅少数民族[M]．昆明：云南民族出版社，1990.152．

家禽家畜兴旺发展。新水拿回到家后，用一个竹筒装些马草、谷物、食盐等祭物后放在门外，然后用新水煮汤圆献祭蜜蜂、劳动工具、禽畜、畜厩和家神。吃过早饭后，要杀猪献祭。杀猪前要用米、茶、酒献给肥猪，并说："杀猪过年不是我家的主张，是前辈人兴下的规矩，怪不得我们，你早死早超生，不能给我们背过失。"肥猪杀死后，抓些米、茶、酒抛洒在猪身上，叫它回到因远坝(今元江县安定区)去。猪剖开后，要先取出肝来看势，如肝叶厚实、胆汁饱满，意味着全年粮食将盈余，肝梁上没有断印，那就意味着全家人都平安无事。如肝梁出现断裂印痕，那是不吉利的象征，可能家人要有亡故。两叶肝的相连较多，认为将有财，相连较少，或者肝叶开裂，认为将要破财，牲畜要受损失。如有不好的势，就要在献祭时多多地祈求神灵保佑。

猪肉煮熟后要拿些肝、肠、茶、酒、米和饭菜各放成两碗，加两双筷子，由家长拿到卧床上献祭。布孔人的习惯是把家神供在家长的卧床上，男方案神在床头，主管人畜的兴旺发展，妻方的家神在床尾，主管庄稼的成长。献祭时先献男方的家神，后献妻方的家神。献过家神后要献"达朱"（仓竜神)。"油得"(灶神)、"迷结"(火塘神)、"窝脢"(门神)、家里的神灵献完后献给农具、蜜蜂、耕牛和禽畜栏厩等。

献给死在外面的亡灵要另拿些水、饭、酒、茶混在一起向屋外撒去，口中念道："你们捡吃之，不要伤着庄稼，不要伤着人丁，不要害着禽畜。""咪色杂"是白宏人欢乐的节日，青年们要邀约起来在村寨开阔处立起秋千，请竜头[1]用黄泡刺把秋千上

1．竜头：白宏人主持村落祭祀的祭师，男性，或家族传承，或村落推举产生。

的邪魔撵走后，人们纵情地荡秋千。第一个荡秋千的人必须有较高水平，秋千荡得越高越好。据说“俄祖师匹”(神仙王)每年要回天上议事，根据人们对诸神的虔诚情况降给人们祸福。“俄祖师匹”上天时要从秋千上去，下凡时也要通过秋千才能到人间，所以每逢过年，人们要架起秋千迎送他，请神仙给人们多降些福。过节期间，人们不分昼夜，围席而喝，围席而歌，时歌时舞纵情欢乐。青年男女也可组织起来，另外选择合适的地方跳阿米车。属蛇日，即节日的第二天，人们一般都不走出寨门，认为该日外出会带走吉祥，招来祸害。[1]

## 哈尼族碧约人十月年记载

碧约人以樱桃开放为岁首，届时各寨择吉日过年。节日三天，一般是属龙日或属马日杀年猪，忌讳在蛇日，认为蛇日杀猪家畜会得瘟疫。猪头割下后，要与猪脖合三次，祈求年年都有年猪可杀。猪肝取出要看卦。猪肉煮熟要先拿去献家神，祈求保佑。吃饭时要老人先动筷子，颂祈福词。颂毕，每人斟酒入桌中央的酒碗，斟满为止。老人继续颂祈福词。之后，这碗酒只能由主人喝，别人喝的话会把主人的好运带走。过年时，要到山上砍细米果树枝插在家屋里屋外。砍细米果树枝要速去速回，忌讳让旁人看见，更不能与人搭腔，忌讳听到动物叫、看见他人拉尿。献饭时，先在房外献给死得不好的鬼，后献家神。否则屋外的孤魂野鬼会抢食家神的祭品。献家神时祈福：“金银财宝献进家，

1. 云南省思茅行政公署民委：思茅少数民族[M].昆明：云南民族出版社，1990.207－209.

谷米粮食献进家，鸡猪牛羊献进家；病魔灾难驱出门，邪气祸害撵出门，不吉利的东西扫出门。”念后拿一把细米果叶在家里反复扫刷，意为把不洁之物撵出房门。[1]

## 红河州哈尼族十月年记载

哈尼族十月年即哈尼年，有“车腊干通”、“扎台台”、“富士”等不同称呼。因在农历十月间进行，故而汉译为“十月年”，是哈尼族辞旧迎新的大年。

按照哈尼族历法，农历十月为新旧替换的年末岁首，以农历十月第一个属龙日为新年。当天傍晚(或次日清晨)家家都要在家门外支篾桌、烧火杀鸡吃，哈尼话叫“哈常丕”，意为祭献非正常死亡的亲人和邻居，不让他们的亡灵进家作祟。

次日属蛇日，寨子里各家各户开始杀猪，有的寨子共同宰杀一头猪做祭品，按照本寨子的户数，骨肉搭配好平均分好，肝和血家家户户都要分全。猪肝是祭祖不可缺少的祭品，猪血向祖先表明牲畜是正常宰杀。新年第一餐饭前必须先祭祖，祭品要茶、酒、肉、糯米粑粑、米饭各二碗，由当家主人分别奉送到堂屋里两个竹台“抱勾”(神龛)上，祭献给本家和外家的祖宗。敬献过程要谨慎、庄严，不能碰击碗，不能让筷子落地。不少地方还要做汤圆和杀鸡祭献。祭品端上神龛后，一家人依从小到大的顺序对两个祖宗神龛各叩三个头。而后，祭者要用另一只碗盛半碗饭，放进点肉、姜、酒等，将篾桌端到外面屋角倒于芭蕉叶上，

1．云南省思茅行政公署民委：思茅少数民族[M]．昆明：云南民族出版社，1990.118—119．

打发不许进家的孤魂野鬼。然后，家人按从大到小的顺序逐个吃两片祭肉，祈求先祖保佑亲人和睦安乐、五谷丰登、六畜兴旺。祭品不能吃完，要留点给回娘家过年的姐妹及孩子们。

除了杀猪宰鸡外，哈尼十月年常做的主菜还有魔芋、豆腐、橄榄皮凉拌猪肉、白旺等。白旺俗称“头刀菜”，是杀猪当日最重要的菜，以未凝固的猪血为主料，以炒熟的猪肝片、花生米和切细的韭菜根等为配料，拌匀使血板结，夹一颗干净的火炭丢到上面，“哧”一声随青烟撵去“毒”气即成。白旺色彩鲜艳、甘甜爽口，是节日里深受人们喜爱的美味佳肴，平时一般很少吃。

节日中属马日，出嫁的姑娘们身着节日盛装，拖儿带女，用篾箩背着新鲜芭蕉叶包裹的糯米粑粑、酒、蛋、精肉等“咱喝”(祭品)回娘家拜年。视个人情况，除祭同胞兄弟外，有的还要拜比较亲密的亲戚家。姑娘们返回时，娘家亲人要回送糯米粑粑或雏鸡，送雏鸡是最高的礼遇。

哈尼十月年一般过三至五天。节日里老人们围坐酒桌旁，轮流唱着优美动人的“哈巴”(略)。

倘若你到哈尼山寨去，无论是向山的瑶家、河坝的傣家，或是城里来的汉族兄弟。当你踏进哈尼人家时，主人家都会主动起身让座，捧出一碗飘香的“闷锅酒”。当你一饮而尽时，主人马上取出茶罐，给你倒上一杯热茶。

哈尼人注重待客礼节。客人光临都要摆满丰盛的菜肴，而且总是让客人坐上席。在给所有客人斟完酒后，最先被斟酒的客人还要再斟一次，表示酒源不断、吉祥幸福。席间，老年人唱起“哈巴”，青年人纷纷向唱歌的长辈以及客人敬酒。

十月年中最为热闹的要算“长街宴”。每个哈尼山寨都要进行一次全寨性的街头酒宴。小的村寨全部聚拢在一起，大的村寨划分成两三片、每片轮流做东。这是十月年最为欢快热烈的场面，是哈尼人最具代表性的节日场景。摆宴当天下午，做东的人家每户要做最拿手的好菜抬到指定的位置呈一字形摆开，多的有一百多米长，远远望去像一条长龙，热闹壮观。菜做得越好越多主人越体面自豪。街心宴摆好后，男女老幼主动聚拢来。妇女们喜欢在一起家长里短；老年人喜欢谈古论今；姑娘伙子们喜欢邀约在一起。全村充满了团结欢乐的气氛。

当太阳下山，青年男女成群结队到宽敞的地方烧起篝火，围着篝火敲起牛皮鼓、铓鼓，弹起三弦、四弦，吹起树叶、竹笛，踏着鼓点翩翩起舞。如果你是客人，热情的主人会邀你到篝火旁，盛装的男女老幼会拥你到场中央；唱起动听的哈尼歌，跳起优美的舞蹈，歌声、笑声、欢呼声传遍山峦、原野。整个哈尼山寨沉浸在祥和、甜蜜、欢乐的节日气氛中……[1]

## 牛洪村哈尼族十月年实录

2004年11月21—22日笔者参加了绿春县大兴镇牛洪村十月年。21日是阴历十月属龙日，下午6时许各家各户在门外生火宰杀一只鸡，不分公母。在一张篾桌上摆一碗茶水、一碗酒、一碗清水，将鸡血接进清水碗中，男主人把鸡毛、内脏整理好洗净，将整体鸡煮熟后放进大碗中摆在篾桌上，然后又把鸡血碗换成熟鸡肝，男主人面朝篾桌跪拜以示祭献非正常死亡而不能进家过年

1．于志伟：新编红河风物志[M].昆明：云南人民出版社，2000.65.

的亡灵，以免他们来作祟。祭祀完家人围桌在门口进晚餐。

22日是阴历十月属蛇日，早上7时许大小咪谷3人首先来到磨秋场生火烧沸水准备杀猪。各户陆续出来一名男子帮助咪谷去猪毛、整理内脏、户均分肉等工作。据大咪谷陈中明（哈尼名Jumeeq）介绍，牛洪村有110户400多人，购买肥猪的费用每户集资15元，今年购买的猪有104千克，合人民币1040元。结余的钱可在下次使用。约8时40分猪剖腹后将猪肝放进大碗中供在秋房里的供台上，约供了10分钟时，各户的家庭主妇到特定的水井抬新水，按传统必须以竹筒取水，但现在被塑料桶等代替。出来帮忙的男子在秋房里分割猪肉，给咪谷的报酬取下一只前脚、2根排骨以及其他部位象征性地取一点后，剩下的肉、骨、内脏以及盛接的血都要户均分配。约9时15分大咪谷把分割下来的猪下巴骨在秋房里与旧下巴骨挂在一起。10时，猪肉按户均分割完，肉和骨好坏搭配，不过秤称，各户以特制的篾萝取一份带回家中煮熟后祭祖。

猪肉分配好，笔者走进附近农户家里一看，妇女们正在加工糯米粑粑，拧下一团让我品尝。随接跟着大咪谷陈中明到他家，据他介绍，在家祭祖先按规矩是在属蛇早晚各一次和属马日早上，但现在只进行属蛇日早上的祭祖活动。在大祭祖台上先放一双筷，然后依次摆放一碗茶、一碗酒、一碗肉、一碗糯米粑（3个）、一碗饭。主持祭祀者磕头，家人也跟随磕头，然后将其供品依次抬到小祭祖台上祭献非正常死亡的人。

按十月年的传统，属蛇日的早上已出嫁的姑娘回娘家过年，姑娘带回来的礼品是2包糯米饭、2小条猪肉、一个鸡蛋、一斤酒；娘家给姑娘的回礼是一包糯米饭、一只鸡，若姑娘是年内出嫁的另外加一只猪腿。但牛洪村姑娘回娘家的时间大多推迟到过春节时。[1]



## 咪田寨哈尼族十月年实录

2003年11月3—8日笔者参加了红河县甲寅乡咪田寨的哈尼族十月年。阴历十月第一轮属兔日为除夕日，即日一般都要杀猪，晚上以一碗茶水、一碗酒、一碗饭、一碗猪肉在各家祭祖。次日属龙日，为大年初一，在家人进行早晚饭之前，以上述祭品各祭一次，有的把猪肉供品调换为鸡肉。属蛇日为大年初二，姑娘回娘家过年，带回的礼品至少是半斤猪肉或一只鸡、一斤酒，回到娘家后并制作成供品祭祖。娘家回礼时，至少是3块糯米粑粑。与此同时，即日起至初四（属羊日）请客吃饭。属猴日至属狗日，即初五至初七摆设长街宴。即按该村的总户数平均分为三组，每组负责一日按平均户数各家烹煮一桌菜，摆在村寨主道上让寨人来吃，称其为“街心宴”，为了兼顾穷户，菜谱最多只能做6种，一般以猪肝、精瘦肉或肥肉、鸡肉、鱼、鸡蛋为荤，再加上一碗蔬菜、一碗蘸水。摆街心宴的桌数一天比一天增加1—3桌，其意义是人丁、五谷、六畜逐日增加。咪田寨共176户，第一日摆54桌，第二日摆56桌，第三日摆66桌。咪田寨过十月年期间摆街心宴的习俗从古延续至今，其意义在于由于条件所限不可能请所有的寨人到家里过年而弥补的家宴形式。同时，也请生活在山里的各种鸟类动物回来过年。其实质是寨人互相祝福过年外，也反映出人与自然和谐相处的一种愿望。[2]



1. 白克仰：红河哈尼族文化调查[M].红新出〔2006〕准印字第244号.（内部资料）
2. 白克仰：红河哈尼族文化调查[M]，红新出〔2006〕准印字第244号.（内部资料）

中国节日志
十月年

# 调查报告

# 云南省绿春县戈奎乡俄东村哈尼族十月年调查报告

白永芳　丁桂芳

2010年11月6日，课题组成员白永芳、丁桂芳、刘海清、丁香从昆明出发，途经玉溪、通海，抵达建水。2010年11月7日，课题组成员四人途经个旧、元阳，抵达绿春县城。绿春县是本课题组成员白永芳、丁桂芳的老家，二人均系绿春县城所在地大兴镇人氏。到达绿春当天，课题组在综合听取云南省古籍办绿春籍哈尼族教授李克忠及绿春县哈尼族文化生态办公室负责人卢保和主任的意见后，选择将传统文化保留较好的戈奎乡子雄村委会俄东村作为绿春县哈尼族十月年的田野调查点。通过县政府办公室相关人员的疏通，课题组联系了县民宗局和戈奎乡政府。2010年11月8日，在县民宗局方老师的陪同下，课题组先抵达戈奎乡政府，并获得戈奎乡及俄东村相关基本信息以及戈奎乡哈尼族十月年整体概况；当天下午，课题组进入俄东村，正式开始实地调查。11月16日结束调查，经绿春县城、建水县城，18日返昆。

## 一、村落概况

### （一）自然地理

绿春县行政隶于属云南省红河哈尼族彝族自治州，地处祖国边境线。东接元阳县，北连红河县，西与江城县隔李仙江相望，南与越南人民共和国山水相连。绿春县总人口22.2万人，其中哈尼族人口196040人（第六次全国人口普查数据），占全县总人口的87.7%。全县哈尼族包括哈尼、哈欧、腊米、期第、果觉、豪尼、白宏、碧约、卡多、西摩洛等不同自称，除哈欧、碧约、卡多等哈尼人外，绝大多数保留欢度十月年的习俗。大多数哈尼族既过十月年，也过春节。戈奎一带的哈尼族始终以“十月年”为大年，基本上不过春节。

戈奎乡位于绿春县东北部，东南面与元阳县沙拉托、俄扎两乡毗邻，西南与大兴镇相依，北面与红河县阿扎河、洛恩两乡隔河相望，地处元阳、绿春、红河三县交界处，是我国哈尼族传统文化保留最好的区域之一。戈奎全乡辖8个村委会，52个村民小组，总户数4705户，总人口达20652人。戈奎乡世居民族有哈尼族和彝族，其中哈尼族占总人口的98%。全乡国土面积168平方公里，境内最高海拔2291.5米，最低海拔850米，年平均气温14.4摄氏度，年降雨量1454毫米，干湿季分明，雨热同季。全乡境内山高谷深、沟壑纵横、峰峦叠嶂。“山多、山高、山险、山穷”的地理环境造成了戈奎相对恶劣的生产生活条件；区位偏僻、信息闭塞，经济和社会发展相对缓慢，属典型的高寒山区少数民族聚居区。

子雄村委会位于戈奎乡政府驻地东南部，是戈奎乡经济社会发育程度最高的村委会。子雄村东面与托牛村委会隔巴德河相望，南面与哈鲁村委会接壤，西面与埃倮村委会毗邻，北面与戈奎村委会相邻。子雄村距戈奎乡政府驻地7公里，辖上子雄、下子雄、俄东、巴达4个村民小组，现有人口419户1941人，均为哈尼族。全村土地面积17.1平方公里，境内最高海拔1750米，最低海拔750米，年平均气温19摄氏度，最高气温29摄氏度，最低气温5摄氏度，年降雨量1120毫米。主要经济作物有茶叶、紫胶。

田野调查点俄东村行政隶属绿春县戈奎乡子雄村委会，原名普玛托多（Pulmatoqdo）。俄东村距离县城22公里，距离戈奎乡政府10公里。俄东村的空间布局是红河南岸哈尼族村落的典型代表——村落建在半山腰，村落上方的山顶是郁郁葱葱的森林，村落之下是层层延展的梯田。村落里古树参天，翠竹、棕树交相掩映。村落周围植被较好，主要有：椎栗树（Ceeqseil）、榕树（Aqnio）、茶叶（Laqbei）、竹子（Albal）、棕树（Sseilbol）、苹果(Deiqheeq)、三丫果(Xiqsu)、缅石榴(Malhhoq alsiq)、核桃(Aqmeil)、酸梨（Aqpei peiqiel）、甜梨(Aqpei peiqyul)、石榴(Mago alsiq)、野芒果(Malmo alsiq)、杨梅(Xiqso)、缅冬瓜（Sigpuq alsiq）及Aqba、Sisa、Ceiqgoq、Aqbyul等不知汉语名称的树。

## （二）历史人文

按最新人口普查数据，俄东村人口为163户，按村落祭祀领取“扎赫”的户数计算则为154户，总人数为648人。“扎赫”即村落祭祀时分到各家各户的牺牲，通常为猪肉或牛肉，用于家庭祭祖及家人食用以获得神灵护佑。全村均为哈尼族，自称哈尼，居住在县城附近的哈尼人称他们为

▼ 俄东村村落示意图/刘海青 绘制/2010年

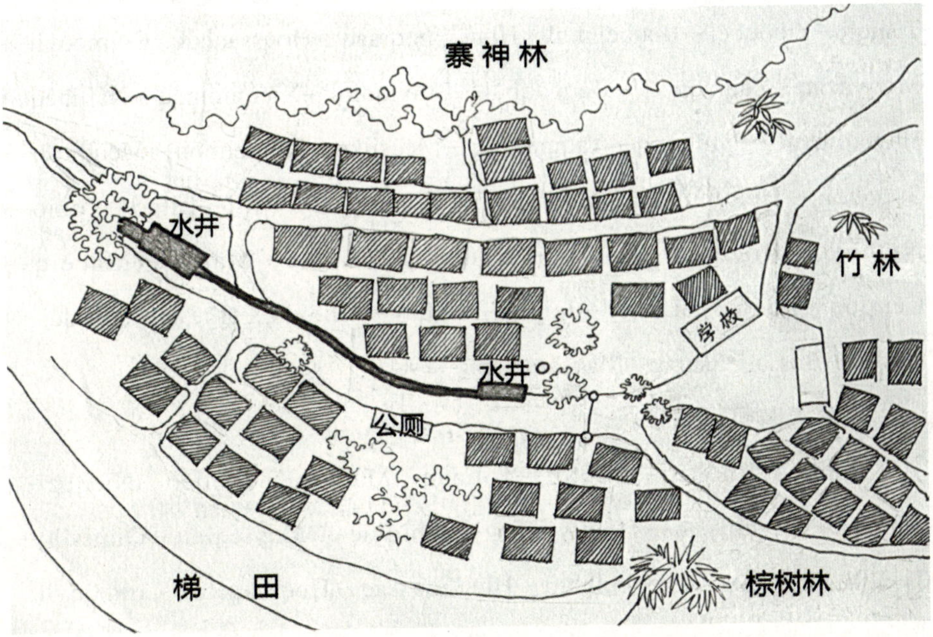

"腊米"（Laqmi）或"白那"（Beeqna）。据说，"腊米"之称源自藤条江，哈尼语称藤条江为 "腊米洛巴"；"白那"之称源自白那河，即"白那洛巴"。两条江河均流经戈奎境内。

村中老人叙述，村落建寨至今平均已有7代人。按每代人20年或25年折算，建寨时间大约有140—175年。关于先民的迁徙史所述较为简略：最早生活在遥远北方诺玛阿美，后来搬迁到谷哈，即今日昆明一带。之后又经历了从昆明到石屏、从石屏到红河、从红河到元阳的搬迁。在元阳时，先在沙拉托乡一个叫作腊伯瓦宗（laqbeihhaqzoq）的村子，后来又搬到了俄扎乡的俄普(hhelsi)。从俄普又搬到戈奎乡埃倮新寨，大约7代人前从埃倮新寨搬到俄东。

最早建寨的是杨家和朱家，后来又有马家、周家、李家、张家、陈家迁入。村中家家户户至今使用较为完备的父子连名制家谱。杨家家谱整理如下：

Aqhho—Hhoheq—Heqtol—Tolmaq—Maqxio—Xionieq—Nieqbei—Sumiyi—Yityuqlyuq—Tyuqlyuqzo—Zomiqyie—Miqyieqiaq—Qiqtisiiq—Tisiiqli—Liboqbei—Boqbeihhul—Hhul' hoqssaq—Hoqssaqcol—Colmoqyil—Moqyilzaq—Zaqtaqpoq —Taqpoqbul—Bulxiqniol—Xieqniolnaq—Nalliheq—Hhyuqlipyul—Pyulliyoq—Yaqmeesiiq—Meesiiko—Koqielmoq—Meqdiqsu—Supoheiq—Heiqmumaq—Maqmuqzi—Zimeeq—Meeqlil—Lilpo—Ponio—Niohheq—Hheqcei—Ceibyu—Byumaq—Malma—Masiiq—Maceiq—Ceiqloq—Loqbei—Beijei—Jeipo—Pohhev—Hhevlu—Hhevbo—Bodev—Devbo—Bossa—Ssama—Maqsa—Sapu—……

朱家家谱整理如下：

Aqhho—Hhoheq—Heqtol—Tolmaq—Maqxio—Xionieq—Nieqbei—Sumiyi—Yityuqlyuq—Tyuqlyuqzo—Zomiqyie—Miqyieqiaq—Qiqtisiiq—Tisiiqli—Liboqbei—Boqbeihhul—Hhulhoqssaq—Hoqssaqcol—Colmoqyil—

Moqyilzaq—Zaqtaqpoq —Taqpoqbul—Bulxiqniol—Xieqniolnaq—Nalliheq—Hhyuqlipyul—Pyulliyoq— Yaqmeesiiq—Meesiiko—Koqielmoq—Meqdiqsu—Supoheiq—Heiqmumaq—Maqmuqzi—Zimeeq—Meeqlil—Lilpo—Ponio—Niohheq—Hheqcei—Ceijyuq—Jyuqsaq—Caqjil—Maljuq—Juqsu—Suzao—Zaolnoq—Noqhhel—Hhelbeiq—Beiqdeev—Deevmo—Mogaq—Gaqcyu—Cyuceiq—Ceiqdei—Teibo—Bodeeq—Laqzeeq—Zeeqzyuq—Zyuqsa—Loqpuq……

按照传统习俗，目前在世的三代人名暂不连入家谱。从家谱可知，杨家家谱已传有61代，朱家家谱已传有64代。自Zattaqpoq分支，两家均属Taqpoqbul一支。朱杨两家自共祖Hheqcei之后方才分支，即分支至今22代。几经迁徙，于先祖Bodev、Laqzeeq时定居于目前俄东寨子。

村落除了接受国家现有行政管理，设有村民小组组长、村支书等职务外，还保留哈尼族的传统社会组织。最玛即传统社会中负责调解村落纠纷的“头人”；咪谷即村落社会中负责主持村落祭祀的“祭司”。按照传统，最玛和咪谷只能由最先建寨的朱家和杨家分别担任。现任最玛即现在的村长朱斗普。现任咪谷为杨阳额，现年57岁。咪谷的选定很讲究，首先必须是杨姓成年男性，身体健康无残疾，夫妻健在、子女双全，家世清白。除此之外，还要通过寨中众人看鸡骨卦选定。寨佬们到寨神树“昂玛阿枝”处宰杀一只鸡，以鸡大腿骨作为骨卦（以前用过的鸡卦也可通过祭献继续使用），每个候选人占卜一次，以手握卦，寨佬们用刀刮骨，看卦象后确定咪谷人选。咪谷一旦选定便具有了神圣的地位。俗话说“咪谷为大”，即便父母去世，咪谷也不用磕头、抬棺木、戴孝布。对于咪谷，全村每家每年要给付四斤谷子。

现任摩批为马家，摩批即村落社会中负责驱魔除邪的“巫师”。全寨各家族男子只要符合条件，均可担任摩批。全村共有六个摩批。据说，其中“唷批”（Yoqpi）是天生自成；“佐批”（Zopi）是后天习得，其中又分为“娘批”（Niapi）、“窝批”（Hhopi）、“各批”（Geepi）三种。

此外还有“搓莫阿波”（Colmoq aqbo）、“勒头”（Leiqteeq）、“米搓阿波”（Miqcoq aqbo）等社会角色，均在“昂玛熬”仪式前一天（即阴历11月第一轮属马日）选出。因为“搓莫阿波”（Colmoq aqbo）的职责是通告村落各家各户的喜丧讯息，大家都不愿意担任，所以采取轮流或抽签的方式决定。“勒头”（Leiqteeq)负责村落杂务，一年每家给其三元钱作为酬劳，合约450元。由村民推选，全村仅一人，一般为中年男性。现任“勒头”（Leiqteeq）姓名张地山，是本人毛遂自荐，众人选举同意之后产生的。

相对大多数哈尼族寨子，俄东村民族语言、传统民居和服饰都保持较好，且基本保留各种传统节日和祭祀，如“扎特特”（十月年）、“苦扎扎”（六月节）、“昂玛突”（祭神林）等。子雄村委会是戈奎歌舞、饮食文化和农耕文化代表地之一，保存有哈尼族古朴独特的棕扇舞、铜钱舞、乐作舞、山歌、酒歌、哭嫁歌等别具特色的传统文化。婚姻流行单向舅表婚，姑妈之子可娶舅舅之女，舅舅之子不可娶姑妈之女。以为血不可回流，嫁出去的女人不可再嫁回来。

## (三) 生产方式

俄东村生计方式有农耕、林业、养殖、劳务输出等。其中，以农耕和林业为主，经济收入主要靠出售玉米和茶叶获得。2009年，人均年收入为2500元。

### 1. 农耕

和红河地区大多数哈尼族村落一样，俄东村哈尼族也以山地农耕为主要生计方式。全村耕地面积1864亩，其中水田686亩、旱地173亩、梯田1005

亩。人均耕地2.88亩。粮食生产以水田水稻（Ceilsiq）种植为主，兼种红米（Ceilnil）、糯米（Hoqniaoq）、玉米（Ceildu）、荞子（Hhaqlei）、高粱（Seilaoq）、麦子（Ssoqsol）、黄豆（Neesiq）、芝麻（Noqseil）、红薯（Moqnil）、芋头（Byuqsiq）等。2009年末，全村粮食总产量26万公斤，人均400公斤。仅水稻种植一项，人均收获六袋，即400－500斤。主要蔬菜有冬瓜[Sapeev）、南瓜（Maldei）、黄瓜（Siqhuq）、金豆（Beivni）、辣椒（Laqpi）、薄荷（Aolziil）等，主要山野物产有竹笋（Aldyuv]、木耳（Daoqma'naqbo）、蓝靛（Miaoqciq）、魔芋（Jivyov）等。

▲ 村落民居/白永芳 摄/2010年





2．林业

1980年以前，俄东村与附近村落一样，经济社会发展缓慢。改革开放以来，子雄村委会发挥山区优势，培植以茶叶为主的产业，俄东经济得到迅速发展。俄东村现有林地面积1000多亩，家家户户种植茶叶，户均3—5亩，最多的三户多达30亩左右；2003年退耕还林后，村里开始种植核桃幼苗，有十多户参与种植，少的人家二三亩，最多的人家达到五十亩。

3．养殖

全村家家户户都养猪和牛，但通常都只是满足家庭需求。一般每户养猪1、2头，最多也不过3、4头；养牛1、2头，最多的也仅仅4、5头；养羊的人家较少，全村有10多户，最多的一户养羊100多只，其余人家只养40—50只；村里大部分人家养鸡，一户养10多只，最多的养了四五十只，少数人家一只不养；大约三分之一的人家养狗和猫；全村十多户人家养鸭，一般在梯

▲ 黄牛/白永芳 摄/2010年

田间随意放养三四只，最多的两家养了四五十只。

#### 4. 劳务输出及其他

劳务输出也是村民主要经济来源之一。17—50岁之间的男性及年轻女性普遍外出务工，外出务工人数约六七十人。外出务工的地点大多是红河州境内的蒙自、个旧、建水、元阳、绿春等县市，省会城市昆明也有少量当地去的务工人员。从事的职业大多是挖矿，其次是建筑。还有少数人到大理祥云铅场务工；有一户人家到江城管理茶地；有三户陈姓人家到西双版纳管理橡胶。村中有农用车一辆、拖拉机两辆，农用车平时用于运输建筑用材，赶集时用于拉人，到县城每人10元，到戈奎每人3元。村落里有小卖部3家；碾坊3家；养蜂2家。有两户村民在绿春县城经营饭店。

俄东村目前已顺利解决了人畜饮水问题，修建卫生厕所一个，实现通车、通电、通电话。村里现有小学1所，学生30多人，正式教师、代课教师各1名，隔年招收新生。

## 二、俄东村十月年

### （一）传统历法

俄东村民普遍使用阴历，哈尼语称为“胡布腊布”（huqbulalbu）。他们以十二属相来计日，称同一属相起始13天为“一轮”，如从某一个鼠日到下一个鼠日。关于历法起源，当地普遍流传“都玛简收”的传说：神奇女子"都玛简收"将拐杖插在水边低头饮水，拐杖瞬间长成遮天蔽日的大树，四乡八里各个民族的人们一同想方设法砍倒了夺去光明的大树。根据这棵被砍倒的大树，哈尼人得到了新的历法：大树有十二根枝条，一年就有十二个月，大树有三百六十片树叶，一年就有三百六十天，大树有三十条根，一个月就有三十天；树根、树枝、树干、树叶上被鼠、牛、虎、兔、龙、蛇、马、羊、猴、鸡、狗、猪爬过，于是有了年、月、日、轮的属相。

俄东一带哈尼族日常生活中对十月年的称呼有两种：其一为"车腊胡思达"（Ceilla Huqsiivda），字面意思可以理解为：十月新年到；其二为"车腊霍伙霍"（Ceilla Hoqhohoq）。在古歌哈巴中则多称为"车腊扎特"（Ceilla Zalteil）。与此不同，绿春县城及附近一带的哈尼族称十月年为"车腊甘通通"（Ceilla Galtaol Taol）[1]。

按照传统历法，俄东村哈尼族 十月年的正日子为阴历十月第一轮属蛇日。阴历十月第一轮属龙日相当于大年三十晚上，属蛇日相当于大年初一正日子。节期一般至猴日。猴日，回娘家过节的小媳妇们返回夫家，标志节日结束。

戈奎乡全乡56个村子，哈窝村和埃倮村委会的格卡、达普三个村子以过春节为主，其余53个村子均以十月年为大年。其中，戈奎大寨与规村提前一天过年，即以龙日为正日子。正因为大多数村子节期一致，所以村落之间相互宴请较少，节日场面不算热闹。村民一致宣称，村里最为热闹的节日是"昂玛熬"(Hhagmahhaol)。

1．Ceilla即十月，Galtaol即世间万物，Taol即更换、新旧接替。

▲ 晾晒染好的布/白永芳 摄/2010年



## （二）节前准备

阴历的十月正是秋高气爽的季节，雨季已过，庄稼入仓。家家抓紧时间晒谷子、晒玉米，同时将平日收藏的长衣短褂以及布卷统统拿到屋顶晾晒。早先织好尚未靛染的土布也染黑晾晒。此外，各家各户大肆清洗衣物、器具，用了一年的被子、毯子全部清洗，锅碗瓢盆各种厨具和祭祀所需篾桌也彻底洗涮，清洗好的衣物、器具或晾晒于自家屋顶，或晾晒于门前、井边。接连几日，村头水井处都格外热闹。

节前一两天，还要集体清洗水井和清扫街道。这一活动过去由最玛组织，现在由村民小组长和村支书共同组织。各家各户出人，分头将水井清洗干净，路边的杂草拔出、垃圾清扫，还要把村中和村口不平的道路整平。各家主妇还要抽空上山背回过节需要的烧柴。

当地中小学十月年均放假三天，学生们陆陆续续回村。外出打工和在外工作的人们也纷纷请假回村。村落里，人比往常多起来了，节日的气氛逐渐浓烈起来。这个时候，通常也是村民修建新房的时节。

对俄东哈尼人来说，十月年必不可少的食品有五样：豆芽、豆腐、魔芋、汤圆和糯米粑粑。因此，节日之前就要备好种种食材。

豆芽，当地哈尼语称“呐具”（Neeljuq）。节前十多天就开始晒豆子，晒好的豆子，先用净水浸泡一天，再以纱布或编织袋包裹。天天洒水，直至发芽。传统的做法是用野生芋头或“阿肖”的叶子来包裹豆子，要捂上三四天方可。

豆腐，当地哈尼语称“呐几”（Neeljiqv）。整个制作过程分为：1.泡豆；2.研磨；3.煮透；4.加石膏水；5.搅拌；6.压滤豆汁。

早在过节前十多天，家

▲ 背柴/白永芳 摄/2010年

▲ 点豆腐/白永芳 摄/2010年

▲ 压豆腐/白永芳 摄/2010年

家户户就开始在屋顶晾晒黄豆，准备做豆腐。用于做豆腐的黄豆通常为各家自己所种。晒好的豆子，在过节前一天用清水浸泡，使其充分吸水、发软。节日当天凌晨五点，各家各户就开始将豆子拿去碾磨，以前的传统是以石磨手工研磨，现在普遍选择以豆腐研磨机代替石磨。全村有三户人家为大家提供服务，其中两家按次数收费，2元一次。另外一家看起来做得蛮专业，将设备搬到井边，电线拉到水井边，按重量收费，3角一斤。前来碾豆子的人络绎不绝。豆腐研磨机非常方便，将泡好的豆子倒进去，就出来豆汁和豆渣。各家各户将豆汁和豆渣分别带回家，豆汁做豆腐，豆渣喂猪。

豆汁在大锅里以大火充分煮透，然后将滚烫的豆汁舀入洗净的大盆，将事先调制好的石灰水倒入大盆内与豆汁充分搅拌。片刻之后，插入一筷试其凝固状况。筷子直立不倒即可。此时便是可以直接食用的水豆腐，当地人喜加白糖食用。水豆腐留出少量，其余制成大豆腐，制作方法很简单，先备好木框和纱布，将凝固的水豆腐倒入桌上木框中的纱布里，将纱布四方包裹，适度压挤即得到块状的新鲜大豆腐。

▼ 搓揉魔芋丝/白永芳 摄/2010年

魔芋，当地哈尼人称“基哟”（Jivyov），是传统美食之一。魔芋块茎为天然野生之物，各家各户采自山上。首先将野生魔芋块茎去皮洗净，然后在大盆里以擦子擦成丝，再以菜刀剁碎。所有魔芋切碎后，加入清水充分揉搓，然后分别挎成皮球大小的圆球状，置于大盆中静放一夜。也有人家图方便，将全部魔芋挎压成一整块，静置一夜。

次日，将已经粘成一团的魔芋球或魔芋块仔细切成片状，放入大锅中加灶灰水以大火透煮。据说，必须要石灰水才能够去除魔芋原有的“麻”味。将煮透的魔芋片取出，逐片捶打松散，然后清洗待用。以此民间土法制作的魔芋富于韧性，口感醇正，余味无穷。是哈尼人家待客的上品。成品魔芋可以配合蘸水直接食用，也可加酸腌菜炒吃或煮汤。

汤圆是十月年最为重要的节日食品之一，各地哈尼人均以汤圆的制作和食用标志辞旧迎新。有的地方甚至因此以“做汤圆”作为十月年的节日名称，即扎勒勒（Za’lei lei）。

节日前，各家各户晾晒糯米，一部分准备蒸熟制作糯米粑粑，一部分将送至碾坊碾成糯米面准备制作汤圆。传统方法以石磨“击鲁”(Jivluv)研磨或石碓“美冲”（Meicaol）踩制糯米面。目前，全部使用机器研磨，2元一次。

▼ 将魔芋丝搓捏成球状/白永芳 摄/2010年

糯米粑粑也是重要的节日食品，哈尼人以相互赠送糯米粑粑作为亲属联系的强化手段，也是赠送给宾客的主要礼品。

核桃是当地主要经济林木之一。大多数人家在节前就会备好大碗核桃仁，炒脆后捣碎的核桃面是制作糯米粑粑的主要辅料，为其增添一分酥香与可口。也有一些人家，喜欢将花生米或芝麻粒焙香、捣碎后作为糯米粑粑的辅料。

捣东西的臼，目前以用石臼为普遍。少数人家保留了传统的竹臼，直接取一段两节龙竹，留竹节，以一节削去侧面一块作为臼窝，以相连一节留出把手。

猪肉、鸡肉、鸡蛋、蔬菜是目前家家户户必不可少的菜肴，没有特别的要求。通常鸡、猪为各家自己饲养，也有少数从集市购买。蔬菜由于村中少有种植，大多数人家从集市购买。

此外，和其他地方一样，酒水、饮料、鞭炮、礼花也是节日必备之物，为节日增添喜庆气氛。

为了准备过年所需的种种物品，大多数人家都特别重视年前的最后一次赶集。戈奎乡的集市是虎日、猴日每轮两天。虎日正好在过年前两天，人们纷纷带着可以出售的玉米、米糠等乘坐农用车和拖拉机前往赶集。成袋的货物堆在车厢中，人们或坐在上面、或站在上面，车的两边和后面都挤满人。

## （三）龙日辞旧



龙日，哈尼语称“洛脑”（Laoqnao）。在俄东哈尼族的十月年里，龙日是辞旧的一天。

对各家各户来说，舂粑粑是这天最重要的事情。舂粑粑的时间一般在早饭后，约中午一两点钟的时候。传统的舂粑粑完全使用木制工具和人力，主要工具有专用木盆“伙袅特搓”（Hoqniaoq teilcol）和专用木杵“伙袅特督”(Hoqniaoq teildul)，辅以簸箕“瓦玛”(Hhalma)。使用前清洗木盆、木杵和簸箕，将蒸好的糯米饭放入木盆，两名

▼ 舂粑粑/刘海青 摄/2010年

男子分执一直一弯两根特制木杵。两人一停一顿相互配合，合力将糯米捣碎。然后由主妇将捣好的糯米取出放入撒有炒香核桃面的簸箕，糯米团分别抟压成碗口大的圆形粑粑，并在外表抹上核桃或花生香面。除了现吃的，其余多以新鲜的芭蕉叶包裹存放。核桃仁或花生仁炒脆之后，以臼仔细捣碎。臼，在哈尼语里称为“袅习”（Niaoqxiq），石臼称“岔鲁”(Caqluv)，竹臼称“岔培”(Caqpeiq)。现在，使用传统方式舂粑粑的已经很少，只有二十多家。大家图方便，大多选择采用机器碾磨。

在主妇以舂好的糯米粑粑祭祖完毕之后，由主妇用碗盛装三个小糯米团子，同时带上一片或两片芭蕉叶走出门外。将芭蕉叶置于家门口路边，把碗中的糯米团泼倒于芭蕉叶上。据说，这些象征性的糯米粑粑是给没有资格成为祖灵的孤魂野鬼享用的，以避免他们进入家中与祖先神灵抢食节日祭品，最终给家人招来祸患。泼食(Hoqleiq)仪式是每一次年节中的家庭祭祀必有的组成部分，是对非正常死亡的孤魂野鬼的一种安抚行为。泼食包括泼饭、泼菜、泼糯米等用于祭祖或人食之物。

龙日子夜十二点后，各家各户便争先恐后地开始做汤圆，习称“扎勒勒”（Za’lei lei）。据说，这样做是为了争相把赐福、赐丰收的“谷娘”（Hoq aqma）迎到自己家中，为自家带来将来一年的丰收。制作汤圆一般由家庭主妇负责。取出适量糯米面，加水和面，搓揉成杨梅大小的汤圆，以家人多少而定总量。以三脚火塘烧开半罗锅水，将做好的汤圆倒入，大火烧至水滚汤圆漂于水面即可。取两个小饭碗，每碗装入三个汤圆，与两碗酒、一碟盐巴辣椒同摆于祭祖专用的篾桌“厄内洛边”（Eelneivq lolbieil）。由主妇手端篾桌于家中“阿培赫格”(Aqpyuq heelge)前祭献祖灵。念诵祭献词如下：“Laoq huvqyul，seil huvq siivq，zanav solsiq zaq e huvqyul，zapiul solsiq zaq e huvq siivq puv al。”译成汉语为：龙年是旧年，蛇年是新年，吃三个黑汤圆送走旧

▲ 完成祭献仪式的女主人/刘海青 摄/2010年



年，吃三个白汤圆迎来新年！

主妇祭献完毕，家中男女老少由小到大面向“阿培赫格”磕头。要求男戴帽、女缠包头，忌讳裸露头发。此时此刻，有些人家会鸣放鞭炮，表示以此告知神灵。据说，以前大家是鸣放火药枪；在国家管制火药枪之后，改为鸣放鞭炮。以汤圆祭完祖灵之后，同样还有泼食仪式。即由女主人将三个汤圆装在碗中端出门外，倒于路边芭蕉叶上。

之后，各家准备烧水杀猪，开始做豆腐、魔芋。

## （四）蛇日新年

蛇日，哈尼语称“色脑”（Seilnao）。在俄东哈尼族的十月年里，蛇日是迎新的第一天。

凌晨，在做汤圆“扎勒勒”（Za’lei lei）相关仪式之后，公鸡叫过即可举行“哈杂呗”（Halzaqbee）仪式。此仪式由家中男主人主持，取出祭祖专用篾桌“厄内洛边”，摆上盐巴一碗、酒一碗、花椒一碗、筷一双、米半碗（鸡蛋可有可无，马家必须有，其余各家无）。连桌抬至家门口的路边。由家中男性在门外宰杀一只鸡，鸡不分毛色和公母。在路边支起三颗石头作为三脚，升火烹煮整鸡。之前摆于篾桌的半碗米连同鸡蛋倒入同煮，煮至烂熟。鸡蛋去壳制作鸡肉蘸水，鸡肉切块装碗。家中全体成员在门口路边聚食，未尽之食忌带回家，倒于路边祭献因非正常死亡而不能成为祖灵的游魂。

“哈杂呗”仪式之后则举行“扎哈色”(Zaha seivq) 仪式。由男主人在家中祭祖处“阿培赫格”前宰杀一只鸡。同时作为祭品的还有两碗水、两碗酒以及一碟盐巴辣椒。两双筷子置于篾桌上，表示请神灵享用祭品。杀鸡之时，男主人要口念祭词：Zaha seivq e loq saqyeiv bi meeq, kalyeiv bi mal, ssaqssyuq bul jol bi sal, hoqhhyul zeiq qu bi beeq。大概意思是向祖灵祈福：以此鸡为牺牲祭献，祈求赐予福气——让庄稼饱满、子孙安逸、钱粮不断。“扎哈色”(Zaha seivq) 仪式中宰杀的鸡，其头要专门留给节日期间回娘家的出嫁女食用。举行完这一仪式，家人方才可以开始动手准备正餐。全家男女老少七手八脚，淘米、煮饭、拣菜、洗菜、切肉，一一烹煮。

上午村落咪谷在磨秋场主持“胡息阿昂色”（Huvqsiivq aqhhavq seivq），即以猪为牺牲的村落祭祀。作为牺牲的猪可大可小，毛色须黑。由咪谷在节前仔细挑选，可在村内挑选，亦可到集市购买。根据购买猪的花费各户凑钱，今年的猪较小，每家凑6元。由负责村落杂务的“勒头”

▼“扎哈色”中的祭品/白永芳 摄/2010年

▲ 祭献磨秋桩/丁香 摄/2010年

（Leeqteeq）收取。“勒头”由村民推选，全村一人。一般为中年男性，若本人不愿续任则改选。负责杀猪的咪谷助手和等待领取牺牲“扎赫”的人们聚到磨秋场“加德”（Jaldei）。咪谷杀猪前念诵祭词，然后以一瓢清水浇于猪臀、猪腰、猪头。咪谷念毕杀猪，取出猪肝祭献磨秋桩，祈求人丁安康、五谷丰登、六畜兴旺。寨佬聚集查看肝卦。村中青壮年帮忙将牺牲处理干净，然后按户均分。各家各户派出一名男子前去领取“扎赫”，猪肝、猪肠、猪肉各一。以盆、碗或竹篓盛装，容器底部必须垫上芭蕉叶，只说是祖先传下的规矩。领取“扎赫”的人必须戴帽以示崇敬。

村落祭祀均分到各家各户的牺牲“扎赫”被取回家后即刻下锅烹煮，煮熟后切成肉丝分装于三个小碗中用于祭祖，以“扎赫”祭祖称为“扎赫赫”。仪式以三碗“扎赫”、三碗米饭、三碗清酒、三双筷子、一碗花椒、一碗盐巴为祭品，统一摆放在篾桌上。由女主人身穿传统长衫主持，双手端起摆有祭品的篾桌朝家中“博格”方向颤三下，口中默念祈福之辞。之后全家由小到大轮流磕头，包括客人。磕头之人必须戴帽脱鞋，以示虔诚。祭祖之后的猪肉“扎赫”连同早上“扎哈色”宰杀的鸡肉一同留为节日家宴中待客以及出嫁女回娘家食用。

各家在“扎赫赫”后，正式开饭前，女主妇要以碗取少许米饭、鸡肝、辣椒米秆以及猪肉，端至门外泼于路边芭蕉叶上，以慰不可入家门的游魂。但凡家庭祭祀中，以食物敬献家中祖灵的同时，总是要举行相应的泼食仪式告慰非正常死亡无法成为祖灵的孤魂野鬼，这是哈尼人试图保持“神—人—鬼”三种力量相互平衡的一种表达与实践。

这天，有条件的人家可以自己单杀一头猪；如果需要，也可以三五户人家合杀一头猪。称为“阿昂色”（Aqhhaq seivq），即杀年猪。按照传统规矩，各家各户的“阿昂色”必须在村落祭祀“胡息阿昂

▲ 看猪肝卦/丁香 摄/2010年

▲ 按户均分猪肉/丁香 摄/2010年

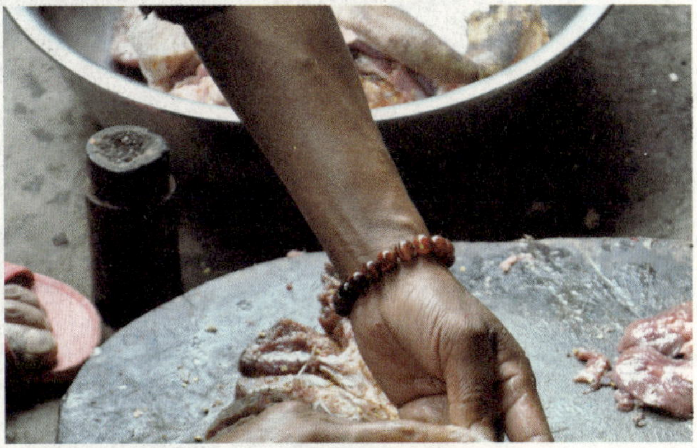

▲ 腌制猪腿/白永芳 摄/2010年

色”（Huvqsiivq aqhhavq seivq）结束之后。否则，视为个体家庭对村落集体利益的冒犯。但现在，由于传统信仰的逐步弱化，从自家方便和需要出发提前杀年猪的人家比比皆是。往往，一户人家杀猪，亲朋好友、隔壁邻居的青壮年男子都会前来帮忙。猪肉除了用于节日期间的食用之外，往往也被巧手的主妇以白酒、盐巴、辣椒面、花椒面、草果面、八角面等作料轻揉慢搓，风干成美味的腌肉。

十月年期间出嫁女要回娘家，俄东人称此为“Ssaqmiq dulma hoqniaoq zalhel eq la”，若按字面意思理解即为：出嫁的女儿、姐妹背糯米粑粑和“扎赫”回来了。这天一早，平日生活在夫家的女子要回娘家省亲，通常要以背篓背糯米粑粑、酒、猪肉、水果等回去。当年出嫁的姑娘，则要穿着新嫁衣携夫君和伴娘一同回娘家。除了到娘家赠礼、磕头，还要到家族近亲各家赠送一块糯米粑粑、一斤水酒和少许猪肉，先去外公家或哥哥家（即出嫁前的家），然后到叔伯家。家族各家则要回赠两大块糯米粑粑以及一只装在竹笼里的小鸡。此外，通常还回赠核桃、苹果、芭蕉等水果，忌让其空背篓或挎包出去。十月年期间，出嫁女回娘家是强化已婚女子与娘家血脉联系的一种习俗，尤其是新出

▼ 出嫁女回娘家/丁香 摄/2010年

嫁的女子携夫婿回娘家依序与娘家和亲族赠礼、回礼的过程更是强化小家庭与女方亲属社会网络的联系。同时，也是女方家族势力在男方面前的一个自然显示。按照习俗，出嫁女在娘家小住两天，属羊日便返回夫家。

## （五）饮食制作

▲ 芋菜豆芽/丁香 摄/2010年

十月年期间，自属蛇日起便是家庭聚会以及大宴宾客的日子。节日的餐桌上家家户户必有的菜肴是：魔芋、豆芽、豆腐、鸡、猪、青菜、鸡肉蘸水。村民说，魔芋、豆芽、豆腐是不论贫富家家必有的三样菜。

魔芋有多种食法。做法一：讲准备好的魔芋片清洗切碎，放入盐巴、辣子、豆豉、味精、花椒粉凉拌。做法二：大魔芋片清洗撕成小片，配合蘸水食用。做法三：酸菜炒魔芋片。做法四：酸菜煮魔芋片。

豆芽的食法一般有三种。做法一：豆芽加酸菜煮汤；做法二：豆芽加酸菜、芋菜煮汤；做法三：豆芽炒肉。

豆腐的食法一般就一种。将新鲜制作的豆腐直接切成薄片，配合蘸水食用。蘸料以味精、辣椒面、酱油为主。

鸡肉蘸水是当地哈尼人最富特色的食品。 以二三十种佐料制成，必放的是：鸡杂（鸡肠、鸡肝、鸡心等煮熟，切碎）、鸡蛋（煮熟，捏碎）、豆豉（焙香，捣碎）、草果面、花椒面、辣椒面、盐巴、姜末、蒜末、葱丝、韭菜、薄荷、大芫荽、小芫荽、香柳、野生植物等。其余有什么提味之食物均可放入。各种配料、调料放入，以温汤（鸡汤去油）冲入即成。

哈尼豆豉是当地人最喜爱的佐餐美味。豆豉俗称“内斯阿茨”（Neesiq aqciq），以不太好的豆子制作，因为好豆子用于做豆腐，捂豆芽。豆子浸泡一天后，煮透，用芭蕉叶趁热包裹捂上三五天，直至臭透。取出剁细，加豆壳灰，加花椒叶汁水，搅拌做成粑粑状。以一种叫作“Nialsaalbaq”的植物叶子包裹，置于房顶晾晒，或以火烤干。以细木穿于中间，可以防发酸、防蝇叮。

咸鸭蛋是节日的餐桌上老少喜爱的菜肴。腌制好的咸鸭蛋，煮熟或蒸熟，每个蛋切成四瓣，即可食用。腌制咸鸭蛋是每个主妇都擅长的手艺，将鸭蛋清洗干净，一一放入罐中，倒入置凉的盐水浸泡即可。

以酸笋为主料的各种菜肴几乎出现在每一户餐桌，具体有多种做法。做法一：酸笋炒肉。猪肉切片，酸笋切片或切丝；猪肉炒至七分熟，放入酸笋炒至全熟。做法二：酸笋煮鸡。新鲜鸡肉切块儿，酸笋切片或切丝；鸡肉煮至八分熟，放入酸笋煮至熟。酸笋的研制：将新鲜笋子（以苦笋为佳）去壳清洗切块儿，放入罐中，以冷开水浸泡至味酸。在当地，腌制品往往也是生病老人自我占卜的一种常用方式。亲手独立腌制竹笋或酸菜，待日后查看是否成功。若出现腐坏则认为预示着身体每况愈下，若研制成功则认为身体会好转。

▼ 鸡肉/白永芳 摄/2010年

鸡肉当然是节日餐桌不可缺少的一道菜，鸡肉的食用方法很多。做法一：传统食法，全鸡处理好，整鸡入锅烹煮。通常，节日中的祭祖分为生祭和熟祭。一般煮熟后还有整鸡祭，少数则去骨肉和鸡肝一同祭献。村里

流传“献整鸡”的笑话：有个人整鸡煮熟后在祖灵前祭献，手捧盆装熟鸡高举过头，一边口念祈福词一边叩拜祖灵，结果发现菜盆空空整鸡不见了。心中一惊，以为祖灵显灵享用了祭品。后来才发现，原来是鸡爪挂在了电线上，整鸡悬在了半空中。做法二：芋菜煮鸡。整鸡切块儿，煮至八分熟，将洗净切段儿的芋菜加入同煮。做法三：酸笋煮鸡。新鲜鸡肉切块儿，酸笋切片或切丝；鸡肉煮至八分熟，放入酸笋煮至熟。

▲ 鸡汤白菜/白永芳 摄/2010年

猪肉的做法也很多。做法一：蘸水猪肉。通常取用“三线肉”（即五花肉）。猪肉洗净，连肥带瘦切成大块条，煮熟后切成片，配合蘸水食用。做法二：瘦肉炒食。通常与酸菜、香芹、姜片、莴笋等分别搭配炒食。当地习俗，在以鸡汤或猪肉汤（鸭、鹅同，牛、羊、狗异）煮食蔬菜时（如白菜、青菜、萝卜、洋芋等），必须抓一把米同煮。因为葬丧中肉汤忌讳放米同煮，平时猪肉汤为表示生死有别，必须与米同煮。

花生是当地最喜欢的下酒菜，一般都是炒食。做法一：放油入锅，炒香；做法二：不放油，净锅干炒焙香。鱼干、鸟干也是节日的下酒佳肴。节前捕捉到鱼或鸟，去内脏清洗放盐晒干。食用之时，放油入锅，炸香食用。

按照当地人习俗，米饭至少要吃两碗，可以不盛满，但必须盛两次。当地俗话说：单脚不能走路，一双筷子两支。有的地方要则要求吃三碗，因为火塘的铁三脚有三只脚，三脚才能架稳。

## （六）节日禁忌

### 1. 劳作禁忌

在俄东哈尼族的十月年里，蛇日相当于大年初一，前一天的龙日相当于大年三十。一般来说，自属龙日起，蛇日、马日、羊日几天都忌讳下地劳动。龙日与蛇日以准备节日和各种仪式为主，后面几天则以家宴为主，走亲串友，互宴宾客。忌讳下田地劳作。待属羊日各家举行“萨索赫”（Saqsol hel）仪式，以鱼或鸡蛋祭献祖灵。之后方可开始劳作，但一般要避开自家人的属相日。

### 2. 饮食禁忌

节日中有至少四天的劳作禁忌，期间忌食牛肉和新捕获的野生动物（不包括腌制的野味）。若是新近捕获的鸟、野鸡、竹鼠等野物在蛇日前可食用，蛇日之后便不可带鲜活野味回家，更不可食用。

### 3. 出行禁忌

各家负责家庭祭祀的主妇，节日期间不可到别人家里吃饭，必须安守自家。此禁忌俗称“洛色莫哟”（Laoq seil moq yol），即属龙、蛇、马、羊的四天忌讳外出。此外，期间不可外借财物，也不出售任何物品。负责村落祭祀的咪谷则不能离开寨子，每天必须安守寨子。

## （七）节日服饰

虽然与大多数少数民族村落一样，俄东的男性日常生活中几乎不再穿着民族服饰，但相对而言俄东的传统服饰保留较好。几乎每个小孩都戴着母亲或外婆亲手缝制的传统童帽；妇女都习惯了裹包头、系遮臀布，一般穿黑色、蓝色长裤，少妇们的衣服多为T恤，老年妇女们则仍然穿着民族服装。几乎家家户户都还自己织染土布，保留了完整的纺织、染布工艺，很多家庭除了织布机，还有古老的编带机。

节日期间，大家纷纷拿出收藏的民族服饰，女子服饰有短衣长裤和长衣长裤两种款型。相对年轻一些的妇女多穿右衽短衣，显得干净利落；中老年妇女多喜欢穿右衽长衣，显得古朴大方。服饰多为黑色、蓝黑色。她们发辫末梢的毛线花和精心彩饰的衣袖在附近哈尼族中具有一定的独特性。此外，她们均喜欢银饰，除了衣袖上的银泡外，还有银耳环、银戒指、银手镯、银链等。年轻女孩则流行穿着改良的民族服饰，采用鲜艳的化纤布料和机织花边，衣袖多为半袖。

▲ 穿长衫的老妇/白永芳 摄/2010年

男子也拿出难得一穿的传统服饰。中年男子多穿对襟靛染土布上衣，深色裤子；老年男子喜穿黑色绸缎右衽长衫，外套蓝色对襟短褂，头戴黑色毡帽或缠黑色头帕。男孩也穿上对襟黑布短褂。

节日期间，两位六七旬的老妇穿出了备下多年的丧服。除了古风犹存的长衫，还有一圈围兜“巴搭”（Baqdaq），一圈头带“吴早”（Wuqzaoq）。头带和围兜的颜色都是黑底蓝，纹样似蕨纹。头帕尖角上以一片葫芦形缀彩球饰物为固定。垂于脑后，头帕之下是一顶缀有银花的布帽，银花为九件。中心一件大银花，四边四件小银花，中间是四片梯形

▲ 男子三叉舞/白永芳 摄/2010年



银片。这组银花合称“吴木”（wuqmuq）。平常忌讳将丧葬服饰拿出，节日中则可大大方方拿出来。

服饰详情见《绿春戈奎十月年节日服饰调查报告》。

## （八）节日舞蹈

俄东村所属的戈奎乡有“哈尼歌舞之乡”的美誉。附近的哈尼人能歌善舞，俄东乡也不例外。据介绍，这一带主要的传统舞蹈有：扇子舞（Losev haq’a）、铜钱舞（Meilbia haq’a）、双节棍(Laqjaq haq’a)、流星锤（Qusiq haq’a）、大刀舞（Tolma haq’a）、小刀舞（Nialssaq haq’a）、三叉舞（Caca haq’a）、镰刀舞（Ceilleiq haq’a）、木棍舞（Golziq haq’a）、戟舞（Baqzeiq haq’a）等。节日期间，先后看到两次舞蹈表演，一次在紧邻的下子雄村，一次在俄东村中。

应子雄村委会副主任之邀，笔者一行到下子雄观看了村民表演的三弦弹唱、器乐合奏、乐作舞、扇子舞和三叉舞。

演奏三弦的是村民李为沙，他1963年出生，初中学历，自幼喜欢民间音乐，多年跟随老艺人学习，善于自制三弦，多次参加各种表演活动，2005年获得“红河州非物质文化演唱传承人”称号。他演唱的哈巴，以哈尼人一年十二个月的生产活动为内容，重点演唱十月来临的喜庆节日，尽管是节日的欢歌，但是器乐的调子听起来悠远舒缓，具有鲜明的民族特色。李为沙还与另一村民合作，表演了精彩的管弦合奏。

▼ 三弦弹唱/白永芳 摄/2010年

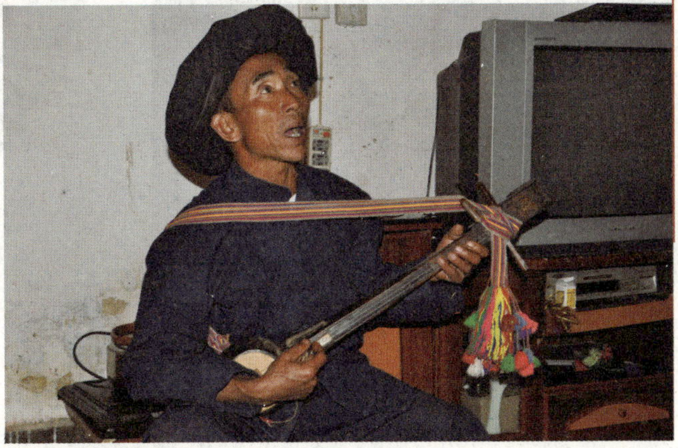

在村落中央的操场上，男女老少齐聚乐舞。作为伴奏的既有灌制的民族音乐带，也有现场器乐——鼓与镲。乐作舞是哈尼族地区普遍流行的集体舞蹈，舞步稳健简洁、节奏鲜明。舞者围圈共舞，逆时针而行，男女老少皆可参与，女子多于男子。三叉舞是典型的仪式舞蹈，带有鲜明的古代战争的遗痕，原多见于丧葬仪式。三叉舞以古兵器三叉戟为道具，由四名男性围桌起舞。以四方木桌为中心，四位手执三叉戟的男子时而顺时针

▼ 乐器合奏/白永芳 摄/2010年

▲ 双节棍舞/刘海青 摄/2010年

▲ 舞蹈道具/丁香 摄/2010年

而行，时而逆时针而行，时而旋转挥舞，时而握器停顿。好似丧葬仪式中驱魔祛邪的开道，又像古代战争中挥戟奋战的慢动作。整个舞蹈庄重而严肃。扇子舞又叫棕扇舞、白鹇舞，据说以一对棕扇模拟哈尼人崇拜的白鹇鸟之双翼，翩翩起舞。道具即为新绿粽叶修剪成扇，舞者人手一对。男女共舞，以一男子为中心，十数名女子同舞。男子在众女簇拥之下，以口咬木桌翩翩舞扇出场，木桌叼至中心位置放下。男子与一名女子围桌起舞，上桌同舞，如白鸽渡食，又似鸳鸯戏水。

在俄东村，一名男性村民表演了棕扇舞、双节棍与流星锤。其棕扇舞与下子雄村的棕扇舞相似，看似更富变化。而双节棍与流星锤的表演，介于武术表演和舞蹈表演之间，实际上也是仪式舞的一种，先前多见于丧葬仪式。以古老的兵器重现哈尼先民曾经历的战争场面，兼有祛邪驱魔以及送灵归宗之功效。双节棍与流星锤的挥舞，除了与武术相似的娴熟与灵敏，更多了一层柔韧与变化，最大的不同还在于多了一些诙谐的表演。据说，村中能够表演这些古老的仪式舞蹈的人已经很少。表演的男子是从邻村老艺人拜师学习掌握这一套舞蹈的，并收藏有相应的道具。作为道具的双节棍不是木制的，而是金属材质。

节日期间看到的诸多民族舞蹈，实际上都不是十月年期间的传统节日内容。但是，随着时代的发展变化，传统在消解的同时也在重构。日常生活中，传统衣食住行在不知不觉中发生变迁，随着对传统文化逐渐消失的隐隐忧虑，人们越来越希望在传统节日和祭祀中集中呈现和努力强化现存的文化传统。

# 云南省绿春县戈奎乡俄东村哈尼族十月年服饰调查报告

刘海青

绿春县戈奎乡俄东村哈尼族十月年自农历十月第一轮属龙日开始至属猴日结束，节期五天。属龙日相当于汉族春节的年三十，次日属蛇日相当于大年初一。

## 一、日常服饰现状

绿春县戈奎乡俄东村、下子雄村村民平日大部分男性服装基本同汉族无异。老年女性大部分穿着本民族服装，颜色以深蓝为主，衣服上装饰主要在领口、袖子中部、裤子中下部、遮臀布的左下角、右下角、腰带两端上，图案较为简单，普遍佩戴包头，佩戴银质或银色的金属耳环、手镯；中年女性一般佩戴包头，上身穿针织套头衫，下身着长裤（传统裤子、运动裤等），基本都系遮臀布，佩戴银质或银色的金属耳环、手镯。年轻女性一般穿着汉族现代服饰，少部分佩戴包头。儿童大部分着汉族现代服装，服装上有现在流行的喜羊羊、灰太狼等图案，五岁以下的男女童基本都戴母亲手工缝制的帽子。

# 二、节日服饰调查情况

绿春县戈奎乡俄东村、下子雄村村民在十月年过年期间，无论男女老少大部分人都会穿上传统的哈尼族服装。目前，这些民族服装的来源主要有二：一种是成年女性利用闲暇时间为家庭成员手工缝制，这种服装基本上从织布到成衣都是手工制作；另一种是购买成品服装，这些成品服装一部分来自戈奎乡政府旁的一家缝纫店，采用现代化纤面料和机制花边为装饰，运用缝纫机缝制，一部分来自绿春县城的缝纫店，也是采用现代化纤面料和机制花边为装饰，运用缝纫机缝制。绿春县城最具规模、最有代表性的规模化机器生产的哈尼服装厂名为“都玛服饰厂”，为哈尼女性白丽女士创建，该厂专门在哈尼传统服饰的基础上进行设计、创新，特别是在服装的色彩搭配、装饰纹样的继承发扬上大胆突破，使绿春哈尼服饰具有鲜明的特色并形成强烈的视觉效果。上述几个地点基本是绿春县戈奎乡俄东村、下子雄村村民十月年过年期间的服饰来源。

## (一) 传统服装制作工艺

手工缝制的传统服装制作工艺流程可以归结为织、染、绣、缝四个步骤。

### 1. 织布

手工缝制的传统服装采用的面料为成年女性利用闲暇时间运用织布机手工纺织而成的窄幅面棉布。首先将棉线纺成适合于织布机用

▼ 织布的妇女/白永芳 摄/2010年

▲ 棉线与梭子/白永芳 摄/2010年

的线缒，并根据幅宽理好纬线，再将线缒置于梭子中，左右来回织成幅面约30厘米的棉质土布，织好的土布颜色呈偏黄的乳白色。

### 2. 染布

哈尼族崇尚黑色，在俄东村、下子雄村也不例外，他们的服装多用黑色或深蓝色作为基础色加以彩线绣制装饰。用棉线织出的土布，呈偏黄的乳白色，需要染制成制作服装所需的黑色或深蓝色。

▼ 晾晒布匹/白永芳 摄/2010年

(1) 染料

在绿春县戈奎乡俄东村、下子雄村，采用植物板蓝根（Miqqiq）处理成染料后染制布料。在两村的房前屋后常常看到这种开紫色小花的板蓝根。

(2) 染制过程

首先，将板蓝根整株浸泡入水中七至十天后，用竹棒连续搅动半小时，加入石灰（熟）、酒，再置放十三天，到时浸泡液会形成豆腐状，然后放在锅中加水煮，就成了染制布料的植物染料液。染制时将染料液和布放入锅中煮，其间用竹棍轻轻搅动，然后将布匹挑入竹制箩筐中沥干染料，在日光下晾晒。如此数遍后布匹的颜色逐渐加深，最终染制成所需的深蓝或黑色（偏蓝）。是深蓝还是黑色由染制次数的多少决定。

### 3. 绣和缝制

心灵手巧的哈尼女性用彩色的线在染好的布上绣上丰富多彩的纹样来装饰服装。绣制的部位一般在女性衣服的领口、前襟，手袖的肘关节下部，裤子的膝盖附近，遮臀布、腰带尾巴、随身挎的布包上等。绣制的图案多种多样，常见的有犬齿纹样、三角纹样、蕨纹样、四角花纹样、八角花纹样等。绣制的工艺为：几何纹样采用十字绣工艺和包筋绣为主；花草纹样采用包梗绣和镶拼工艺为主。俄东村、下子雄村男性服装上绣的工艺较少运用，一般只绣在衣服下摆开衩接口处，图案为犬齿纹样。在布料和绣品准备好后，勤劳的哈尼女性便着手裁剪，然后手工一针针缝制成成衣。

## （二）节前服饰准备——晾晒

俄东村各户主妇在十月年前准备过节的用品时，会挑一个天气晴朗的日子，将全家过节才穿的衣服、饰品放在自家平顶阳台上晾晒，因为这些衣物饰品平时都是存放在外用牛粪等封糊、被烟熏到漆黑的竹制衣箱里。这些衣箱放在主房楼上，一般约120厘米高，70厘宽，呈圆中带方的形状。此外，在晾晒礼服的同时，也晾晒布匹，以此来显示自家的家底和主妇的勤劳能干程度。这些布卷据说不能全部用于缝制衣服和出售，每家都要存有一定的布匹，有结余之意，母亲也会留一些自己织的布匹送给女儿。

▲ 晾晒衣服/白永芳 摄/2010年



## （三）节日期间的着装和服饰

### 1. 老年服饰

(1) 老年男性服饰

老年男性节日期间的礼服套装为：对襟立领外套，里面穿同色或白色对襟衬衣；下着深蓝色直筒长裤，头戴毡帽。全套礼服采用自家机织用蓝靛染制的深蓝色手工布缝制，外套对襟立领，有长袖和无袖两种，衣服下摆左右各有一个明包，纽扣采用“一字形”手工盘扣，一般为八对。礼服全身上下基本无图案和彩色绣饰。

(2) 老年女性服饰

老年女性在平时的生产生活中保持着传统着装。日常生产生活着装为：头包黑色头巾，上装着黑色或深蓝色右衽宽松长袖遮臀衣，衣领及袖口一段装饰有多种图案，下装着同色宽裤腿筒裤，膝盖附近装饰有宽窄不等的图案，与上装相互形成视觉呼应。佩戴银质耳环和手镯。

老年女性的节日盛装包括：黑色包头帕，包头帕外部佩戴约10厘米宽的绣花并饰有银泡的装饰或在包头帕外部系一条约两厘米宽的湖蓝色丝带。头饰的绣制图案多为几何纹样，颜色为湖蓝色系加饰银泡，整个色调庄重素雅。内穿黑色右衽立领长袖遮臀衣，袖口为窄袖口，袖子小臂处有的饰有图案或线状纹饰；外穿无领右衽宽松中袖深蓝色或黑色长衫，长衫长度不等，有的长及脚踝，有的长至膝盖，有的仅遮过臀部。长衫绣饰集中在领口、肩部、前襟后襟四边、袖口，装饰纹样为犬齿纹样、三角纹样、蕨纹样等，装饰形式宽窄相间，颜色以湖蓝色系为主，辅以少量的浅红、暗紫等色。纽扣使用手工盘扣，胸前扣子为直径一厘米的银质扣子。下着深蓝色或黑色宽筒长裤，裤管在膝盖上10厘米至膝盖下20厘米左右处拼接湖蓝色布，接口上沿饰有一宽一窄绣制图案。脚穿黑色布鞋或皮鞋。节日期间老年女性佩戴银质戒指、手镯、挂链等饰品。

▼ 老年男性服饰/白永芳 摄/2010年

▼ 老年女子传统盛装/白永芳 摄/2010年

### 2. 中、青年服饰

(1) 中、青年男性服饰

中青年男性外着深蓝色手工布缝制的对襟外套或褂子，里着比外套较浅一些的靛蓝色或白色对襟衬衣；下着深蓝色直筒长裤，头戴用蓝靛染制的深蓝色手工布缠绕而成的帽子。这种着装是每个成年男性的正式礼服，结婚时通常由女方家缝制给女婿。在俄东村、下子雄村，现在过十月年时这样穿着的年轻人不多，因为大部分青年男性外出打工，回家过年穿的是他们认为时尚的流行服装并梳剪时尚的发型，如穿着夹克、T恤衫、牛仔裤，将头发染色等。

(2) 中、青年女性服饰

与老年女性带有仪式感的礼服长衫相较，俄东村、下子雄村中青年女性的节日服饰显得更为异彩纷呈。中年女性通常操持整个家的大小事务，当地称之为“当家”。她们节日期间在制作节日饮食和做家务时穿日常服装，劳作之余便换上节日服装，特别是祭祀时必须换上哈尼传统服饰，包上头帕，方可进行祭祀。每家祭祀仪式由当家的女性完成。

年纪较长的中年女性节日服饰为：头戴黑色或深蓝色包头帕，头帕外部横系一条2厘米宽的天蓝色丝带。上穿立领右衽宽松中袖遮臀衣，中袖下露出由各种精美纹样绣制而成的彩袖。身后系一块方形遮臀布，遮臀布的左、右下角饰有较简洁的几何纹样。下着宽筒长裤，裤管在膝盖上10厘米至膝盖下20厘米左右处拼接湖蓝色布，接口上沿饰有一宽一窄绣制图案。普遍佩戴银质耳环和手镯。整套服装基本用黑色、湖蓝、钴蓝作为服饰的主体色调，领口、前襟饰有素雅的蓝、白等色绣制的纹样，前襟上沿饰有一条0.5厘米宽的红色线条。整套服装中最为精致和出彩的是中袖下露出的彩袖，彩袖的颜色是整套服装中最为鲜艳的，体现了多种图案纹饰的搭配。

当家的中年女性祭祀时的穿着为：头戴黑色或深蓝色包头帕，头帕外部横系一条2厘米宽的天蓝色丝带。上穿中袖长衫，长衫的颜色为天蓝色，长衫在领口、袖口、四边镶有10厘米的黑边，并饰有宽度不同的纹饰。下着宽筒长裤，裤管在膝盖上10厘米至膝盖下20厘米左右处拼接湖蓝色布，接口上沿饰有一宽一窄绣制图案。老年女性的长衫基本使用传统手工布缝制，中年女性的长衫多采用现代化纤面料缝制，同样具有仪式感，但质感上没有老年长衫的厚重，色彩上显得端庄明快。

▲ 盛装的中年女子/刘海青 摄/2010年

已婚年轻女性在操持家务时依照传统头戴黑色包头帕，头帕外部横系一条2厘米宽的玫红色或天蓝色丝带。身后系遮臀布。上装和下装穿着多样化，大部分为了劳作方便会穿便于活动的针织衫、运动裤等。

已婚年轻女性节日服饰为：头戴黑色包头帕，包头帕外部佩戴镶满银泡的头饰。上穿立领右衽合体中袖遮臀衣，中袖下露出由各种精美纹样绣制而成的彩袖。身后系一块方形遮臀布，遮臀布的四周饰有各式精美的二方连续纹样。下着宽筒长裤，有一部分裤管在膝盖上10厘米至膝盖下20厘米左右处拼接湖蓝色布，接口上沿饰有一宽一窄绣制图案。也有的直接在

▲ 女子短衣/白永芳 摄/2010年

黑色宽筒长裤的膝盖部分和裤脚绣制不同宽度的二方连续纹饰。已婚年轻女性的上衣主体色调鲜艳，常见的有桃红色、粉绿色、粉蓝色、紫红色等明媚的颜色。这些服装基本是购买成衣，衣服面料为色彩鲜艳的化纤，绣制的纹样为机绣花边。普遍佩戴银质耳环和手镯。

已婚年轻女性在节日也有穿长衫的，但较少。这类长衫具有礼服性质，意味着穿此服装的女性已经成为“当家”， 操持一个家庭的大小事务。

未婚少女节日的着装和服饰在颜色和绣饰上更为多彩和亮丽，服装多为购买的成品套装。未婚少女节日的着装基本可分为两大类：一类为成套穿着；一类为象征性的穿着——不戴头饰，上着右衽立领中袖紧身上衣，下着牛仔裤或运动裤，不系遮臀布。

在俄东村和下子雄村，未婚少女成套穿着的节日服装包括：用银泡镶成菱形图案的头饰（后饰有一颗贝壳做扣子系住），上着右衽立领中袖紧身上衣，颜色多为粉红、桃红、粉黄、粉蓝、浅紫等清新亮丽的色彩，也有着黑色的。下着直筒长裤，裤子分为三段两色：从腰到膝盖上方10厘米处为彩色，以钴蓝、湖蓝、深绿为多见，下接一宽(10厘米)两窄（2厘米、1厘米）二方连续纹饰，传统纹样组合为蕨纹、三角纹、犬齿纹的多重组合，往下到裤脚均为黑色。腰后系遮臀布，遮臀布的形状为条形尖角，上面绣有四方连续纹样或完形图案，系在腰后似燕尾。整套组合在色彩上采用上轻下重的搭配，具有轻快明丽的视觉效果。

从绿春县城回俄东村过年的少女有的成套穿着都玛服饰厂改良设计的窝拖布玛服饰，为短衣长裤型，头饰为内帽外包头式，尾饰为方形。上装里面一件立领右衽紧身长袖遮臀衣，衣领及袖口一段装饰有多种精美图案；外面一件无领对襟半袖遮臀衣，腰间开衩，领口、衣襟、衣摆、腰间、袖口装饰有多种精美图案。里面衣服立领和袖子上的装饰能恰到好处地显露出来。外衣衣襟、衣摆和腰间均由10厘米宽花纹装饰，传统样式为方形蕨纹

▲ 改良版民族服饰一/白永芳 摄/2010年

▲ 改良版民族服饰二/刘海青 摄/2010年

▲ 穿褂子的男孩/白永芳 摄/2010年

连续组合，改良样式为多种花草纹样连续组合；外衣领口与里衣立领上的纹样相对窄一些，亦多为蕨纹或花草纹样；里衣袖管上绣满了一圈圈纹样，传统纹样组合为犬齿纹、三角纹、蕨纹的多重组合，改良样式以花草纹样层层装饰。整套组合采用大面积的黑色和较少面积的红色、绿色形成强烈的色彩对比，间以金色、银色调和提亮，具有强烈的视觉冲击力和装饰效果。

### 3. 儿童服饰

在过十月年时，俄东村和下子雄村的父母会为孩子添置新衣服，过年时孩子们会穿上新衣。

俄东村和下子雄村村中均设有小学。学龄阶段的男、女学童的平时着装基本为校服（运动服）。

(1) 学龄男童服饰

俄东村和下子雄村的学龄男童在十月年所添置的新衣基本为现代流行服饰，如运动服、休闲服等，有一部分男童在上衣外穿一件改良过的黑色无袖对襟褂子，褂子下摆左右各有一个明显的袋子，在领口、袖口、口袋四周、脚边处饰有2厘米的纹饰，图案为三角纹、犬齿纹等二方连续图案。用银扣作为扣子。两村男童中未见包包头布，均留短发。

(2) 学龄女童服饰

俄东村和下子雄村的学龄女童在十月年所添置的新衣基本为目前市面上的流行服饰，如针织外衣，贴有喜羊羊、美羊羊图案的套装等，颜色为鲜艳的桃红、粉红、橘红等。俄东村学龄女童未见包头饰，下子雄村女童基本包用银泡缝订为菱形图案的头饰。有一部分女童在上衣外穿一件改良过的黑色无袖对襟褂子，褂子在左右胸口绣有图案，下摆左右各有一个明显的袋子，口袋较男童的小些，面上绣有八角花等图案。在领口、袖口、口袋四周、脚边处饰有2厘米的纹饰，图案为三角纹、犬齿纹等二方连续图案。扣子为盘扣。

(3) 低龄幼童服饰

俄东村和下子雄村的低龄男女幼童在服饰上基本穿目前市面出售的针织幼童服装，最有特色的是幼童头上戴的帽子。五岁以下的幼童头上都戴有母亲亲手缝绣的帽子，从帽子上就可以清楚地区分男童、女童。

▼ 女童帽侧面/丁香 摄/2010年

男童帽子为以黑色为基底的圆形平顶帽，帽边、帽顶和帽前方绣有方形蕨纹、角形八角花等几何形纹饰。帽子前短后长，孩子戴上后，从耳部到后颈部刚好包住，有遮风御寒的功效。帽子正顶部留有5厘米左右长的细绳，绳端用毛线结成小球。帽子显得复杂而华丽。女童帽子形状前长后短，前面及眉，从耳部到后颈长至肩部。头顶另加有一片虎头形状的绣片。整顶帽子布满了纹饰和随纹饰形而钉的银泡。帽子绣饰可分为三部分：帽子前额部分、帽顶部分、帽子后脑勺至肩部分。帽子前额部分纹饰为自然植物形的蕨纹，有对称形或四方连续形，基色为绿色、蓝色、紫色等，随纹饰钉银泡；帽顶部分基色为黑色，形状为虎头形，上饰有蕨纹形成对称的图形，用大红色、玫红色、

▼ 男童帽/白永芳 摄/2010年

紫色、绿色、黄色绣制，辅以犬齿纹，随纹饰形钉银泡；帽子后脑勺至肩部分在后脑勺部位用银泡钉成蕨纹的对称图形。帽子沿边用钴蓝色、粉蓝色、桃红色彩线绣边，用银泡钉成犬齿纹样。帽子前额部用彩珠穿成串，钉成流苏，并系有小铃铛。帽子前额左右两边各两条银珠链，末端饰有红色和蓝色毛线制成的小绒球。

## 三、结语

服饰的内涵异常丰富，包含和凝聚着人类发展和社会生活等多方面的信息。一个民族的服饰文化不是无中生有的，它必定是在一定的社会条件中诞生、发展和成熟，并适应于社会大环境的。绿春县戈奎乡俄东村、下子雄村哈尼族十月年的服饰就是在其梯田农业这个社会、自然环境中形成其民族特色的，它不仅适应该地的生活方式和环境，并各自发展了不同的服饰制作方法和特殊纹样，形成独特的哈尼十月年服饰穿着风貌。这些宝贵的传统资源值得我们全力去保护和发扬。

# 云南省元江县羊街乡水龙村哈尼族十月年调查报告

白岩松　刘镜净

元江哈尼族彝族傣族自治县位于云南省中南部，隶属于玉溪市，东与石屏县毗邻，南与红河县相连，西与墨江县接壤，北与新平县紧邻。元江是哈尼族聚居的县域，全县共辖6乡4镇3农场(不含省属元江农场)：澧江镇、东峨镇、因远镇、青龙镇、洼垤乡、龙潭乡、羊街乡、那诺乡、咪哩乡、羊岔街乡、红光农场、红河华侨农场、甘庄华侨农场。共有70个村民委员会、5个居民委员会，705个村民小组，644个自然村。第六次人口普查数据，全县总人口217392人，其中哈尼89510人，占全县总人口的41.17%。除元江县外，玉溪市所辖的其余七县一区均有哈尼族分布，其中新平县哈尼族有12600人，主要分布在漠沙、建兴、平掌等地；峨山县哈尼族共12054人；易门县哈尼族共3384人，分布在浦贝乡、绿汁镇及小街乡；红塔区哈尼族共7486人；通海县哈尼族主要分布于通海西部，共2296人；江川县哈尼族共1070人；澄江县哈尼族共471人；华宁县哈尼族共528人。在以上地区的哈尼族中，据目前所知情况，都已经不过哈尼族传统节日十月年，而改过春节了。

元江一带的哈尼族中，那诺、羊街和因远清水河一带互称罗美、罗比的哈尼人过的是十月年，当地哈尼语称为“梅舍扎”。十月在哈尼历法中为岁首，“梅舍扎”一般在农历十月的第一个属龙日开始，至申猴日结束，节期为五至六天。咪哩、羊岔街和因远的堕塔、布都、白宏等哈尼人过的是汉族的春节，不过他们的过法与汉族不同，更具自己的民族特色，称呼也不尽相同，如“梅舍扎”“米色扎”“福收扎”“策腊虎什扎”“年收扎勒特”及“克努扎”等。据因远卡腊一带的白宏老人介绍，以前当地哈尼族过的也是十月年，从九冲村开始，按自东往西的顺序一个村子接一个村子顺着过，要过十天半个月。但元江气候较热，十月年期间正值小春生产时节，当地群众忙着过节，对田间农事管顾不暇，对来年的收成影响颇大，所以自1995年开始，咪哩、羊岔街和因远政府规定当地哈尼族改过春节，当地的堕塔、布都、白宏等哈尼人的十月年传统便逐渐消失了。

此外，在课题组的实地调查中，还遇到了一个有意思的事件。如果没有固定的节期，自治县的民众便不能享受民族节日放假的权利。2010年10月27日，《元江哈尼族彝族傣族自治县人民政府关于提请审议决定哈尼族十月年彝族火把节傣族花街节放假时间的议案》通过，决定全县统一将哈尼族十月年放假时间定为每年农历十月初十、十一、十二。以往按民间习惯择日而过的十月年，因为客观原因而被统一到了这三天之内集中欢庆。课题组调研时正是此规定实行的第一年，而2010年的农历十月第一个属龙日是初九那天，按当地哈尼族习俗，在属兔日就有仪式要做了，也就是初八那天就开始十月年的准备工作了。因为今年突然有了新的规定，所以民众都不清楚到底该怎样安排节期，直到初六、初七时都还一直在观望。据当地基层干部介绍，因为是第一年统一过十月年，而且11月22日就是元江县庆30周年的日子了，所以政府提前两个月将所有那诺、羊街一带在县城工作的人员都集中起来开会，让大家带头执行新规定，回家动员村里的百姓也按时间统一过年，就在那三天之内结束节日，不要像往年一样过个十天半个月的，影响接下来的县庆准备工作。政府怕老百姓不接受这个时间安排，还给基层干部们下了命令，如果哪个村提前过年，哪家提前就罚款300块钱。干部们不希望自己的工作出差错，老百姓也担心被罚款而不敢第一家过年，所以那几天大家都在互相打听，不敢做领头羊，又怕将祖祖辈辈传下来的过年时间错过了，直到初七那天，也就是11月12日，照常理第二天就该有仪式了，过年时间还是定不下来。课题组成员也跟着心急不已。13日一早，不知是谁家先行动的，村民们陆续开始做过年前的准备工作了。十月年结束后，也没有人家因为提前过年而被罚款的。这次政府力量与民间习惯的博弈，最终还是以民间习惯的胜利而告终。

在本次关于元江县哈尼族十月年的调查中，我们选取了元江县哈尼族传统文化保存最为完好的地区之一——羊街乡垤霞村委会水龙村民小组作为调查点，在当地进行了为期五天的实地田野研究。

## 一、羊街乡及水龙村的基本情况



羊街乡位于元江县东南部，地处元江西岸哀牢山余脉峨崀（莫朗）山、观音山山区，距县城46公里。“羊街”一名，因距村西北20公里的观音山腰草坪上，逢农历羊日赶集故名，后集市又改在村内逢星期日赶集。如今已改为三八街，即每逢3、8、13、18、23、28号为街天。羊街乡南北长13公里，东西宽17公里，总土地面积161平方公里。总耕地面积24997亩（田7840亩，地17157亩），人均耕地面积1.4亩；复种指数184%。最高海拔2580米，最低海拔600多米；乡政府驻地海拔1822米。气候属温带、亚热带气候；年平均气温18℃。年平均降雨量1200—1300毫米。主产水稻、玉米、甘蔗、烤烟、蔬菜、核桃、竹子等作物。全乡共辖戈垤、坝木、党舵、羊街、垤霞、浪支等6个村民委员会54个小组59个自然村。2008年末，全乡总户数4113户，总人口17887人，其中男9229人，女8658人；农业人口17395人，非农业人口492人；少数民族（以哈尼族为主）人口16098人，占总人口的90%；农村劳动力10489人，其中从事第二、第三产业的833人，占7.94%。人口自然增长率负-0.06%，人口密度111人每平方公里。

水龙村位于元那（元江至那诺）公路中段，距离元江县城54公里，距离乡政府驻地羊街8公里，距离村委会驻地垤霞2公里。水龙，哈尼语"Shullhanl"，"Shul"指的是"Shulpeel"，即"剪刀草"；"Lhanl"为"寨子"，合在一起意为"有剪刀草的寨子"。此村白氏和杨氏先祖最先落居此地，后有张氏、龙氏和李氏居住此地。根据口传谱系（家谱）叙述其历史已有17代，按一代25年计算，共四百多年的历史。

水龙是一个有223户856人口的纯哈尼族寨子，四面群山围绕，寨子正前方的观音山，是一座被视作庇佑羊街的"吉祥山"，而背靠的则是与之对望的"韶甫"山。在当地的民间传说中，这两座山是一对夫妇化身而成的。寨脚下方有一个小水库（水龙水库），左右两边都是哈尼族村寨，这些村寨围绕水龙水库错落有致地落居，构成一幅"山—水—梯田—人家"的典型哈尼族村寨画卷。水龙村所属的垤霞村委会共有13个自然村，全是哈尼族村寨，属羊街乡哈尼族人口最多的纯哈尼族村委会，而水龙村又是在垤霞村委会中哈尼族传统文化保留最为完整的村寨。无论是"梅舍扎"（Meiqsheel zal）、"苦扎扎"（Kulzaq zal）、"昂玛突"（Hhaqma toq）等重大节日，还是平时生活中的"哦多巴"（Hhoqdoq bal，谷穗节）、"牛拉咕"（Nollhal guq，叫牛魂）等各种节日习俗，在水龙村都有着完整的承传。特别是哈尼族最盛大的传统节日——十月年，周围村落因各种原因均有不同程度的简化和演变，可水龙村的十月年节庆活动习俗仍然保留得比较完整，从一定意义上讲，形成了"水龙哈尼文化中心圈"。其原因主要有三点：一是交通相对闭塞，不便与其他村落和其他地域的人群交往。水龙北面只有一条路可以通往县城，而且距离县城较远。南面就是崇山峻岭，没有村落，如绕小径走山路6、7个小时可到达红河县

▲ 观音山/白岩松 摄/2005年

的哈尼族腊米人聚居的一些村落，但两地来往较少。二是民间艺人荟萃。水龙村里的哈尼歌手和摩批较多，村里50岁以上的人几乎都是民间歌手，只是很多人名不外露；村里大大小小的摩批有10人，其中还有一人被云南省文化厅和云南省民委命名为“云南省非物质文化遗产传承人”。三是水龙的村寨规模适中，人口和户数不多也不算少，为村民统一认识提供了思想基础。再结合其所处的地理位置，此村子像一个“台灯”辐射了这一带的哈尼族寨子。要了解和研究元江羊街乡的哈尼族文化，水龙村是不可越过的寨子。

水龙村主要以烤烟和甘蔗为经济作物，附带茶叶、水稻、玉米、豆类等作物和家养牲畜，目前尚无专业的养殖种植户。水龙人所使用的语言（哈尼族语）属汉藏语系藏缅语族彝语支。水龙人自称Haqnq（哈尼），在民族内部他称“Loqbil（罗比）”兼“Lolmeil（罗美）”。“Loqbil（罗比）”、“Lolmeil（罗美）”是在民族内部根据地域方位的不同而区别称呼。以水龙村为参照物，水龙村东南方的哈尼族（主要指那诺乡和红河县一带的哈尼族）称水龙人为“Lolmeil（罗美）”，而西北方的哈尼族（主要指羊街乡党舵、戈底、坝木和因远镇一带的哈尼族）则称水龙人为“Loqbil（罗比）”。

## 二、水龙村哈尼族传统节日

水龙村哈尼族的传统节日主要有以下几个：

“豪奢奢”（Haolsheel sheeq）：布谷鸟节（黄饭节），农历三月属猪的日子过。“豪奢”（Haolsheel）指一种植物，染黄饭时用其花泡出的水来蒸糯米，和“奢”（sheeq）合意就是指“过染黄饭节”。

“劳木咋和和”（Lhaol’ml zaqheq heq）：“劳木”（lhaol’ml），坟墓；“咋和”（zaqheq），祭献。“劳木咋和”即清明节，四月四日或五日过，和汉族一样。

“窝搓搓”（Wo’coq coq）：栽插节，即开秧门。水龙村哈尼族有这个节日，但相较其他节日而言不是那么重要。

“苦扎扎”（Kulzaq zal）：六月年，农历五月第一个属羊日过，这一天人们要砍磨秋、打磨秋。

“策波巴”（Ceiqbo bal）：“策”（Ceiq），粮食，谷子；“波”（bo），树；“巴”（bal），拿来。“策波巴”即谷穗节，农历六月属龙或属狗日过，各村自己选，水龙村是属龙日过。

“策奢扎”（Ceiqsheel zal）：“策”（Ceiq），粮食；“奢”（sheel），新；“扎”（zal），吃。“策奢扎”即吃新米节，农历八月底属龙或属狗

▲ 节日的聚会/白岩松 摄/2008年



日过，一个村统一选一天，大家约好一起过，水龙村还是属龙日过。

“梅舍扎”（Meiqsheel zal）：即十月年，农历十月第一个属兔日开始有仪式。属牛、虎、兔、龙的日子等都可以过，以前村里的老祖先定下来什么时候过就什么时候过，不固定。“梅舍扎”是当地哈尼族一年中最为隆重的节日。

## 三、水龙村十月年的节庆过程

十月年的节日庆典过程是一个繁杂的过程，有仪式性很强的活动，比如“伙取查”（ 祭姑妈魂仪式），也有兼具娱乐性的内容，比如“伙扭批”（送粑粑）。这些活动中，有些按照时间顺序进行，有些则是不同空间交错进行，总之，是一个较为繁杂的过程。根据其事件（活动或者内容）发生的时间和发展顺序，节庆过程大致可分为八个部分，详细记录如下：

## (一)“伙学扎勒勒”(Hol xyul zhaqleiq Leiq，辞旧仪式)

“伙学扎勒勒”(Hol xyul zhaqleiq leiq)，哈尼语，“伙”(Hol)指“年、岁”，“学”(xyul)指“旧、旧的”，“扎勒”(zhaqleiq)指汤圆(大，无馅，原料用米粉和糯米粉混合而成)，“勒”(leiq)指“做”。合意就是指为告别旧的岁月而做汤圆。2010年11月13日，辰兔日，这天下午，我们刚进村，就看见家家户户忙碌的身影，他们吃过早饭就开始忙碌了，家庭主妇们三五成群地开始磨米粉、推糯米粉、做魔芋等活动准备过年。下午四时左右，开始做汤圆，然后举行“伙学扎勒勒”仪式。不过，如果家庭里有辰兔生辰的人的话，哈尼语叫“搓扭早”(Colnoq zol)，此仪式就要提前一天或次日早晨举行。

举行此仪式的过程是这样的：在堂屋的火塘边做好汤圆后，在一个篾桌[1]上摆放三对碗筷，每个碗里放有三个汤圆，另外加一个碗，倒少许酒，然后当家的人(一般是家里长辈，男性)抬着篾桌向堂屋的供台“舞昂”(Wul’hhanl)方向举三次，而后转向与“舞昂”相对的另一个供台“帮给”(Banglgel)，又举三次，再朝家门口举三次，最后回到堂屋，这个过程哈尼语称“咋和和”(Zaqheq heq)。“咋”(zaq)指吃的东西，“咋和”(Zaqheq)指专献给老人、长辈或祖先吃的东西，最后一个“和”(heq)指“祭祀、祭献”。合意相当于汉语的“献饭”仪式。这种仪式在哈尼族地区普遍盛行，几乎逢节必做。

“咋和和”时念的祷词如下：

Mal mee hol xyul baq chaq beiq

马 某 活 学 吧 查 备

不 好 年 旧 过 去 了

1．哈尼语叫“阿堂”(Hhaqtanl)。

旧的一年过去了

Mee e hol sheeq laoq keeq laq beiq

某 额 活 受 老 可 来 备

好 的 年 新 到 来 了

新的一年到来了

Zhalnaq sumq siil nei hol xyul laoq baq chal beiq

咱 那 苏 思 内 活 学 老 吧 查 备

高粱（汤圆）三 个 年 旧 过 去 了

用三个高粱汤圆辞旧

Zhalpul sumq siil nei hol sheeq laoq ceiq laq beiq

咱 普 苏 思 内 活 受 老 才 来 备

白米（汤圆）三 个 年 新 到 来 了

用三个白米汤圆迎新

Zaoqtal sumq peiq coq diq bil loq laq

早 塔 苏 陪 草 地 比 咯 来

世上 三 代 人 也 让 齐全

让我们人丁兴旺

Zaoqwol sumq peiq zeil diq bil loq laq

早 喔 苏 陪 栽 地 比 咯 来

楼 下 三 类 牲口 也 让 齐备

六牲齐备

Deil'hhal kaq diq bil loq laq ……

带 昂 卡 地 比 咯 来

田 地 庄稼 也 让 丰足

五谷丰登

▲ 院子与房屋/白岩松 摄/2005年

其大意是，旧的一年过去的时候，把一切不好的东西通通带走，用三个高粱汤圆告别旧年，用三个糯米汤圆来迎接新的一年，祈求来年人丁兴旺，六畜齐备，五谷丰登。

之后，从三个放有汤圆的碗里各取一点汤圆放到酒碗里，将取下的汤圆抛出大门外，然后先取一碗给家里的老者先享用，享用时老者也会先念诵一些祷词，与前面念词大意相同，最后全家共享汤圆。



## （二）“伙奢扎勒勒”（Holsheeq zhaqleiq leiq，迎新仪式）

“伙奢”(Holsheeq) 中的“奢”（sheeq）指新、新的。11月14日，属龙日早晨，天还没亮家里就开始热闹起来了，蒸糯米，准备舂粑粑、做汤圆，举行“伙奢扎勒勒”仪式。此仪式过程和内容与辞旧仪式“伙学扎勒勒”相同，此处不再赘述，只是所代表的意义不同：“伙学扎勒勒”表示辞旧，“伙奢扎勒勒”表示迎新。

## （三）“伙取查”（Holqyuq chal，祭姑妈魂仪式）

“伙取”（holqyuq）中的“伙”（hol）指的是“阿伙”（alhoq），即姑妈或者嫁出去的女儿；“取”（qyuq）指“贫穷、困苦”，“查”（chal）是“煮”的意思。合意就是为贫穷、地位卑微的或者客死在外的姑妈（魂）进行祭祀的活动。这是在杀年猪前必须做的一种仪式。关于此仪式，有个传说：相传很久以前，有个姑妈为了保护其侄子的性命而奔波流浪在外，后来客死在异地，变成游魂，回不到祖宗魂处（《阿波仰资》的故事里叙及过）。现在哈尼族社会里有句俗话叫："Milssaq ngalceil keq laq baoq zalduq shalpoq mal ngel， shiiqdul shalpoq sheeq（伢迷阿才可拉包扎都沙坡马俄，史都沙坡首）。"这是一句告诫女人的话，意思是说，女人到了五十岁，无论年轻时如何风流或者漂泊不定，这时都不是选择对方家庭的贫富好坏而入嫁的时候，而是该寻找一个安息之地的时候了。所以，出嫁的姑娘绝不能客死在娘家，这是最忌讳的事情。因此哈尼族祭祖仪式前要先给这个客死在野外的姑妈魂献祭，扫净先祖回来的路。"伙取查"（Holqyuq chal）仪式的具体做法如下：

▲ 男主人献祭/白岩松 摄/2005年

1. **举行仪式的地点**

可在侧房或堂屋外，也可在院坝内，用临时搭的支架或用三个土基支立来做饭。

2. **仪式需用的祭品**

鸭蛋1个，三个分别装有少许米饭的碗，三双筷子，一个小篾桌。

3. **仪式过程**

把鸭蛋破壳倒入锅里，然后倒入米饭一起煮，煮熟后分别装到三个碗里，然后口念祷词，抛少许的鸭蛋和米粒在篾桌上，祭祀那些不能回到堂屋内享用的野鬼野魂，剩下的食物抬回家，一般由家主和小孩食用。

▲ “伙取查”仪式/白岩松 摄/2010年

### 4. 仪式的目的和意义

为“兰尼阿伙”(lanl’nl ahoq)备食，她因迷失野外找不到回家之路而变成野魂。“兰尼”(lanl’nl)指“房子外边”；“阿伙”(ahoq)指“姑妈”。哈尼族有个传统禁忌：就是嫁出去的女儿绝对不能死在娘家，若死在娘家了，其魂回不到祖宗那里去，她的魂只能逗留在房屋外边。所以现在哈尼族过“十月年”或者“苦扎扎节”时，在把祖先的魂请回到屋里之前，要先举行“伙取查”仪式，给这个客死在娘家的“孤魂”先吃，以清洁祖宗们回家的路。

## (四)“舞昂阿哈塞”(Wul’hhanl aqhaq seil，祭舞昂)

“舞昂”(wu’lhhal)指“供台”，“阿哈”(aqhaq)指“鸡”，“塞”(seil)指“杀、宰”，意即宰杀一只鸡来祭献给“舞昂”神。一般哈尼族认为“舞昂”神为阳(公)，与之相对的“帮给”神，属阴性(为母)，所以“舞昂”上献的粑粑为父系亲戚家送来的粑粑，“帮给”上献的是母系亲戚家的，但也没有那么清晰的界限。从关系的亲疏程度来区分的话，送来的粑粑摆上“舞昂”的亲戚关系更亲近。“舞昂阿哈塞”的具体做法如下：

在堂屋火塘边，摆放一个竹篾，上面放着三个碗，分别装有少许米粒。然后选好一只公鸡，准备宰杀。杀鸡前用瓢舀少许冷水抛洒在鸡身上，拔几撮鸡毛和米粒在篾桌上，然后宰杀（放血），鸡死后，又拔几撮鸡毛和米粒放在篾桌上，最后把鸡清理干净，整只煮熟。煮熟后，把整只鸡夹入一个大碗中放在竹篾上，另加三套盛好饭的碗筷、一碗茶和一碗酒，进行献祖仪式。献完后，把少量的鸡肉与鸡汤、米饭和酒合在一个碗里，将其抛洒出大门外，这个过程哈尼语叫“户哈哈”（Hhumhal haq），意思是把食物先给那些不干不净的野魂食用，以使先祖们有个安静的食用环境。之后要进行一项叫作“咋和其”（zaqhel qil）的敬老仪式，为长辈尽孝。“咋和其”意为“献给长辈”（特指在世的长辈），一般是把几块鸡肝、嫩肉等放在一个小碗里并盛少许鸡汤向长辈家逐个登门敬献，长辈在享用敬献时要祝祷代谢。同一家族或者相邻的晚辈都需向长辈敬献，这是哈尼族地区衡量一个家庭或者一个人是否有孝心的标准之一。例如笔者白岩松家是此村辈分最大的户主，此家族共有12户人家，其他11户人家都一一到白岩松家敬献食物。做完“咋和其”仪式后，各家要把鸡的内脏切好放在一个碗里，先敬献给家里或者家族中的长辈，长辈边祝祷，边象征性地吃一口肉，喝一口汤，此仪式又称“咋和和”（zaqheq heq）。最后全家人共享美食。

▲ “咋和和”仪式/白岩松 摄/2010年

其仪式（内容）的目的和意义：此鸡的宰杀主要是为祭献祖宗，不过虽然名义上是献祖，但实质上是专备给出嫁的女儿回娘家（送粑粑）时享用，以示女儿不管远嫁何方，家里的祖宗都会时刻庇佑着她。如果女儿因事不能回来，也要把鸡腿专门送到她家或者等到她回来时再宰杀食用。

### （五）“代卡哦阿塞”（Deiqkal oq’aq seil，祭祀野魂孤魂）

“代卡”（Deiqkal）指“院子、房子外边”；“哦阿”（oq’aq）指“鸭子”；“塞”（seil）指“杀、宰”。合意即宰杀鸭子来祭献的仪式或活动，其做法：

在侧房或院坝内（实际上与“伙取查”地点相同），也是摆放一竹篾桌，上面放有三个碗，并分别装有少许米粒，准备一只鸭子，如无鸭，也可用鸡代替。其过程与前面祭舞昂仪式相似，杀鸭前用瓢舀少许冷水抛洒在鸭身上，拔几撮鸭毛和米粒在篾桌上，然后宰杀（放血），再拔几撮鸭毛和米粒放在篾桌上，最后把它清理干净，整只煮熟。煮熟后，把整只鸭夹入一个大碗放在篾桌上，另加三套盛好饭的碗筷，一碗茶和一碗酒，进行献祖仪式。献完后，把少量的鸭肉与汤、米饭和酒合在一个碗里，将这些食物抛洒出大门外，之后，把鸭的内脏切好放在一个碗里，先给家里的长辈祝祷，长辈象征性地吃一口肉，喝一口汤，最后全家人共享美食。

▼ “代卡哦阿塞”/白岩松 摄/2010年

此仪式中有两点禁忌值得注意：①食用时要在正堂屋或者侧屋，绝不能带到火塘屋里吃，也不能和祭舞昂的鸡肉混着吃，即使摆在同

桌也是分别用不同的蘸水；②不能同餐吃两家的鸭肉（Deiqkal oq' aq），意思是，你在自己吃鸭肉，就不能再到第二家去吃了，认为这样会不吉利。

此仪式（活动）的目的和意义："代卡哦阿塞"（Deiqkal oq' aq seil）仪式是为祭献那些客死在野外的孤魂野魂（指的是所有非正常死亡者的魂，包括一切没有在堂屋里病死和老死的魂及夭折之魂），这些魂都不能回到祖宗魂，也就不能在堂屋里和祖宗一起（专设在"舞昂"和"帮给"）享用"祭献"。所以祭献仪式只能设在堂屋外，拦住其入屋，以扫净祖宗魂的归来之路和净化堂屋。

## （六）"美阿塞"（Meilhhal seil，杀年猪）

"美阿"（Meiqhhal）指"年猪"，"塞"（seil）指"杀、宰"。这是过年时最大的活动或者仪式了。整个节日就是用这个年猪来祭献先祖，招待宾客，有余部分留着来年享用。

吃过早饭后，村里开始三五家结成一伙撵猪，抓猪，杀猪。在猪的嘶叫声和鞭炮声中节日的气氛渐渐推向高潮。亲朋好友也开始陆续登门拜年，其场面好不热闹。宰杀年猪时还有一些仪式要做：

▼ 处理年猪/白斗郎 摄/2010年

### 1. 杀年猪前的仪式

三五个人把猪逮稳后，主妇用瓢舀冷水泼洒在猪身上（从猪头到猪脚），然后左手抬一碗盛好米粒并放有一个鸡蛋的碗，右手拿一枝栗树叶，从猪头到猪尾顺着比画一下，再洒几粒米在猪身上，之后，掐几根猪毛与碗和栗树叶一同放回供台（“舞昂”和“帮给”）。

### 2. 杀年猪过程

做完以上仪式后，宰猪手（一般由年长的男性担任）拿起刀子霍霍向猪刺去，随着猪的嘶叫声，旁边小孩赶紧点燃备好的鞭炮，大人小孩都在鞭炮声声中展露出乐融融的笑意。猪杀死后，先从杀刀口灌一些冷水进去，然后用大汤圆堵住以免余血外流。之后就是自家人热热闹闹地拔猪毛、剖猪肚、理肠子，直到清理完毕，然后准备丰盛的晚餐。

清理年猪过程中有几点必须做：①砍下的猪头要献到供台（舞昂）上；②剖开猪肚后先把猪肝取出放在盘子上，然后要专门请人来看猪肝卦（一般由摩批看），猪肝可以显示此家庭来年的财富、凶吉等情况，之后，要割少许猪肝给看猪肝卦的人；③要献给杀猪人一个猪腰子和少许肉（里肉一块）。



### 3. 享食年猪肉

等把猪清理好后，要及时选一些五花肉、肥肠和猪肝下锅煮，煮熟后，要先敬献祖宗，即“咋和和”；然后敬献长辈，即“咋和其”；之后就可以与亲朋好友尽情吃喝享乐。不管饱饿，不分你我，进门便是客，来客就得吃喝，通宵达旦，十分热闹。在之后的几天里，桌上摆满了美味佳肴，迎接四方来的贵客和朋友，谁家客人多，谁家的面子就大。客人走了一拨又来一拨，桌上的菜吃了一碗又添一碗，主人

▼ 各种祭品/白岩松 摄/2010年

家不觉疲倦充满喜乐地款待客人。所以有些人家在短短的三五天时间里就把三百余斤的年猪肉一扫而光。还有，过年期间，主人家会象征性地割一块年猪肉和取若干块糯米粑粑赠给前来做客的每一位亲朋好友，表示欢迎和祝福。随着生活条件的改善，现在有些人家过年时干脆宰杀两头过年猪。当然，过年宰杀的猪肉（简称年猪肉）在哈尼族心目中有特别的意义，来年所有祭祖仪式都需用这个年猪肉，比如四月清明、乔迁新居、迎亲嫁娶等。有远方贵客入席时，若能够端上一碗年猪肉，那将会使主人家脸上大增光彩。

## （七）“伙扭批”（Holnoq piq，送粑粑）

“伙扭”（Holnoq）指“糯米粑粑”，“批”（piq）指“送、背”。粑粑已成为哈尼族每逢过节时的必需品，无论是祭献老祖宗，还是招待宾朋，都不可或缺。

### 1. 粑粑的制作

制作粑粑的原料主要是糯米。做粑粑前，先要把糯米煮熟，然后将煮熟的糯米饭放入一个木槽，一人或两人（一般为男性）站着用木棒舂木槽里的糯米饭，一人（一般为女性）蹲着配合翻糯米饭，边翻边往手上蘸香油，以免粘手。这样边舂边翻，直到将糯米饭舂成一整团粑粑，而后再将这整团粑粑分别捏成圆形的小粑粑。刚出炉的粑粑很香，可以尽情享用，饱食一餐。

制作粑粑还很有讲究，根据亲戚的亲疏程度不同，粑粑的最后捏制也不同。一般的粑粑比成年人巴掌稍大点，呈不规则的圆形，厚1—2厘米不等，用芭蕉叶裹住；但送娘舅家（或者至亲上辈）的粑粑需附一个小粑粑在上面，表示关系非同一般。有些还有附上两个小粑粑的，这是重孙辈（已经成家）给祖爷辈送的粑粑。

### 2．送粑粑的时间、对象及礼节

▲ 送粑粑/白岩松 摄/2008年

送粑粑的具体时间：从属龙日早上到第二天（属蛇日）的晚饭前，这段时间内完成送粑粑活动。

送粑粑这一活动中的收受关系非常明晰，一般地，娘舅家的所有家族以及长辈家庭都要送粑粑。哈尼族的娘舅关系有些复杂，这里所说的都是直系亲属为例。长辈指的是亲戚关系中的长辈和在平时生活中结盟关系（如结拜弟兄或姐妹、认干爹或干娘等）的长辈。

▲ “帮给”仪式/白岩松 摄/2010年

在给亲人送粑粑之前，要先把舂好的粑粑分别放三个在“舞昂”和“帮给”上，然后最先要送到娘舅家，而后方可送其他亲戚和朋友家。如果娘舅家较远而不能及时送的话，可以第二天（属蛇日）再送。如若是今年刚出嫁的人回娘家送粑粑，娘家以及娘家至亲兄弟都要赠其一只鸡[1]或者是过年猪的一只猪腿，以示关心和祝福。此外，接到一个粑粑时同时要回赠给对方一个

1．哈尼语叫“哈车”（haqcheel）。

▲ 奏乐起舞/倪伟顺 摄/2009年



鸡蛋或一些糖果，所以送粑粑备受小孩们的青睐。十月年期间，哈尼族村子从属龙日天亮至第二天属蛇日的中午都在你来我往的祥和气氛中送粑粑，这是走亲串门的好时机，也是年轻男女寻亲觅友的好时机。

这一天，在羊街乡尼戈寨会举行每年一度的哈尼族“棕扇舞”庆典活动（羊街乡的棕扇舞已申报为国家级非物质文化遗产项目），方圆几十里十村八寨的人们会聚此地，在古朴的锣鼓声中，人们唱起古老的歌谣，跳着欢快的棕扇舞，尽情地沉浸在节日的氛围里。

哈尼族送粑粑不但在过十月年时送，在其他重大节日里也要送，如“豪奢奢”(Haolsheel sheeq)、“苦扎扎”(Kulzaqzal)。其内容程序都类同。

### 3. 送粑粑的目的和意义

送粑粑最主要的意义是确认亲缘关系。如果连续三年没有相互送粑粑，说明亲戚关系已破裂。此外，哈尼人之间如果发生矛盾冲突时，以绝送和绝收粑粑来表示。

## （八）“阿舞普”（Hhalwuq pul，献猪头）

“阿舞”（Hhalwuq）指“猪头”；“普”（pul）指“煮”。合意指用猪头祭献祖宗的仪式（或活动）。到了过年的第三天（即属马日），把过年猪的猪头洗净后整个煮熟，之后举行“咋和和”仪式（其过程与前面相同）。哈尼族把这一天惯称为“阿舞普”（直译即“祭猪头”）。然后，全家人或亲朋好友一起共享美食。

吃过早饭后，把“舞昂”和“帮给”上的所有祭物统统卸下，把芭蕉叶等物品丢弃到村外，一般在“昂玛”处。

▼ 祭台和祭品/白岩松 摄/2010年

▼ 节日家宴/白岩松 摄/2010年

至此，哈尼族十月年作为庆祝丰收和辞旧迎新的仪式已经结束，但亲朋好友相聚娱乐的时光才刚开始，节日的氛围仍要持续十天半月才慢慢消退。这期间，当地哈尼族百姓总会唱起“拉巴”（lhaqbal）。“拉巴”，民间通常释为“山歌”“曲子”，或“调子”，被广泛地应用于哈尼族的民俗生活场合。由于历史上没有形成过自己的民族文字，哈尼族丰富多彩的文学艺术形式大都以口头传承的方式保存下来，许多重要的民俗文化、民间智慧和地方知识都承

载于各种口头传统中。“拉巴”就是其中最为重要的一种口头艺术形式。水龙村的“拉巴”涵盖了当地所有的歌唱传统，而其中的“伙好拉伙好”（Hoqhaoqlahaoq）则是专门在过年过节时唱的。“伙好拉伙好”主要唱述天地万物怎么产生，各种年节的来历是什么，人们要在什么时节做什么事，怎么进行生产劳作等内容。它在什么节日里都可以唱，六月年、十月年、清明节等都可以。不过有一点，“伙好拉伙好”的内容十分多，把一年到头的节日都串在一起了，但一般是到什么节就先唱什么节那部分，然后再接着往下唱。整个“伙好拉伙好”的内容都可以循环，不计较开头结尾。因为唱完所有内容需要很长时间，所以人们通常都只选取与当时节日相关的内容来演唱。而且，现在能演唱所有内容的人已经很少了，大多人都只能唱点片段。比如“豪奢奢”时，一般一来就唱到万物已经产生了，然后到了布谷鸟节，从燕子唱起，接着是人们怎么种地怎么收获，到了十月年则唱怎么过年等内容。在演唱形式上，一般两人对唱的、比赛式的情况比较多。如果一个人单独唱的话就直接把内容唱完了就行，但这样听起来就有些干瘪。

▲ 老年男子头饰/白岩松 摄/2005年

课题调查组本想属蛇日离开调查点，可是村里的乡亲们一再劝阻挽留，还用哈尼古理向我们讲明，说是哈尼族属龙蛇日不宜出门：

Alnan hhoq laoq taq doq

啊 南 哦 老 踏 朵

属龙日 出门 别 出

属龙日不宜出门

alsheil eq laoq tal guq

啊 晒 饿 老 踏 古

属蛇日 河 别 过

属蛇日不宜过河

哈尼族人出远门选择吉日时常常用这句话作指导标杆，属龙、蛇日绝不出远门。因此课题组等到第二天（属马日）上午吃过饭后才离开调查点，在家人和亲人的祝福声中开始了新一年的生活和工作。送别时大家也送上了传统的哈尼祝福语——

Yaqnee nee mee alzhaq manl deiq qiq nee

牙 呢 呢 某 啊扎 芒 呆 其 呢

今天 日子 好 的 属马 一天

Naoq haqba li e diq

闹 哈吧 里 饿地

你 哪里 去的也

Nee laoq zhalsal kaq biq

呢 老 照 沙 卡 比

白天 舒服 给

Qil laoq ssulsal doq biq

其 老 入沙 朵 比

黑夜 睡 好 让

Shiiqyiq Lhaqshaq baq liq e diq noq e milhhuml yaq

市 义 拉 沙 吧 里 饿地 牛 饿 米 亩 牙

城市 元江 到 去 的 也 你 的 份额 有

Nanlmanl Yiqceiq baq liq e diq noq e zalduq yaq

南芒 义才 吧 里饿 地 牛俄扎都 呀

大城市 玉溪昆明 去 也 你的 饭碗 有

Lalseq wulduq baq puqshal noq

拉瑟 屋都 吧 普沙 牛

手指 上面 也 金银 沾

Lalnyul wulduq baq pulsheel leeq

拉 女 屋都 吧 普 首 楼

手指 上面 也 金银 缠

Neema haq nyul meiq zheilshal laq ……

呢麻 哈 女 梅 怎沙 拉

心 怎么 想 都 生意 来

其大意为：

今天是个属马的好日子

不管你去哪儿

白天过得好

夜晚睡得香

去到元江县城也有你立足之地

去到玉溪昆明（大城市）也有你的饭碗

勤劳致富

天道酬勤

心想事成……

# 云南省墨江县龙坝乡埔且村哈尼族十月年调查报告

赵德文　朱茂云

墨江县龙坝乡竜宾村埔且哈尼族十月年田野调查点负责人为云南省社会科学院墨江县哈尼文化研究所所长赵德文，成员为云南省社会科学院墨江县哈尼文化研究所研究实习员朱茂云；调查时间是2010年11月23—24日；调查进入方式为熟人介绍；采用调查方法为材料搜集、参与观察、个别访谈等方式。本次调查路线里程：墨江县城—龙坝乡—埔且寨子。



## 一、基本概况

云南省普洱市是哈尼族聚居的地区之一，哈尼族人口有46万余人，占哈尼族人口总数的30%。普洱市墨江县是全国唯一只以哈尼族为自治民族的自治县，位于云南省南部，地处东经101°08′－102°04′，北纬22°51′－23°59′，北回归线穿越县城而过，被誉为"太阳转身的地方"。 县境内居住着哈尼、汉、彝、傣、拉祜、布朗、瑶、回、普米、白、壮等14个民族，其中以哈尼族人口最多，因此也被称为"哈尼之乡"。据2010年全国第六次人口普查统计显示，全县哈尼族人口22.2万多人，占全县总人口数的61.63%。县境内生活的哈尼族有白宏、豪尼、碧约、卡多、西摩洛、切弟、腊米、阿木、卡别等自称和他称。全县2个镇13个乡均有哈尼族分布。

墨江县的2个镇13个乡均有哈尼族分布，但哈尼族传统十月年"米索扎"或"禾蛇扎"只在那哈、龙坝、坝溜等乡的白宏、腊米中保留至今。每年农历十月的第一个属龙日为节日的开始，节期一般为六天。过年时，各家都要舂粑粑、做汤圆、杀猪、宰鸡宰鸭，宴请邻近各民族亲朋好友来做客。节日期间还要荡秋千，秋千都立在寨边宽敞的草坪上，由德高望重的寨子里的老摩批主持荡秋千仪式。在铓锣、大鼓、鞭炮声中，摩批口念辞旧迎新的祈祷词，用双手把秋千送出三次，荡秋千即开始了。“米索扎”节日期间，亲朋好友互相邀请喝酒吃肉，一顿饭有时从早吃到晚。男女成年人围坐在桌席边“哈叭卡”，内容大多是“阿扎阿朵”（得吃得穿）等吉利、祥和的祝福词；伢迷伢约们则在寨子空场上欢快玩耍、嬉闹。“米索扎”节过完，客人临走之时，主人要割一块猪肉，拿上三块糯米粑粑，用棕榈叶穿成串送给客人带回家，表示对客人的尊重。

▲ 敲铓击鼓/朱茂云 摄/2009年

十月年在哈尼族传统习俗节日里为大年。按哈尼族的历法，十月是年末岁首。墨江哈尼族对十月年的称呼有“米索扎”（Meeqseeq Zaq）、“胡息扎”（Huqsiq Zaq）、“扎勒特”（Za’leil Teiq）等。2010年11月23日，我们在墨江县龙坝乡竜宾村埔且寨子赶上了哈尼族白宏人的十月年，并对此年节文化进行了深入调查。在埔且寨子我们对摩批周批波和能说会道的白宏老人李者黑进行了访谈，并对哈尼族白宏人欢度十月年进行了认真的文化考察记录。

埔且村行政隶属墨江县龙坝乡竜宾村委会，系哈尼族白宏语地名，意为旧寨。地处墨江县与红河县交界处，为墨江县龙坝乡竜宾村的一个自然

▲ 盛装的人们／朱茂云 摄／2009年



村。埔且寨子背靠大山，坐北朝南，寨子背后森林茂密，寨子建在缓坡朝阳半山，黄褐色的土掌房一间挨着一间，（现在因为民居改造和新农村建设的不断推进，好多房子被改造成瓦房，墙体也被刷白。）寨脚梯田层层，山脚一条自北向南的河流穿梭流淌。整个寨子环境幽雅、气候宜人，为“日出而作，日落而息”的哈尼族白宏人提供了丰富的物质资源，并由此而在白宏人的艰辛劳动实践中创造了丰富多彩的精神财富，构建了人与自然和谐共处的环境，传统的哈尼族白宏人十月年在这里代代相传，几百年来传承至今，时至今日，传统的哈尼族十月年仍然那样隆重、热闹和欢快。

埔且寨人口有64户278人，人均收入为926元，经济来源有种植茶叶、家庭养殖等，水田有70亩。埔且寨子定寨历史300多年，主要姓氏有周、李、白等，已在埔且定居发展12代多；周姓的迁徙路线为：红河大北自—路细—铺且；李姓的迁徙路线为：贵州—红河彭尼—龙坝南大—路细—铺

▲ 白宏妇女盛装迎宾/赵德文 摄/2010年



且；白姓的迁徙路线为：元江—自攸跌和—埔且。埔且寨子传统节日有：十月年——农历十月头轮属龙日；"普玛突"（祭竜）——十月年后第一个属虎日；"苦扎扎"（六月二十四）——农历六月二十四、二十五日。

## 二、米索扎源流

哈尼族习惯农历法，每月以"子丑寅卯、辰巳午未、申酉戌亥"十二属相轮计。大多数地方的传统历法将全年分为三季，即冷季、暖季、热季，每季为四个月。冷季称"尝塔"，也称"从戛"，为云雾弥漫、天寒地冻之意，约从农历九月中旬至来年正月中旬，即十月（猪月）、冬月（鼠月）、腊月（牛月）、正月（虎月）为冷季；暖季称"多翁"，也称“翁都”，为百花争妍、万物复苏之意，约从农历正月中旬至五月中旬，即二月（兔月）、三月（龙月）、四月（蛇月）、五月（马月）为暖季；热季称“惹安”，也称“月翁”，为天气湿热、雨水连绵，青黄不接之意，约从农历五月中旬至九月中旬，即六月（羊月）、七月（猴月）、八月（鸡月）、九月（狗月）为热季。每月30天，年终加五天，闰年加六天，十月年就成为哈尼族的新年。

据埔且寨子摩批周批波讲述，哈尼族白宏人认为一年分四季，四季历法是天神萨玛兴下的规矩。传说，天神萨玛变成白发老人坐在万年青树下的石头上歇凉，对过路的白宏小姑娘说：“这是棵万年青树，这树有十二个枝杈，意思是说一年有十二个月；这枝杈上有三百六十四叶子，意思是说一年有三百六十天；这树杈上只开三朵花，意思是说一年分冷暖热三季；这树果里有三十颗籽，意思是说一月只有三十天；这树下有十二条根，意思是说一轮有子丑寅卯、辰巳午未、申酉戌亥十二个属相。”从此，白宏人懂得了年季月轮日的推算，有了自己的历法，而万年青树成了白宏人喜爱种植的神树，也就有了很多哈尼族村寨旁万年青树为人们遮阴蔽凉的景色。

周批波讲述的这个故事，是从他父亲和他的摩批师父那里听到的。摩批周批波现年56岁，是埔且白宏人居住那一带地方有影响的大摩批，每年要为村寨里或附近村寨白宏人家进行数十次驱鬼、求福、打扫居家的民俗祭祀。

关于哈尼十月年，埔且寨子的白宏老人李者黑在自家的堂屋桌席上喝着香辣的苞谷酒，给我们唱的“哈巴”古歌中这样叙述道：

我们做黑团子和白团子，
黑团子送旧岁，
白团子迎新年。
威最神在天边，

斯批神在云端；
春米面的声音叫醒威最神和斯批神；
老公鸡叫时威最斯批还在睡觉，
半大公鸡叫时醒来了。
早上要去背新水，
威最斯批要喝干净水。
过年的猪已长得又肥又壮，
干干净净的水背到家了，
威最斯批家家都可以进去了，
没有一户人家请不到神了，
我们可以杀猪了。

我们立好的秋千，
架好的磨秋，
把威最斯批请下来。
神从寨门进来，
家家户户都进去了，
不管是寡妇家还是寡汉家，
也不管是富人家还是穷人家神都进去了。
公猪肥了，
母猪大了，
糯谷收回来了，
连寨子里最后栽的过水田也打回谷子了，
家家户户的粮食都已经全部归仓了，
家家户户的粮食都堆满仓了。

威最斯批给家家户户许了诺言，
让家家户户丰衣足食。
威最的马拴在门前，
斯批的马跑进株栗林，
小兵小将们满山去找马。
献给威最斯批的粑粑多得背不动了，
威最斯批要从秋千、磨秋上回去了，
他们回去之前，
会在家家户户的粮仓留下话，
让粮仓年年满满的。
……

哈尼族十月年因各地方言发音略有差异，所以有称“米索扎”的或是“禾蛇扎”的。一般从农历十月的第一个属龙日开始，至属猴日结束（如遇闰月，有的村寨闰月不闰节，不到十月即过十月年），历时五六天（现在多数村寨改为三天）。此时正值农闲，因此十月年是历时时间最长、活动内容最丰富的盛大节日。哈尼族民间流传有“哈尼大年十月，汉族大年正月”的谚语。

## 三、十月年时岁祭祀与民俗

在埔且寨子调查哈尼族十月年节文化时，我们住在摩批周批波家，他给我详细讲述了哈尼族白宏人欢度十月年的时岁祭祀和民俗活动的相关内容，现将访谈内容进行文化记述如下：

## （一）兔日：节日前夕

摩批周批波讲述说："米索扎"节日到来前一天，要发动全寨集体打扫卫生，家家户户要把屋里屋外的卫生打扫得干干净净，把家具、衣服洗得干干净净，把餐饮用具洗刷干净，这样才好高高兴兴过年，舒舒心心喝酒、吃肉。

## （二）龙日：大年来到

### 1. 背"新水"（哈尼语：厄舍活度）

属龙日拂晓新年的第一件事就是背"新水"，背"新水"其意在于：用最干净的水来敬"威最斯批神"，用最干净的水来做团子，一年到头才干干净净不会生病。

▼ 山寨的土掌房/朱茂云 摄/2009年

▲ 哈尼男子服装/赵德文 摄/2010年

关于背“新水”还有一个动人的传说，摩批周批波在桌席上喝着自家蒸制的小锅酒，给我们讲了这个故事：

相传，很久很久的时候，在哈尼族居住的一个村子里，住着一对勤劳善良的哈尼族夫妇。离村子不远的地方，流淌着一股清清的溪水，夫妇俩就在溪水边开荒种地，起早摸黑，辛勤地耕耘着。虽然这个村子很贫穷落后，人们生活很苦，日子过得很清贫，但夫妇俩经常面带笑容，他们不相信日子一直会这样苦下去，认为只要辛勤劳动，付出汗水，生活就会一天天好过起来。因此，他们不管刮风下雨，总是辛勤地劳作着。口渴了，就到溪边喝上几口水；当火辣辣的太阳晒得他们汗流浃背时，就到溪水里洗个澡。就这样，到秋收时，夫妇俩终于收回了大背大背的粮食。

第二年春天，夫妇俩生了一个活泼可爱的小男孩。夫妇俩高兴至极，每天劳动回来，都要抱着小孩，对小孩说：“小宝宝，快长大，长大当个男子汉。”但是，到了这年播种的时候，老天突然干旱起来，接连好几个月都没有下雨。因为干旱，种下去的种子发不了芽。看着这样的情景，夫妇俩脸上的笑容不见了。他们想：如果继续这样下去，往后的日子怎么过下去？孩子怎么养大成人呢？在愁闷中，夫妇俩想起了那股溪水。于是，他们每天都不辞辛劳地挑溪水浇苗。这样到了秋收时，村子里很多人家的庄稼都颗粒无收，只有夫妇俩种的庄稼因浇了溪水而收获了一点点。

转眼间，十月年到了，可夫妇俩一粒粮食也没有了。到了十月年这天早晨，夫妇俩起床后，妻子愁眉苦脸地到灶前烧火，丈夫没精打采地到溪边去挑水。他把清清的水挑回来，倒进锅里，准备煮开水喝，烧了好一阵，听见锅涨水的响声，可夫妇俩听那声音不像平日，急忙揭开锅盖一看，惊呆了，只见锅里那正在沸腾滚动着的水，突然变成了白晃晃的银子。夫妇俩高兴极了，脸上又开始有了笑容。他们过了一个快乐的十月年，他们的生活也一天天富裕起来。不久，新水变银子的故事，很快传遍整个哈尼山寨，背新水的习俗也一代代传了下来。

在墨江县龙坝乡埔且寨子，起得最早的是姑娘和媳妇们，鸡叫头遍，姑娘、媳妇背着竹筒、点着香火到寨边的井边背“新水”。取“新水”时，姑娘、媳妇们端出一碗米对着水源做祈福仪式，祈求神灵保佑全年粮食丰收，全家人平安无事，家禽家畜兴旺发展，然后插香、烧纸钱、丢钱币入井中，最后小心地把“新水”背回家。

“新水”背回家后，用一个竹筒装些稻草、谷物、食盐等祭物放在门外，然后用“新水”和米面做的团子献祭灶台、劳动工具、禽畜和家神。做成六个柿子大的团子(汤圆)，其中三个用黑芝麻滚成黑色，先敬摩咪，后敬祖宗，然后抛出门外，以示除旧迎新。献祭毕，开始吃团子，算是新的一年的第一顿早饭，表示一家人团团圆圆，万事圆满。

**2．荡秋千（哈尼语：活舍扎北北）**

荡秋千，哈尼族白宏人称“阿厄”“活舍扎北北”。“米索扎”节龙日第一天午饭后，摩批先完成请“威最斯批”的仪式。据埔且寨子的李者黑老人讲：“威最斯批”每年要回天上议事，根据人们对诸神的虔诚情况降给人们

▲ 祭秋千/赵德文 摄/2010年

▲ 荡秋千/赵德文 摄/2010年

祸福。“威最斯批”上天时要借助秋千，下凡时也要通过秋千才能到人间，所以每逢过十月年，白宏人都要架起秋千迎送“威最斯批”，让神仙给白宏人多降些福。荡秋千活动由摩批周批波主持，他在立好的秋千旁边摆好篾桌，祭桌上摆茶、酒、饭、菜各一碗，粑粑三块，黑、白团子各三个，竹筷三双。秋千正中披挂红彩，全寨人聚集在秋千周围。摩批站在秋千的方坐板旁边，手抬起糯米团子，念一番“黑那施米黑衣巴”等祷词后，将黑团子抛在后面的草地上，表示辞旧迎新之意，然后，又念一番“里普书诗喝色十拉”等祷词，意为盼望美好的新年来临，迎请“阿匹摩咪”来参与过节。顿时，炮仗噼啪齐鸣，铓锣大鼓敲得震天动地。摩批周批波双手把秋千往上送三送，表示白宏人的秋千已经架好了，哈尼山寨正在恭候“威最斯批”大驾光临，欢乐的荡秋千活动便开始了。

荡秋千活动，可分为男女单荡、双荡，男女混合荡，谁荡得高，荡得快，就会得到观众的赞扬喝彩。荡秋千活动的第三天下午，由摩批周批波仍在荡秋千祭祀原地送天神“威最斯批”，然后把秋千放倒，荡秋千活动结束。不过，如今埔且寨子的秋千要在节后继续荡十天半月。

3. 杀年猪（哈尼语：活舍阿伢歇）

埔且寨子的白宏人家家都在天麻麻亮的时候就做好了早饭，早饭后（实际上还是清早），全寨人开始杀年猪（活舍阿伢歇）。杀猪前，要用米、茶、酒献给肥猪，并说些“杀猪过年不是我家的主张，是前辈人兴下的规矩，怪不得我们，你早死早托生，不能给我们背过失”之类的话。杀猪时，要由儿孙满堂、四代同堂的人家先杀，其他人家方可杀。杀时，要由这一宗族的长老帮助。埔且寨子周批波家是摩批，所以全寨由他家最先杀猪。杀年猪的过程也伴随着哈尼人一种微妙的心理过程：杀猪前要献祭，求得杀生后的心理平衡；杀猪后还要抓些米、茶、酒抛洒在猪身上，叫它回因远坝（今元江县因远镇一带）去。猪剖腹后，要先取出猪肝来看卦，如肝叶厚实、胆囊饱满，意味着全年粮食丰收，肝梁上没有断印，那就意味着全家人将平安无事。如肝梁出现断裂印痕，那是不吉利的象征。两叶肝的相连较多，认为将有财，相连较少或者肝叶开裂，认为将要破财。如有不好的卦，就要在献祭时多多地祈求神灵保佑。

4. 接“摩咪”（哈尼语：母哦阿布）

年猪清理完毕，人们穿着崭新的节日盛装，迎接“摩咪”（天神）。传说“摩咪”是骑马下凡人间，于是哈尼人采来株栗叶、青草，再缝制一小花布包，装进稻、荞等五谷，高挂在大门右侧的墙壁上，作为“摩咪”坐骑的“马料”，以示五谷丰登。

▼ 宰杀年猪/赵德文 摄/2010年

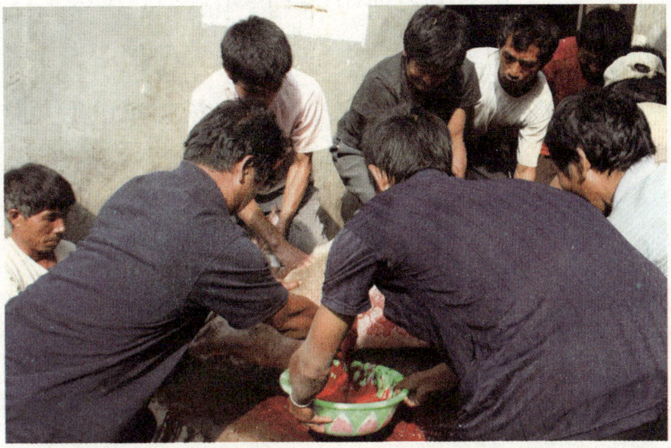

▲ 准备节日食品的主妇/赵德文 摄/2010年

5. 慰“野鬼”（哈尼语：合立哈）

中午为年饭。饭前，摩批周批波在自家的杀猪处支一篾桌，摆上一碗饭、一碗蔬菜、一碗炒猪肝和酒、茶，再由周批波的女人请“摩咪”吃饭（此项祭祀要由家庭主妇主持）。少顷，将篾桌端入门内，加添其他菜肴敬献祖宗，之后，将菜、酒、茶象征性地夹一点倒进一个碗里，用筛子端出门外抛到路中，让不能进家的“野鬼”捡吃，白宏人称这一仪式为“合立哈”——泼水饭。然后，全家就座进餐，长辈与佳客坐正中，由长子夹一块猪肝先敬父母宾客，再依大小辈分顺序各吃猪肝一块后，便随意享用美味了。

在埔且寨子，我们看到各家都在堂屋外的天井中杀一只大红公鸡，然后在天井里煮熟全家分吃，不得拿进屋内，每个家庭成员都要吃上一点，即使不在家的媳妇也要给她留下，找机会送给她吃，这样才不会成为漂泊在外的野鬼。而出嫁了的姑娘不能做继承人，因此，就不能享用。

过“十月年”的这几天，白宏老人李者黑每天早晚饭前，都用筛子抬着一盅酒、茶和三个团子（汤圆）送到大路或村口撒掉，以示给不能进家的“鬼魂”享用。

6. 相互赠礼（哈尼语：活舍早妹比）

在举行完“合立哈”仪式之后，各家各户要将三个团子和少许熟肉送同辈兄长家去，以表示血缘相亲。各家出嫁的姑娘也回娘家来，从夫家背糯米粑粑和猪肉等东西给父母并祝福他们节日快乐、健康长寿，带回来的孩童（外甥）向舅舅拜礼，舅舅适当地给外甥过年钱。各家各户的同宗亲属都来热情邀请前去吃年饭。酒足饭饱归家之时，一般还拿回来一大块粑粑和一个熟鸡蛋。

**7. 认舅舅（哈尼语：阿威固）**

在埔且寨子，节日期间小孩子要去“认舅舅”。出嫁的女儿带领小孩返回娘家，一定要去拜见舅舅，舅舅必须给孩子们一点礼物，或是钱或是鸡蛋、鸭蛋，也可以是一只鸡。娘家人十月年期间要请嫁出去的姑娘回来，姑娘回娘家时要带些粑粑、酒、肉和糖果参加祭祖，还要送些给娘家同宗亲属。返回夫家时，娘家要送一只猪腿，即使娘家家境困难杀不起猪，或是嫁出去的姑娘多而分不过来，也要想办法买猪腿让姑娘带回夫家，否则会被人看不起。对来参加十月年的外寨亲朋好友，回去时主人要送一块肉和一些粑粑，若是长者，还要再加一点猪肝，否则被视为对长者不尊。如果自己在外村的朋友不能亲自来过十月年，则要托人带去肉和粑粑，并捎信让他们有空到自己家来。过十月年所杀的猪肉要留一部分做成腊肉，以便在节后招待客人，或是给未能在家过年的自家人在节后归来时食用。

姑妈、姑父、姐夫和妹夫等是十月年期间的上宾，娘家同宗亲属都会以最丰盛的食物盛情款待他们。

▼ 哈尼煨酽茶/赵德文 摄/2010年

**8. “龙求凤”对歌（哈尼语：阿茨咕）**

在埔且寨子，更让我们惊奇的是十月年节日夜晚，未婚男女青年对歌作乐的情

▲ 接受电视台采访录像/赵德文 摄/2010年



景。在寨子外的草场上，许多穿着鲜艳哈尼族服装的男女青年分别列成两排，中间隔一丈左右，相对席地而坐，各找对象分别对歌。歌词多以“龙求凤”和“鱼觅水”等比兴手法来表达爱慕之情。对歌前，男青年准备好红、绿手帕各一块，绸布或棉布均可。在对歌中寻到自己理想对象就将帕子盖在理想对象的头上，如果姑娘乐意受盖，便说明相爱已定，有的当即去请老人拍板定亲，待明年来日可举行婚礼。如果姑娘一时还拿不准或其他原因而暂不受盖，男青年就返回原地坐下，再继续对歌，反复多次，直到姑娘受盖，然后互赠身戴手镯、银泡等饰物为定情物。对歌到一定时辰，达不到“爱”的理想彼岸，也就此终止。接着男女老幼满场对舞对歌，铓、鼓齐响，节日气氛达到高潮。

在未婚男女对歌中，祖、父长辈和哥嫂等已婚的和未成年的人，都会知趣地离对歌场地较远，找自己的伙伴闲聊或戏耍游戏，绝不干涉和打扰青年男女们的对歌求爱活动。

## （三）蛇日：敬老宴会

蛇日上午，埔且寨子年近花甲至古稀以上的老人团团地围在摩批家土掌房下的蔑桌旁，悠闲自得地品尝着酒菜。全寨家家户户的少妇和少女、儿童捧着酒菜走来，她们将碗里盛的猪肝、豆腐、豆芽等恭敬地递给身边长者，长者把它们倒入一只大盆中，然后少女少妇象征性地为长者们一一斟酒，斟完后把剩下的酒递给摩批周批波（此仪式由他主持），周批波把酒倒入大酒瓶中。这个少妇、儿童刚离去，另一个姑娘端着酒菜就来了。

整个活动过程，所来敬奉之人均是媳妇、少女、儿童，敬奉的菜肴，均有猪肝、魔芋、豆腐、豆芽。原来，在每年农历十月第一个蛇日早上，全寨花甲以上的老人，都集中到摩批周批波家里来，各家派一名女儿捧着酒菜前往摩批家敬献猪肝，这是代表全家心意的“长寿菜”；豆腐、魔芋因是通过多道功夫制成，是人们喜爱的菜，故称“爱情菜”；豆芽则代表一代代延续的“子孙菜”。哈尼族白宏、腊米人在十月年时候传承的此习俗，称之为“敬老宴”。

### 1．讨吃吉祥饭菜（哈尼话：活舍哦查绍咋）

蛇日午时，要进行“讨吃吉祥饭菜”（白宏话：活舍哦查绍咋）活动，埔且寨子各家十岁上下的儿童集聚于秋千旁，然后敲锣的敲锣，打鼓的打鼓，背箩的背箩，挨家逐户地讨“百家吉祥饭菜”。如果孩子们遗漏了哪一家没有进去讨，那一家人会非常生气。凡讨到的人家，都会给这家人带来吉祥安康。因此，都高兴地赐给，或拿一碗米、一块粑粑，或拿一块肉、一把蔬菜放进孩子们的背箩里，或打一盅酒倒进孩子们提的酒壶里。讨来后，大家便围绕在秋千旁的篝火边，荡秋千的荡秋千，跳“阿拉搓”舞的跳“阿拉搓”舞，吃喝闲聊，以示与天神“摩咪”做伴。

讨“百家吉祥饭菜”也与“威最斯批”有关，据埔且寨子摩批周批波讲，“威最斯批”是骑着大红马从秋千上下凡来和白宏人一起过年的。

"威最斯批"一家一户地去串门，不小心把大红马弄丢了，于是吩咐小兵小将去找大红马，结果小兵小将们忙着找大红马，没顾上"叠总总"，所以第二天要挨家挨户地去讨吃的。孩子们就是扮作小兵小将们讨"百家吉祥饭菜"吃的。

### 2. 长街宴（哈尼语：叠总总）

米索扎的第二天属蛇日下午，全寨男女老少在村寨的活动场上举行规模宏大的"叠总总"，也叫"垤展展阿"，请来天神摩咪与人间欢度年节。首先，寨子活动场的上方支放三张篾桌和坐凳。支放在中间的篾桌代表"人"，支放在左边的篾桌代表"彻"（庄稼），支放在右边的篾桌代表"绝"（牲畜）。三张桌子支放好后，全寨男女老少就敲响了锣铓、牛皮鼓，放响了鞭炮。

▼ 哈尼摩批（左）敬酒/赵德文 摄/2010年

▼ 宴席上的白宏妇女/赵德文 摄/2010年

人们听见铓、鼓、鞭炮声后，每户人家有序地抬来一两个菜、半斤酒摆在篾桌上，等桌面基本摆满时，埔且寨子的摩批周批波和李者黑等长老们，穿着具有本民族特色的哈尼服装走进"垤展展阿"活动场。

老人们按年龄或威望依次围篾桌入席。凑来酒菜的人家，依次向长老们磕一个头，祝长老们健康长寿。不会生孩子的夫妇，双双前来向长老们磕头拜寿，以求来年生子。在时断时续的铓、鼓、鞭炮声中，人们在不知不觉中陆续聚拢到了“垤展展阿”活动场。有的头缠靛青色或蓝色大包头，有的戴着时髦的墨镜，有的身穿小马褂，前胸后背衣服上镶嵌着银泡和红、黄丝线，老人们唱起了“哈巴卡”，叙唱着开天辟地的古老传说，讲述着光荣的寨史。

**3．唱古根（哈尼语：哈巴卡）**

埔且哈尼族白宏老人叙唱十月年节的“哈巴卡”片段记录如下：

为什么要在夏历十月过米索扎
这是哈尼族的老古规
阿波们是这样地讲
摩批们是这样地唱

在很久以前的时候
哈尼族住的地方是好山好水
家家屋里冒着炊烟
阳光把寨子照得温暖

家家五谷堆满仓
户户禽畜养满厩
牛羊放满山坡上
到处是一派美好景象

人们日子好过心欢畅

吉祥伴着人们度过春夏秋冬

好日子过得如糖似蜜

哈尼寨子到处一派好风光

哈尼族的十月年呵

村村寨寨都是欢声笑语

哈尼族的十月年呵

结下了多少亲亲戚戚

……

日月更新已到十月

哈尼过十月年的节日快到了

日月更新已到十月

十月到了年翻转

日月更新已到十月

十月要在舂汤圆面的踩碓活动中翻转

十月要在舂粑粑的踩碓活动中翻转

十月如果不踩动舂汤圆面的碓

世上有钱富豪子弟不能欢喜

过十月年踩动了舂汤圆面的碓

世上有钱富豪子弟喜欢了

过十月年踩碓之声震天响

世上有粮富豪子弟喜欢了

要摆出傣家河坝哈革竹 编制的簸箕

带上筛粗面粉的粗眼筛子

带上筛细面粉的细眼筛子

要来踩过十月年的糯米饭团

要来捏过十月年的糯米粑粑

……

在醉意中，在阵阵铓、鼓声中，老人们离席带头跳起了白宏祖辈沿袭下来的传统“阿腊蹉”，舞步随着铓、鼓声，左脚弯曲抬起，右手弯曲向上甩出，逐渐形成圆圈。随即，小姑娘、小伙子们自然地加入，舞蹈动作变化多样。寨子长老们看到青年男女大部分都在尽情歌舞，便回桌席上品尝酒菜。在不知不觉中，左右两边也逐渐增添桌席、酒菜，不参与歌舞和跳累了休憩的人们，便围坐在篾桌边饮酒用菜，与歌舞者溶入欢乐之中。

**4．跳扭鼓舞（哈尼语：阿腊蹉）**

埔且寨子家家户户搬出来的篾桌，在寨子主街道上摆成长龙，寨子里的村民小组长吆喝主持“垤展展阿”活动和跳“阿腊蹉”。现在白宏人居住的很多寨子把“叠总总”改成长街宴，长街宴的第一桌是摩批家的。摩批要先行祭献天地仪式，祭毕，随着铓鼓的敲响，家家户户抬着桌凳和准备好的饭菜从寨子四面八方汇集来，以摩批周批波家的第一桌为中心，在寨子的街道上摆起了长街宴。长长的长街宴好似一条巨龙，所以人们形象地叫为“长龙宴”。长街宴使人真正感到快乐十月年节日的到来。

宴席中，女人们总要站起来看看自家摆出来的饭菜是否“下线”，以证明自己做的饭菜大家爱吃。长街宴上人们是可以随意落座的，你可以吃这一桌，也可以吃那一桌，如果哪一家的饭菜没人坐下来吃，这家女主人会非常伤心。

长街宴不仅仅只是大家在一起吃喝，还有大家在一起唱和跳。当摩批周批波把铓、锣敲得山响时，人们就纷纷离席，在旁边的空地上跳起了“阿腊蹉”。一阵狂欢之后，大家又回到席间，喝酒吃肉，年轻人唱敬酒

▲ 载歌载舞/赵德文 摄/2010年



歌，老人唱“哈巴”。吃中有唱，唱中有跳，酒醉的自醉的都在仅有的空地上狂欢，酒气和喜气在埔且寨子的四周弥漫。

## 四、节日食俗礼仪

### (一) 祭祖

白宏人在十月年节日期间，所吃的菜肴要比平时丰富得多，烹调方式也尽量翻新花样，增加不同口味的菜式，丰富节日生活。

哈尼族白宏人在十月年节日活动中，常常含有宗教祭祀内容，其中主要是祖先崇拜和农业祭祀活动，这些内容直接影响到节日期间的饮食习俗。在埔且寨子，十月年节日期间，开饭前要先供献祖先，然后全家向祖先磕头，才能入席用餐。

十月年期间，要吃糯米饭团，祭献祖先时要做三个鸡蛋般大的糯米饭团，裹上豆面，向祖先祭献，然后供在供桌上。这三个糯米饭团，分别代表人、粮、畜，到第三天拿来用火烤着吃。

## （二）座次

十月年期间进餐时，座位安排有一定的讲究。白宏人把正对着堂屋门，靠供桌的一方视为上席，一般让老人和客人入座。开席时，要让老人先吃，然后晚辈才能动筷。如果家中爷爷、奶奶双全，那就要先请奶奶吃。他（她）一时不能入席，其他人等着吃饭时，也要先搛一块肝或肉放在他（她）的碗中，表示他（她）吃过了。在这种情况下，哈尼族白宏人特别尊重妇女，老年妇女是家庭的座上最尊敬的长辈。

哈尼族白宏人自古就有“待上接下皆有礼”的良好风尚，尤其对老人不敢丝毫怠慢。白宏人把上了年纪的长者看作是祖先神灵在人间的代言人，所以在饮食过程中处处体现长者优先。平时生活中，对老人的生活给予特殊的关照。青壮年人，由于劳动强度大，喜欢吃比较硬的生蒸饭，而老人吃这种饭就受不了。因此他们就给老人煮土锅饭或在蒸锅里放脚架炖饭。煮或炖的饭又香又软，非常适合老人食用。过年过节或平时杀鸡宰鸭的时候，要把鲜嫩的肝脏敬给老人吃。

## （三）敬酒

餐桌上斟酒也有一定的规矩，座次的排列，长者必须坐上席，桌上人数坐够之后才开始斟酒。 先从席中年纪最大的老者杯中斟起，然后依次斟给大家，最后还要倒点在最先斟的那一杯中，意为“起酒落壶”，表示斟酒首尾相连，团团圆圆，和睦一心。开席时，要请年长者先举杯动筷，其他人才能动筷，切不可小辈人先动筷吃起来。若有此种情况，要被视为毫无礼貌和

▲ 唱祝酒歌/赵德文 摄/2010年

教养。像十月年这种喜庆场合，席间有互相敬酒的习俗，但必须是年少的敬年长的，小辈的敬长辈的，而不能相反。接受敬酒的人，一口喝下之后，同桌的其他人齐声喝彩：“梭！”但若在座的人当中有比喝酒的人更年长者，便不能参与喝彩。

### （四）女子不上桌

白宏女子在餐桌上的待遇，正好与长者在其间享有的至高无上的殊荣形成鲜明的对比，走向另一个极端。埔且寨子至今也一样，除了年长的妇女外，年轻女子在进餐时，不得与兄弟和男性父辈同桌，只能端着碗站在一旁进食。她们必须随时观察桌上饭菜的情况，如果饭或菜少了，必须马上放下自己手中的碗筷去盛饭添菜。添菜时切记不能去抬饭桌上的碗，而是要用另外的碗去添菜，然后倒进饭桌上的碗里。女子出嫁后，在夫家（实际上是自己的新家）进餐时，同样不得与丈夫的兄长和长辈等人同桌，即便是妊娠期间也不例外。

## 五、节日服饰

居住在墨江县龙坝乡竜宾村埔且寨子的哈尼族白宏妇女，在欢度十月年时都穿着自织自制、色彩鲜艳的哈尼族服装，以示喜庆节日的到来，构成了十月年中一道最为亮丽的风景线。

## (一) 埔且白宏妇女衣着

▲ 盛装的白宏姑娘/朱茂云 摄/2009年

埔且寨子的白宏妇女往往头上多包有一块绣花的长方形头帕，将其展开覆盖头顶，收拢两边和额头的帕角，一角自然垂披；在额头束上一簇红绒线分披两边，作为漂亮的装饰，颜色鲜艳夺目。姑娘“迷达”常梳独辫缠绕于头间，用镶有银泡、绒线缨子并绣有彩花图案的黑帽戴在头上或头巾罩于头顶。上衣穿对襟或开衽紧身靛青色齐腰短衣，通常暴露出肚脐，贴身穿一件短衬衣，外披银币做纽扣的靛青布衣裳，通常把饰品显露出来。上衣前胸正中钉有八角形太阳花银牌饰，两边各镶嵌用银泡钉成的正方形图案，每个正方形一般镶嵌六排三十六颗镶嵌。下身多穿翻褶短裤，裤长不过膝盖，裤口处多绣有彩图，有的束有彩线花簇，小腿套脚套。较为独特的是，婚嫁后的白宏妇女都用靛青布制成一块百褶绣花长帕，遮盖腰下臀部，以此表示对长辈的尊敬，也是区分是否婚嫁的标志，白宏人称其为“批秋”。

## (二) 白宏妇女服饰纹样

白宏妇女服饰纹案图样简洁明快，以衣袖、衽襟、腰腹、下摆、裤脚等处的刺绣图案和纹样最多，也是寓意最为深远，这些图案和纹样折射出了对哈尼族传统文化的记忆与思考。欣赏这些简练的图案和流畅的线条，就如同品味着哈尼族悠远的历史、古老的传说，让人在细致揣摩中触摸到哈尼族文化原生态的本质。

▲ 盛装的白宏妇女/朱茂云 摄/2009年

白宏妇女服饰的刺绣图案和纹样以六角形和八角形光芒四射的太阳、山野花朵、旱地蕨类植物等为主，边沿处绣有水纹形和凸凹不平却有规则的丝线刺绣。特别是崇黑的主色调和相同相近的刺绣图案、纹样都反映出了哈尼族白宏妇女的民族心理素质。六角形和八角形光芒四射的太阳图案，是白宏人崇拜太阳、渴求光明和热量的象征。因为哈尼族把一年分为冷季、暖季和热季，把太阳图案绣在服饰上，表现出了白宏人对太阳的崇拜与对宇宙的探索。山野花朵、旱地蕨类植物等都是哈尼族白宏人生活的高山深箐中随处可见的植物，与千百年来从事山地农耕的哈尼族息息相关，正因为这样，反映出了白宏人对自然的崇拜和依赖，也是从大自然中得到了审美的无限乐趣，并把审美心理直观地表露在衣着服饰上。水纹形和凸凹不平却有规则的丝线刺绣，直观地向世人展现了哈尼族白宏人所历经的艰难险阻和重重困苦。

### （三）白宏妇女服饰佩饰

白宏妇女服饰的佩饰是哈尼族妇女服饰中最繁杂、最具有价值的部分。它多以银泡、银扣、银币、银链、银鱼、银果、银蒜、银制针线筒、银挖耳、银针等所组成。生活在墨江县龙坝乡竜宾村埔且寨子的白宏妇女，在十月年节日期间穿戴的衣饰装佩，特别显眼的有银蒜、银鱼、银果、佩带这些饰物，不仅是为了好看，更重要的是它们具有与哈尼族白宏人密切相关的文化含义。

银蒜缀于左衽襟的胸前，一般缀两颗，形状饱满、浑圆，蒜瓣纹络鲜明，紧密相依，呈坚挺、饱满、浑圆的乳状。白宏妇女佩戴这样的银蒜作装饰，有着特定的含义。因为哈尼族在历史上，长期遭受战祸、灾害、疾病等的困扰，加之居住环境恶劣，缺医少药，民族人口发展速度缓慢，所以，哈尼人总是祈求多子多孙，人丁兴旺，世代繁衍，生生不息。银蒜正是白宏妇女坚挺、饱满、浑圆乳房的象征，预示着对族人的无尽哺育，是哈尼族生息繁衍的生命源泉。还有，在白宏妇女服饰身上，银果也是常见的饰物。银果一般是羊奶果、响铃果造型。装饰在胸前，也是特别显眼。以银果作装饰，也是体现了白宏人对“多子”的祈求，寄予希望，预示多子多孙，人丁兴旺。羊奶果、响铃果是哈尼族居住的山地野外随处可见的寻常物，果实成簇，颗粒饱满，籽粒数量众多，这刚好是哈尼族所祈求的，于是，这些果实成为白宏妇女的服饰装饰品。

哈尼族白宏人的传统节日十月年，就是对本民族传统文化的有形与无形传承，在社会生产快速发展的今天，哈尼族白宏人仍然以传统、生态、和谐的方式亲近自然，遵循着民族的丰富习俗，并以此激励更多的年轻人热爱脚下的土地，建设美好家园，推动哈尼族社会的发展进步，用智慧和双手创造丰富的物质财富和精神财富，创造丰富多彩的哈尼族传统文化。

▼ 盛装的白宏姑娘/朱茂云 摄/2009年

# 云南省景洪市勐龙镇曼加坡坎村十月年调查报告

黄荣生　陈桂芬

受“中国节日志·哈尼族十月年”课题组委托，黄荣生、陈桂芬两人承担西双版纳州哈尼族十月年的实地调查工作。黄荣生系西双版纳州广电局哈尼语组工作人员，陈桂芬就职于西双版纳州民宗局，两人长期从事哈尼族爱尼人的民俗文化研究。经过多方对比权衡，调查组选择了景洪市勐龙镇勐宋村委会曼加坡坎村作为调研地点，于2010年12月28日至2011年1月5日期间对“嘎汤帕”[1]（Kartanr par）节进行了实地调研。曼加坡坎村是调查组成员陈桂芬的老家，时任村民小组组长达戈（Dargaw）系陈桂芬的弟弟，因为这两层关系，本次实地调查中得到了村民小组和村民的大力支持和帮助。

## 一、田野点概况

### （一）村落自然地理

勐宋村委会位于西双版纳傣族自治州景洪市西南部，西面与勐海县布朗山隔山相望，东面与勐龙镇曼伞村委会相邻，北面与勐龙镇曼博村委会相邻，南面与缅甸景康县、南板县相邻。纬度21°27′—21°34′，经度

1．该调查报告所使用哈尼文依据当地哈尼族阿卡人普遍使用的《民间国际通用哈尼/阿卡文方案》。

▲ 勐宋山区风光/黄荣生 摄/2012年



100° 25′ —100° 35′ , 海拔800—2100米。“勐宋”一词来源于傣语，“勐”指位于平坝或盆地的大部落或部落联盟，“宋”意为“高山地区”，“勐宋”即为“高山平坝里的部落”的意思。在西双版纳49个坝子中，勐宋坝子海拔最高，约为1500米；坝子面积为2.98平方公里，在49个坝子中排第30位。整个勐宋村委会的土地面积约为100平方公里，山区占97%。村委会内土壤分为砖红壤（海拔800米左右）、赤红壤（海拔800—1500米）和红壤（海拔1500—2100米）三种，森林覆盖率达80%。

勐宋地区属于典型的南亚热带气候，由于受印度洋气流和当地地形的影响，当地雨量充沛，年降雨量在1600—1800毫米之间。全年干湿季明显，80%的雨量集中在5月至10月的雨季，年均相对湿度80%以上，年均温度18℃左右，冬天有轻霜。

我们的田野调查点——曼加坡坎(Navciqpu)村民小组，距村委会800米，距中缅边境237界碑3公里，村脚约500米处有一条南其河（NaciqLawrgawv）。

## （二）村落历史人文

勐宋村委会是哈尼族聚居的边境村寨，由9个自然村组成，其中大寨（Pumapu）、曼加坡坎（Navciqpu）、曼窝科（Laeqovqpu）、曼加干边（Armarpu）、曼加角（Haeqxawqpu）、曼卖窑（Yaevqneirpu）6个寨子为哈尼族阿卡人寨子；布巴（Burbavrpu）和丫口（Yakerpu）2个寨子为哈尼族阿克人寨子；鲁拉（Lulavpu）为拉祜（Meqseq）族寨子。整个村委会共计2688人，其中哈尼族占据多数，有532户，2535人。根据当地哈尼族的口述资料，可知该地哈尼族主要是从勐海南糯山一带搬迁而来，最早的居民在这里已生活了13代，大约距今有300多年的历史。

现今居住在勐宋的哈尼族包括曼加坡坎（Navciq）村的先民，均是18世纪中叶从勐海县的南糯山迁入勐宋定居的，之后在此以茶叶种植为生，代代繁衍。曼加坡坎（Navciqpu）村民小组由“当昌氏”（Dantsan Guq）、“皆北氏”（Jeirbeeq Guq）、“仪酿氏”（Iqnyar Guq）、“别切氏”（Byevtseir Guq）、“勒车氏”（Laerceq Guq）等五个家族组成。其中“当昌氏”（Dantsan Guq）、“皆北氏”（Jeirbeeq Guq）、“仪酿氏”（Iqnyar Guq）等家族的先民迁自缅甸、勐海布朗山等地。从各家传续下来的哈尼族父子联名谱系来看，代数传续最多的是“仪酿氏”（Iqnyar Guq）家族，迄今已有72代。代数传续最少的是“勒车氏”家族，至今仅有59代。五个家族前40代的谱系名称一致，从40代祖“播玛波”之后逐渐分化成不同的家族。

在称谓上，勐宋村委会曼加坡坎（Naqciqpu）的阿卡人和西双版纳其他地区的哈尼族一样有统称、自称和他称的区分。统称是“哈尼”（Hanyiq）族，这是中华人民共和国成立后国务院根据本民族的意愿确定下来的；自称为“雅尼雅”（Dzaqnyiqdzaq）或“阿卡雅”（Aqkaqdzaq），其中“雅尼雅”（Dzaqnyiqdzaq）一般只出现在古语或唱词里，“阿卡雅”（Aqkaqdzaq）却多出现在日常用语中；他称为“爱尼”（Aqnyir）族，据说这种他称是1954年成立西双版纳傣族自治州和勐海县格朗和成立哈尼族自治区时确立的称谓。语言使用的是哈尼语哈雅方言中的雅尼次方言。

中华人民共和国成立前，西双版纳哈尼族的社会结构由“追”（Ddzoeq）、“批”（Pir）、“吉”（Civq）、“哈”（Hav）、“南阿”（Nanrngaq）等五类人构成。其中“追”（Ddzoeq）是村里的领头人（即寨主）；“批”（Pir）是神职人员，分祭师“贝玛”（Boermawq）和巫师“尼帕”（Nyirpaq）两种；“吉”（Civq）指的是铁匠、木匠等手艺人；“哈”（Hav）是指兵将；“南阿”（Nanrngaq）是指普通群众。哈尼族村寨管理的主要形式是“寨主”（Ddzoeqma）领导下寨老议会制。哈尼族村社组织的最高一级是小区域行政机构，常设首领叫“交巴”（Jawrbavr），由傣族最高统治者宣慰使“召片领”下封任命，下设“叭罗”（Pyavqlo）、“南额”（Naqngeq）等职。中华人民共和国成立后，根据国家行政的统一规划，村舍一级的行政管理处理权被村委会取代，传统的社会权威逐渐淡化。

▼ 宗教仪式中宰杀牲畜/陈桂芬 摄/2011年

哈尼族信仰万物有灵，奉行以祖先崇拜、自然崇拜、

▲ 村落寨门/黄荣生 摄/2012年

多神崇拜、万物皆有灵和巫术控制为主要特征的原始宗教。"阿培"(Aqpoeq)一词在雅尼次方言里原指先民、祖先、祖辈，但在社会活动中被赋予了"神"的含义，至高无上的神就被称为"阿培米耶"(Aqpoeq miqyaer)。以此产生了与"阿培"相关的一系列祭祀活动，如 "阿培老"(Aqpoeq lawr)祭祖，"嘎汤阿培"(Kartanr aqpoeq)、"红秀红米阿培"(Hmqxeevq hmqmir aqpoeq)、"耶枯阿培"(Yaerkuq aqpoeq)、"幺拉阿培"(Yawla aqpoeq)、"卡耶阿培"(Karyaev aqpoeq)、"粘邦阿培"(Nyaerbanr aqpoeq)、"阿培巴老"(Aqpoeq pavqlawvq)(神龛)，等等。

## (三) 生产方式

据2010年调查数据，曼加坡坎村有63户人家共283人，本地户278人，外来户5人。劳动力177人，其中，10岁以下4人，10—20岁35人，20—40岁118人，40—60岁以上34人；30—59岁的妇女57人。全村耕地面积878亩，水田430亩，玉米豆类种植面积448亩，茶叶地面积611亩，蔬菜园面积40亩。粮、豆产量184750公斤，农业总产值1247500元，茶叶产量12吨，产值880000元。

村民主要以稻作农耕为主要生计模式，粮食自给。经济收入主要依靠茶叶出售。曼加坡坎村海拔在1500米至1800米之间，森林覆盖率达到80%，土壤肥沃，气候温和，降雨量充沛，有利于古茶树的生长。作为村民的主要生计之一，长期的茶树种植经历为当地人积累了丰富的种植和管理野生茶树的宝贵经验。如当昌氏（Dantsan guq）达戈（Dargaw）家就有从祖辈就留下来的野生苦茶树林“先俄老宝亚”（Saevghawvq lawrbawq yar）。该村除了

▲ 村落古茶树/黄荣生 摄/2012年

管理采摘古茶树外，还种植有普洱茶等品质优良的茶叶品种。清代、民国时期当地就已是普洱茶的重要原料产地。据老人们回忆，民国时期经常有茶商马帮到勐宋收购茶叶或驮着盐巴换茶叶，开始的时候一驮茶叶换三驮盐巴，到后来三驮茶叶只能换一驮盐巴。除了种植水稻和管理茶叶以外，村民还兼种糯米（Hawqnyawq）、玉米（Ardu）、高粱（Xarlanq）、黄豆（Neevpyav）、红薯（Manqcoer）、芋头（Bymqma）等。主要蔬菜瓜果有冬瓜（Tanqhoq）、南瓜（mardae）、黄瓜（Siqhoq）、梨果（Margawq）、萝卜（Ghawqbu）、金豆（neevde）、辣椒（lavqpir）、大蒜（Saerpyur）、苦蒜（saerhaq）、茎菜（Guqcir）、香椿（Dziqbuvq）、薄荷（Anrjir）等；主要山野物产有竹笋（Arbyeivq）、木耳（Aqpiqnaqhov）、白参（Arhmrtsi）、木生菌（Dmqmaarhmr）、鸡枞（Arhmrjar）、大红菌（Arhmrneir）、魔芋（Jiyaw）、芹菜（Ghawqkawvq）、冷水菜（Lawrjmr）、像叶菜（Siqpuv）、红尾鱼（Ngaqdeir）、山螃蟹（Arka）、黑蛙（Haqpaqnav）、黑鱼（Ngaqbawqlaw）等。

劳务输出是曼加坡坎村民的另一个主要经济来源，但尚未形成主流。年轻人多愿意外出打工，但常年在外打工者不超过20人。村民外出打工的地

点大多在州府景洪，也有的去到昆明、北京、上海、湖南、广州等地。大部分从事餐饮服务行业。除了少数女性外嫁，在打工地成家，多数打工者三五年后都会回到家乡结婚生子或回到景洪继续打工。曼加坡坎村村旁500米处有福建人和曲靖老板开的白土（高砾土）厂，出产锡矿和锰矿。村中有大卡车4辆、拖拉机若干，家家户户均有摩托车。大卡车主要用于运输锰矿、白土和白土渣，摩托车是村民去田地做活的代步工具，有的一户人家有三四辆摩托车。从村委会到镇上每天有两次班车来回。村里有小卖部4家。

目前曼加坡坎村已经解决了人畜饮水问题以及卫生厕所的修建，自来水通到家家户户。通车、通电、通广播电视网络和通信网络。多数人家同时拥有座机电话和手机，50%以上的村民盖起了新式“洋楼”。村委会有1所完小，义务教育普及到初中，入学率为100%。每家每户都享受着国家

▼ 勐宋阿卡村落景象/黄荣生 摄/2012年

发放的边境地区居民补助费，村民们过着平安祥和的生活。

由于勐宋距离镇上的集市有30多公里，为方便群众生活，村委会所在地形成了一个简易集市贸易点，没有专门的集市日，每天都有人赶集，外地商贩在此出售日用百货，当地百姓和缅甸边民则在此出售山货和家畜家禽，勐宋本地种植的萝卜、白菜和山上采集来的野菜很受城里人的欢迎。整个集市一天大概能消费掉三四头猪的猪肉和一头牛的牛肉。尽管集市规模不大，但基本能够满足当地居民和邻国边民的日常需求。

## 二、传统历法与节日名称

曼加坡坎哈尼族在民间普遍使用阴历，即农家历，他们习惯将民间使用的传统历法称之为“禾朵拉朵”（Hovqtovqlatovq）。以十二属相来计日，称同一属相起始13天为“一轮”，如从某一个鼠日到下一个鼠日。年轮也是一样，13年为“一轮”，数法是一轮为13、二轮为25、三轮37，以此类推。当地人对属相的数法跟汉人的数法有些差异，如鼠（Ho）、牛（Nyoq）、虎（Haqlaq）、骡（Tanqlav）、兔（Lanq）、蚁（Xaer）、马（Manq）、绵羊（Yawr）、猴（myovq）、鸡（za）、狗（keeq）、猪（yavq）等，到了头年的最后一个属牛日（即12月的最后一个属牛日），人们就要忙着准备迎接新一年的到来。年轮属相就要更换了。

西双版纳和东南亚一带的哈尼族日常生活中对新年的称呼主要有两种：其一为“嘎汤帕”（Gartanr par），若看字面意思，可以理解为“路千换”，即万物更新；其二为“卡汤帕”（Kartanr par），字面意思是“物千换”，即万千作物更新。在古老的民谣酒歌中也有“禾朵拉朵”（Hovqtovqlatovq）或“奔朵拉朵”（Beertovqlatovq）的叫法。不管是哪种说法，均表达了万物更换、辞旧迎新的意义。按照西双版纳傣族自治州法定的节日时间，每年的1月2日至4日，曼加坡坎的哈尼/阿卡人都要进行“嘎汤帕”（Gartanr par）节的庆典活动。与传统相比，现代的“嘎汤帕”（Gartanr par）节已经附加上了很多新的内涵和内容，而且随着社会的不断发展和节庆的变迁，还有不断增加的趋势。

## 三、“嘎汤帕”起源与传承

### （一）节日起源

西双版纳哈尼族也将“嘎汤帕”称为“嘎汤阿培老”（Kartanr Aqpoeq lawr）。在西双版纳哈尼语里，“阿培老”（Aqpoeq lawr）意为“祭祖”。传说“嘎汤帕”节起源于阿培汤玛阿尧（Aqpoeq tanr ma aq yawvq）年代，那时哈尼族先民生活在一个美丽富饶的名叫“加滇”（Ja dae）的地方。谁也无法准确计算“加滇”（Ja dae）时期所处年代，其地理位置也因文献缺失而无法确知。据有关学者推测，“加滇”（Ja dae）可能指现今昆明滇池附近或玉溪元江一带。

西双版纳哈尼族迁徙史诗《雅尼雅嘎赞嘎》（Dzaqnyiq dzaq gadzanr ga）中这样唱到：

在美丽的加滇地方/聪明的阿培汤玛阿尧/开创了嘎汤帕节/阿培汤玛阿尧说/嘎汤帕要过十五天/从那以后/雅尼雅有了嘎汤帕节/雅尼雅过嘎汤帕节/杀了牛羊又宰猪/祭祀祖先神灵/祭祀万物之神/洗去了身上的尘土哟/算清了记账的木刻/雅尼雅过嘎汤帕节/该说的话就要说/该唱的歌就要唱/该办的事情要办好/该吃的东西要吃

饱/该喝的米酒要喝足/家家男儿高兴/家家女儿欢乐/在欢乐的日子里/阿培咪耶来到了加滇/跟雅尼雅过嘎汤帕/在欢乐的节日中/在丰盛的酒席上/快活的阿培咪耶/忘了日出月落/在欢乐的节日里/雅尼雅只顾高兴/男男女女只顾吃肉喝酒/一天吃掉三箩米/一天要宰三头猪/一天要喝三坛酒/谷米少了/酒肉少了/这时雅尼雅啊/才知道发愁/要汤玛阿尧把嘎汤帕改成五天。

这部史诗记录了“嘎汤帕”（Kartanr par）节的来历、内容和节期的确定。关于“嘎汤帕”（Kartanr par）节期的确定，民间还有另外一种说法。传说，富人要整治穷人，便将“嘎汤帕”（Kartanr par）的节日时间定为15天，并规定节日期间人们一律不得外出搞农事活动，其目的是想让穷人挨饿。结果经过15天的吃喝玩乐，富人家的酒肉都吃光喝光了，而穷人们储备的野山药还没有吃完。富人没有整治成穷人倒整治了自己，醒悟到穷人不好整治，就把15天的“嘎汤帕”（Kartanr par）改成了5天。

### （二）节日传承

西双版纳哈尼族自有史以来到20世纪50年代末一直按照传统习惯欢庆一年一度的“嘎汤帕”节，但是在1958年“大跃进”，尤其是“文革”“破四旧”以后民间被禁止庆祝一切祭祀活动，哈尼族文化传承人寨主“追玛”（Dzoeqma）、祭师“贝玛”（Boermawq）、巫师“尼帕”（Nyirpaq）、氏族长老“帕牟”（Paqmawq）的权利被剥夺，“嘎汤帕”（Kartanr par）节也随之被人为取缔，停办了二十多年，直至1987年西双版纳州人大常委会根据哈尼族民众的意愿，重新恢复“嘎汤帕”（Kartanr par）节。

1987年，时任西双版纳州党政领导的唐家寿、李有新、李家兴、阿

▲ 竹竿舞/陈桂芬 摄/2011年

朱、阿海等哈尼族代表向西双版纳州人大常委会提交了要求恢复哈尼族传统节日“嘎汤帕”（Kartanr par）的议案，西双版纳州人大常委会根据哈尼族民众的意愿，将“嘎汤帕”（Kartanr par）节以法律形式确定下来，具体时间定在每年公历1月2—4日。此后，在西双版纳停止多年的“嘎汤帕”（Kartanr par）庆祝活动在哈尼族村寨逐步得到恢复。村寨自行组织的“嘎汤帕”（Kartanr par）活动普遍在十二月最后一个属牛日和一月间“择吉日”举行。但重新恢复的节日活动缺失了传统祭祀，西双版纳哈尼人心里最神圣的“祭祖台”（Aqpoeq Pawvqlawvq）始终没有得到恢复，现代“嘎汤帕”（Kartanr par）节的形式、内容及文化内涵与传统相比均已发生了巨大的变异。

西双版纳哈尼族阿维、阿交、木达、勒车支都有举行“嘎汤帕”节的传统习俗，活动内容大体一致，节期选择月份相同，只是在日期选择上木达阿卡可在属牛、属鸡、属猪等日任选一天开始；而阿维、阿交、勒车支除特殊情况外必须在十二月最后一个属牛日开始。阿克支最隆重的传统节日是“俄托”（Hawqtanq Aqpoeq）节，意为“粑粑”节，“春粑粑”习俗与“嘎汤帕”习俗一致，节日名称不叫“嘎汤帕”，而直接称为“俄托”（Hawqtanq Aqpoeq）节，时间在农历十二月的属马日或属羊日开始即可。“俄托”节前后共五天，实际节日活动时间为三天，第一天妇女上山去摘包糯米粑粑用的野芭蕉叶，男人在寨里杀水牛；第二天舂糯米粑粑、杀猪，将内脏各取一块夹在同一个竹夹烧熟，装在专门用于祭祀的篾饭盒（Aqpoeq lawrganq）里端到篾饭桌（Hawqjei）上祭祖。祭品除了烤肉和九块粑粑外，还要象征性摆上煮熟了的南瓜、芋头、冬瓜、黄瓜、饭豆、花生、水酒、茶水、米饭等。男主人在祭品前念诵祈福词，请求祖灵赐给儿孙平安幸福、吉祥如意、五谷丰登。之后家人才可以食用祭品。祭品要在“祭祖台”上保留一天一夜后方可处理。第三天起亲朋好友相邀聚饮，开展各种文体活动，直到节日结束。

## 四、传统“嘎汤帕”节

### （一）节前准备

每当田地里的各种农作物收割完毕，背回家中晒干入库后，伴着满山遍野竞相开放的樱花，哈尼人就开始忙碌起来，准备节日所需食品和文体活动用具。我们也在这一时间来到哈尼山寨，准备参与欢庆“嘎汤帕”（Kartanr par）节。受村民组长达戈的邀请，我们将在达戈家度过这个愉快的年节。

哈尼人家的珍贵食物糯米粑粑是节庆必需食品，因此，家家户户都要提前晒糯谷、舂糯米、晒紫苏（舂粑粑专用香料），并采办各式蔬菜，以备节庆所需。有条件的家庭还要制作节日祭祀专用的米酒“吉拨吉习”（Jirbaq Jirsiq）。所谓米酒实际是淡水酒，专门为节日祭祀特制的，不作日常饮用。达戈向我们展示了制作“吉拨吉习”的全部工艺：先将谷子和大米煮泡好，撒上一些酒曲，砍来直径约5—8厘米、长约20厘米左右的小竹筒，把拌好的酒料装进小竹筒后，用火灰和粗糠拌好的泥浆封口，支在女室火塘边待用。砍来筷子般大小的金竹管放在米酒筒旁，再随放一根竹篾条，备作通竹管用，做祭祀仪式时，用竹管吸出水酒使用。“嘎汤帕”（Kartanr par）节的准备活动中还包括制作陀螺，采集大藤豆，这是年节期间游艺活动的必需用具，这项工作因程序简单并饶有趣味，因此通常交与孩童完成。在家家户户准备年节的同时，曼加坡坎村还组织了由青壮年组成的表演队，夜夜抓紧排练。

“嘎汤帕”（Kartanr par）头天晚上，即鸡叫头遍以前，寨主“追玛”（Dzoeqma）要走到自家的阳台上大声呼叫三次：

Mq tav mir tsaq kaq anr jawr e

生长在天地之间的

Boeq boeq luv luv dawq tawv loq nar haq dei eiq

所有动物都听好了

Nyi xawq nan nar kar tanr aq poeq dzaq bae leir

明天是嘎汤帕节开始的日子

Uq movq yav so taq doer

楼下雄鸡别乱打鸣

Pu hae keeq I taq tsaevq

寨子里的狗别乱叫

Uq mov yavq paq nyiq jeer dov awr jawr law

楼下肥猪嘴边虎牙弯着不要动

Uq mov yav poer nyiq davq ngovq awr jawrlaw

楼下雄鸡双脚脚距弯着不要动

Dzaqmiq dzaqyo yawq ghaq nav yaw meer nar haq dei eiq

男女老少大家都听好了

Nyi xawq nan nar kar tanr aq poeq dzaq bae leir

明天是嘎汤帕节开始的日子

Uq movq yav so taq doer

楼下雄鸡别乱打鸣

Pu pae keeq I taq tsaevq

寨子里的狗别乱叫

Uq mov yavq paq nyiq jeer dov awr jawr

楼下肥猪嘴边虎牙弯着不要动

Uq mov yav poer nyiq davq ngovq awr jawr

楼下公鸡双脚脚距弯着不要动

Mq tav mir tsaq kaq anr jawr e

生长在天地之间的

Boeq boeq luv luv dawq tawv loq nar haq dei eiq

所有动物都听好了

Nyi xawq nan nar kar tanr aq poeq dzaq bae leir

明天是嘎汤帕节开始的日子

Uq movq yav so taq doer

楼下雄鸡别乱打鸣

Pu pae keeq I taq tsaevq

寨子里的狗别乱叫

Uq mov yavq paq nyiq jeer dov awr jawr

楼下肥猪嘴边虎牙弯着不要动

Uq mov yav poer nyiq davq ngovq awr jawr

楼下公鸡双脚脚距弯着不要动

Mq tavq mir tsaq nanr ma ba la

天上地上太阳月亮

Mq sanr mir sanr aq poeq aq pyq aq pyq ol

天上主地上主祖先魂灵哟

Naq gaq coir dio ghoeq teir baw awr

能听到九声牛角号了

Mq tav ghoeqdzoeq jawr mir dawq dzawr ml e leir

天上九祖跟前告诉来了

Mir ov tseir pyr jawr mirdawqtsavq mr e leir

地上十位先人跟前说明来了

Iq nan nar mq tav ghoeq dzoeq ymq e ar nan

今天是天上九祖相聚的日子

Mr ov tseir pyr ymq e nan meeq leir

地上十位先人相聚的日子

Mq movaq yav so taq doer

楼下雄鸡别乱打鸣

Pu hae keeq I ta tsaevq

寨子里的狗别乱叫

Nyi xawq nan nar kar tanr aq poeq dzaq bae leir

明天是嘎汤帕节开始的日子

Saq laq tiq du taq ghawr

棉花一朵不要纺

Saq kanr tiq jae taq panq dei eiq

棉线一根不要绕哟

“追玛”(Dzoeqma) 的呼喊拉开了“嘎汤帕”(Kartanr par) 的帷幕。

## （二）节日时间及禁忌

### 1. 时间

“嘎汤帕”(Kartanr par) 从农历十二月的最后一个属牛日 (Nyoq nan) 开

始，历时五天，即牛日（Nyoq nan）、虎日（Haqlaq nan）、兔日（Tanqlav nan）、龙日（Lanq nan）、蛇日（Xaer nan），属蛇日（Xaer nan）结束。

▲ 节日盛装/黄荣生 摄/2011年

2. 禁忌

节日前夕，村落忌讳出现某些特殊或不吉之事，如寨里有人去世、有人生出双胞胎、野生动物跑进寨门（Lawrkanq Lavqhoer）、树枝折断掉进寨门里等。哪个寨子出现上述情况，哪个寨子的“嘎汤帕”（Kartanr par）节期就要推迟到下一个属牛日才能进行。

如果村民在节日开始的那天，在寨门外（Lawrkanq Lavqnyir）无意中遇到了蛇或者穿山甲等野生动物，那么此人就不能回到寨中过节，只能在寨门外面搭起草棚或躲在没有安放祭祖台（Aqpoeq Pawvqlawvq）的人家去住，直至过完节才能返回。为防止意外，错过一年一度盛大节日，大多数村民在节期临近时一般不愿轻易走出寨门。

## （三）节日内容

1. 告知村民

头天傍晚寨主“追玛”（Dzoeqma）在自家的阳台上，敲响铜锣向全村大声宣布三遍“明天要过嘎汤帕节了！”。夜深人静之时，显得“追玛”的呼喊特别嘹亮，响彻整个村寨。

2. 核对刻木、结清账务

传统上，节日的第一天要“核对刻木”，以清算一年的账务。西双版纳一带哈尼族历史上没有文字，通常以刻木记事来治理村务，“核对刻木”是“嘎汤帕”节的一项重要内容。现在这一内容已经消失，为填补缺憾，全面展现传统节庆的内容，我们根据老人的记述，重新将这一事象呈现如下。

“核对刻木”由寨主“追玛”（Dzoeqma）和“交巴”（Dzoeqma Jawrbavr）主持。他们在寨子中间摆好篾桌（Hawqjei），端坐等候众人前来。各家男主人手里拿着木刻（Saeqtevq）出来对账，核对刻木、结清账务。没有男主人的寡妇人家不承担寨子里的任何义务，因此也不需要核对刻木。每当这个时候，村落里有人欢喜有人愁。没有能力还债的穷人，一般也要向亲戚朋友借钱结清村落债务。实在无力结清，就意味着要被抄家，种猪或种鸡（Yavqma Jeiqdzanr Yavma jeiqdzanr）等值钱之物将被收走，若是如此还不能结清债务就要被赶出寨门（Lawrkanq Lavq hoer），从此流落寨外。

3. 背新水

节日第二天的清晨，天色蒙蒙亮的时候，各家各户的女主人就要点着火把背起竹筒去圣水池（Eerxawr lawr hawvq）背净水。节日期间诸多食物的烹煮都要使用当日取自圣水池的新水。达戈家的这一任务由达戈媳妇一人完成。天还未亮，她就背着新取的圣水返回待用了。

4. 舂粑粑

新水背回家，达戈媳妇用新水淘洗头天晚上泡好的糯米，并用木甑子蒸熟。达戈将紫苏籽炒香后，加适量食盐舂成面待用。糯米饭蒸熟后，俩人端着甑子，抬着簸箕去舂糯米粑粑（Hawqtanqteir）。糯米饭舂碎即可，舂好糯米回到家里，女主人把舂好的糯米撒上紫苏面揉合捏成数片手掌宽的圆形粑粑。

### 5.杀鸡祭祖

春完粑粑，达戈就开始烧水杀鸡，杀鸡前要用水酒（Jirbaqjirsiq）为鸡“净身”。从脚开始，在鸡的脚、翅膀、头“浇”三次，水酒必须用金竹管吸出使用，然后取来圣水用小葫芦瓢同样从脚开始，按脚、翅膀、头的顺序“浇”三次（Keerlavq Xaeq）。进行完仪式后用木棒将鸡敲死褪毛收拾完后，按鸡身的骨架（鸡头、鸡脖、鸡胸、鸡背、鸡翅、鸡大腿、小腿、鸡翘、鸡肝、鸡肚、鸡脚、鸡肠）分成十二块，装进锅里，加适量大米和生姜煮成鸡粥。

▼ 家祭祈福／黄荣生 摄／2011年

之后，用三个篾饭盒[1]装祭品。祭品包括一块鸡肝、一块鸡胸、一只鸡腿、一块净鸡肉、一块生姜、一杯茶水、一碗米酒、三小块粑粑、一盒糯米饭（糯米饭必须是舂粑粑煮的那一甑糯米饭留下的才能用）。准备好祭品后，安置篾饭桌。达戈将篾饭桌放置在火塘（Hawrdawq）上方，然后端到祭祖台（Aqpoeqgeerlavq）

▼ 竹笆上的祭品/黄荣生 摄/2011年

1. 用竹篾编制专用于祭祀的饭盒（Aqpoeq Lawrganq），一盒装鸡肉，一盒装糯米粑粑，一盒装糯米饭.

▲ 家庭聚餐/黄荣生 摄/2012年

旁边支好。过一会儿，从饭盒里取一些米饭、粑粑、肉、茶水、酒分别祭祖。之后将其端到祭祖台上并念诵祭词，再将祭品端下来，摆到篾饭桌上，按秩序怎么端上去的就怎么端下来。祭祀完毕之后，达戈将祭品阿培老赞（Aqpoeq Lawrdzardzaq）各取一点双手捧给家里媳妇（女主人）先吃，然后全家人才能开始食用。“阿培老赞”（Aqpoeq Lawrdzardzaq）要双手捧接，并用双手送到嘴里吃，主人食用后，客人们也可以吃“阿培老赞”（Aqpoeq Lawrdzar）。我们按照主人的方式，用双手捧接，食用了珍贵的“阿培老赞”（Aqpoeq Lawrdzar）。据称，食用“阿培老赞”（Aqpoeq Lawrdzar）后，祖先的神灵就会保佑人们一年平安、无灾无病、人畜兴旺，在新的一年里万事如意，五谷丰登，心想事成。家人吃完后，女主人把“阿培老赞”（Aqpoeq Lawrdzar）收留在家中的米缸里面，留给出门在外还没有回来的人或后来的客人吃，但最长不能超过三天。

“嘎汤帕”（Kartanr par）期间，要食用两次“阿培老赞”（Aqpoeq Lawrdzar），即节头和节尾，两次都要宰杀一只鸡。“阿培老赞”（Aqpoeq Lawrdzar）在不同地区因家族所祭祖先不一，祭品上也有差异。

**6. 摆节日宴席**

第三天开始，年节祭祀活动暂告一段落。各家各户开始宴请宾客，邀请亲朋好友共享一年的丰收喜悦。达戈家也是天天宾朋满座，热闹非常。哈尼人热情好客，我们这些外来的客人不论进到哪个家里，都能受到热情款待。从这天开始，年节期间的文娱活动也拉开了帷幕，村寨广场上人们喜笑颜开，载歌载舞，释放一年的辛劳。打陀螺(Canqbyq)、滚豆籽(arbev cuq)也是人们年节期间最喜闻乐见的娱乐活动。

## (四）“嘎汤帕”节主要食品及菜谱

### 1. 糯米粑粑(Hawqtanq teir)

糯米粑粑（Hawqtanq dzaq）也和祭品(Aqpoeq Lawrdzardzaq)一样，是年节期间最重要的食物。哈尼族认为，吃了“嘎汤帕”（Kartanr par）节的糯米粑粑就预示着增长了一岁，因此，糯米粑粑尤其深受少年儿童的喜爱。糯米饭蒸熟之后，须先留出一部分作祭品。然后舂碎，做成圆形的粑粑。达戈媳妇在开始正式做粑粑之前，先做了三块小粑粑装在篾饭盒里作祭品，然后做一块较大一点的粑粑“俄托俄安”(Hawqtanq hawq ghan)放在簸箕的中间。听说这块大粑粑要留到最后才能吃。节日期间的粑粑一是作为饮食使用，以应节气，二是作为年节礼物，馈赠给亲朋好友，加强彼此联系。

▼ 木臼舂粑粑/黄荣生 摄/2012年

### 2. 煮鸡粥（Yavciv Caerma）

鸡粥在“嘎汤帕”年节期间也深受人们的喜爱。其制作方法简单，但是味道鲜美，食之回味无穷。做法是把鸡肉按鸡头、鸡脖、鸡胸、鸡背、鸡翅、鸡大腿、小腿、鸡翘、鸡肝、鸡肚、鸡脚、鸡肠分成十二块。砍好后装进锅里，装一碗大米（不洗）、一块生姜，倒入适量清水，加适量的食盐用慢火熬煮即可。鸡粥有滋补作用，产后和哺乳期妇女吃了有助于恢复身体和下奶水。

3．**腌芭蕉心**（Ngaloq ghawqcaer）

腌芭蕉心是当地一种较为特色的菜品。达戈家年前二至三天，就到山箐里采集回了野芭蕉心[1]，将其剁碎后装进土罐里腌制。年节期间便取出食用。“鸡粥和腌芭蕉心”（Caerma / nga loq ghawq caer），在哈尼族雅尼语里是“喜庆”的谐音。这也是人们为什么一定要在年节期间制作这两种食物的主要原因。

4．**剁生**（Xaqbyaevjmq）

剁生是当地的特色饮食。只有在杀猪或杀牛之后，方可制作。从现杀的猪或牛的大腿上割一块净瘦肉，将其剁成肉泥，并用筷子把肉筋挑出，之后放入适量的糊辣椒、香料等作料，加冷开水调拌均匀即可。女人和未满十八岁的男子一般不吃剁生，所以，通常的食用方法是将调拌好的剁生塞进鸡蛋壳里或用芭蕉叶包好，用热火炭烤熟食用，多半用生菜蘸吃，据说有丰富的营养。

5．**白旺**（Buqghar Doer）

白旺即生血拌食，其制作需要新鲜的猪血。杀猪时，在干净的盆中洒上一些食盐，一边接血一边不停地用手搅拌，直至盆里的猪血不能凝固为止。然后将适量净瘦肉和猪内脏切成肉丁，放到锅里炒干炒脆，出锅后晾干，再将食盐、辣椒面、各种作料和炒好了的肉一起放进血里重新不停地搅拌，直至将筷子插进盆中央也不倒即可。

6．**血拌肉**（Geerneir neir）

用三线肉和肚杂切成小块炒干炒脆后，再把切好的芭蕉花（野生的红芭蕉花）放到锅里焖熟，出锅后放凉，之后加上食盐、辣椒面和作料搅

1．只用红芭蕉（Nganeir）．

拌，再把猪血放进去拌匀即可，味香色美。

**7. 春辣椒（Saqpyr tanq）**

春辣椒是哈尼族雅尼人不可缺少的一道佳肴，在年节期间食用，有开胃、散油腻的作用。做法是用火炭将清辣椒烤熟，加少许食盐、大蒜、葱头、芫荽、香料叶等作料，舂拌均匀即可。

**8. 家常蔬菜**

一般是白菜、青菜及平常食用的野菜。

## 五、现代“嘎汤帕”节

以1987年7月24日西双版纳州第六届人大常委会第二十九次会议通过“嘎汤帕”作为西双版纳傣族自治州哈尼族传统节日为标志，西双版纳哈尼族传统节日“嘎汤帕”（Kartanr par）节活动进入了现代组织模式。

### （一）节日组织形式和规模

恢复“嘎汤帕”（Kartanr par）节活动二十多年来，各级政府、各地哈尼族群众对恢复“嘎汤帕”（Kartanr par）节活动意义的认识不断提高，恢复和组织民族传统节日活动已列入政府工作的议事日程，组织形式和内容丰富多样。“嘎汤帕”（Kartanr par）节被不断赋予新的含义。按照传统，“嘎汤帕”须由自然村寨寨主主持活动，其内容主要以家庭祭祖仪式为主。但现代的“嘎汤帕”（Kartanr par）节则由州、市（县）、乡（镇）、村委会分级主办或承办。每年州政府指定一个县（市）作为州级重点活动点，由州政府主办，某个县（市）政府承办，县（市）指定一个乡（镇）作为县（市）重点活动点，由县（市）级政府主办，乡（镇）政府承办，乡（镇）政府指定一个行政村作为乡（镇）重点活动点，由乡（镇）政府主办，某个村委会承办，依次轮流举办“嘎汤帕”（Kartanr par）节活动。

### （二）节日活动内容

现代的“嘎汤帕”节已经不再举行传统的家庭祭拜活动，家庭里不设祭祖台，不再举行祭祖仪式，不准备祭品，不举行吃祭品仪式，宰杀家禽也不再举行任何仪式。文体活动方面，打破传统节日活动中文体活动内容的局限性，荡秋千（Lavq ceq biq）、打陀螺（Canqbiq）、滚搕藤子（Arbev coq）、跺竹筒（Gegeq tuv）等需在特定节日才可举行的项目，在现代“嘎汤帕”中均可呈现。除此之外，现代“嘎汤帕”（Kartanr par）节活动中还可以把任何一个传统节日中的活动项目与现代文体活动项目结合起来，如举行节日庆典大会、大型歌舞表演、邀请上级各部门领导到现场祝贺、观看文艺节目表演、品尝民族风味餐。有条件的活动点，还可以举办传统民居、生产生活用品用具展示、展演，传统文体活动作为附设项目展演。

## 六、节日舞蹈

曼加坡坎村的村民和其他地方的哈尼/阿卡人一样，各个节祭日都有自己传统的歌舞娱乐活动，如：“嘎汤帕”（Kartanr par）节时盛装表演“滇航唱”（Daehanqcar）；“红秀红米”（Hmqxeevqhmqmir）节时盛装表演“追央图”（Dzoeqyantu）；“耶枯扎”（Yaerkuqdzaq）节时“打秋千”（Lavqceq biq）和各个节祭日活动中的“咚八查”（Debawq tsawq）、“竹筒舞”（Bawqtsanq tuv）、“打陀螺”（Canqdiq）、“滚揺藤子”（Arbev coq）等一系列活动。

## 七、结语

如今，我们在节日期间看到的诸多民族舞蹈，实际上都不是从前的传统节日内容。随着时代的发展变迁，那些所谓传统的东西在不同程度地消减，同时，一些新的东西也在不断地重组重构。日常生活中，传统衣食住行在不知不觉中发生了变化，随着对传统文化逐渐消失的隐隐忧虑，人们越来越希望在传统节日和祭祀中集中呈现和努力强化现存的传统文化。

# 附录

# 附录一　哈尼族人口及分布简况

第六次全国人口普查云南省普查登记总人口为4596.6万人。其中，哈尼族人口为163万人，位居全省少数民族人口第二。红河州哈尼族人口为78.97万人，占红河州总人口的17.5%；西双版纳州哈尼族人口为215434人，占总人口的19.01%；普洱市哈尼族人口为454666人，占普洱市总人口的17.88%；玉溪市哈尼族人口为130279人，占玉溪市总人口的5.66%。昆明市、楚雄市、曲靖市等地也有哈尼族分布。哈尼族人口达到9000人以上的有20个县。

表1　哈尼族人口达9000人以上的20个县

| 县名 | 人口（人） | 占该县总人口比例 | 排序 | 县名 | 人口（人） | 占该县总人口比例 | 排序 |
|---|---|---|---|---|---|---|---|
| 红河 | 231919 | 78.22% | 1 | 澜沧 | 49715 | 10.1% | 11 |
| 墨江 | 222174 | 61.63% | 2 | 宁洱 | 45998 | 24.77% | 12 |
| 元阳 | 206336 | 52% | 3 | 个旧 | 28555 | 6.21% | 13 |
| 绿春 | 196040 | 87.8% | 4 | 思茅 | 27393 | 9.2% | 14 |
| 金平 | 93330 | 26.2% | 5 | 镇沅 | 25394 | 12.17% | 15 |
| 元江 | 89510 | 41.17% | 6 | 建水 | 14431 | 2.72% | 16 |
| 景洪 | 83704 | 16.1% | 7 | 新平 | 12600 | 4.4% | 17 |
| 勐腊 | 68373 | 24.27% | 8 | 景东 | 12477 | 3.47% | 18 |
| 勐海 | 63357 | 19.09% | 9 | 峨山 | 12054 | 7.4% | 19 |
| 江城 | 57473 | 47.29% | 10 | 孟连 | 9585 | 7.07% | 20 |

此外，玉溪市红塔区哈尼族人口为7486人，占全市总人口的1.51%；蒙自市哈尼族人口6060人，占全市总人口的1.45% ；石屏县哈尼族人口

4709人，占全县总人口的1.57%；景谷县哈尼族人口为3483人，占全县总人口的1.19%；易门哈尼族3384人，占全县总人口的1.91%；晋宁县哈尼族人口为1633人，占全县总人口的0.58%；河口县哈尼族人口为1575人，占全县总人口的1.51%；武定县哈尼族人口为751人，占全县总人口的0.28%；华宁县哈尼族人口为528人，占全县总人口的0.25%。双柏县、通海县、禄劝县2010年全国人口普查数据公报未提供少数民族人口具体数据。2000年数据：双柏县哈尼族人口3565人，通海县哈尼族人口1585人，禄劝县哈尼族人口1310人。新的人口数据应略有增加。

# 附录二　哈尼族聚居的州、市、县

## 红河哈尼族彝族自治州

红河州哈尼族普遍保留十月年习俗。红河哈尼族彝族自治州为全国唯一的哈尼族自治州，位于云南省南部，东经101°47′－104°16′，北纬22°16′－24°45′之间。全州总面积32931平方公里，东接文山州，北连玉溪市，西邻普洱市，南与越南社会主义共和国接壤，边境线长408公里。1950年在建水成立滇南行署，同年4月迁到蒙自改为专员公署，辖蒙自、屏边、个旧、金平、建水、石屏、曲溪、元江、红河、元阳、河口等县市。1954年1月红河以南的金平、元阳、红河以及河口、元江的部分地区成立红河哈尼族自治区，首府在元阳。1956年新建绿春办事处，后改为县，为自治区所属。1957年11月18日，红河哈尼族自治区与蒙自专员公署合并建立红河哈尼族彝族自治州，首府蒙自。弥勒县于1953年成立彝族自治县，1954年划归蒙自专区；1957年泸西县划归红河州；1958年7月将原属省辖的个旧市划归红河州，自治州首府迁至个旧市。现红河哈尼族彝族自治州首府设在蒙自市，下辖蒙自、个旧、开远、屏边、河口、金平、元阳、红河、绿春、建水、石屏、弥勒、泸西等13个县市。红河州哈尼族总人口为78.97万人，占红河州总人口的17.5%。

## 玉溪市

玉溪市南部哈尼族普遍保留十月年习俗；北部哈尼族基本无十月年习俗。玉溪市位于云南省中部，地处北纬23°19′－24°53′、东经101°16′－103°09′之间。全市总面积15285平方公里，北接省会昆明市，西南连普洱市，东南邻红河哈尼族彝族自治州，西北靠楚雄彝族自治州。下辖红塔区、江川县、澄江县、通海县、华宁县、易门县、峨山彝族自治县、新平彝族傣族自治县、元江哈尼族彝族傣族自治县八个县（区）。1950年1月成立滇中区人民行政专员公署，同年3月改称玉溪行政专员公署；1983年玉溪撤县改市（县级）；1997年12月13日国务院批准撤销云南省玉溪地区建立地级玉溪市。玉溪市红塔、通海、华宁、易门、峨山、新平、元江等县（区）均有世居哈尼族分布。2010年数据，玉溪市哈尼族人口为130279人，占玉溪市总人口的5.66%。

## 普洱市

普洱市哈尼族部分保留十月年习俗。普洱市位于云南省西南部，地处北纬22°02′－24°50′、东经99°09′－102°19′之间。东临红河、玉溪，南接西双版纳，西北连临沧，北靠大理、楚雄。东南与越南、老挝接壤，西南与缅甸毗邻，国境线长约486公里，其中中缅303公里、中老116公里、中越67公里。全市总面积45385平方公里，下辖思茅区、宁洱哈尼族彝族自治县、墨江哈尼族自治县、景东彝族自治县、景谷傣族彝族自治县、镇沅彝族哈尼族拉祜族自治县、江城哈尼族彝族自治县、孟连傣族拉祜族佤族自治县、澜沧拉祜族自治县、西盟佤族自治县等县（区），市人民政府驻思茅区。中华人民共和国成立后设普洱专区，1953年改为思茅专区；1971年改称思茅地区；1973年西双版纳州与思茅地区分设；2003年10月，撤销思茅地区，设立地级思茅市；2007年2月，国务院批准思茅市更名为普洱市。2010年数据，普洱市哈尼族454666人，占普洱市总人口的17.88%。

## 西双版纳傣族自治州

西双版纳州哈尼族普遍保留十月年习俗。西双版纳傣族自治州，位于云南省南端，地处北纬21º08′－22º36′，东经99º56′－101º50′。全州土地面积19582.45平方公里，北接普洱市，南与缅甸、老挝山水相连，国境线长达1069公里。下辖景洪市、勐海县、勐腊县和11个国有农场。辖境内聚居着傣、哈尼、拉祜、布朗、基诺等13个世居少数民族。1950年2月17日，普洱专员公署在今西双版纳境内成立车里、佛海、南峤、镇越四县人民政府。1953年1月23日西双版纳傣族自治区成立。1959年7月30日正式改为西双版纳傣族自治州。西双版纳三市县均有数万世居哈尼族分布，2010年数据，西双版纳州哈尼族人口为215434人，占总人口的19.01%，为全州第二大少数民族。

## 绿春县

绿春县哈尼族普遍保留十月年习俗。自2004年起，绿春县政府每年十月年期间，组织全县各族人民身着盛装、载歌载舞，集中在县城主街道大摆“长街古宴”欢度哈尼大年。绿春县行政隶属云南省红河州，地理地处北纬23º06′，东经102º24′，面积3167平方公里。东依金平、元阳两县，北靠红河县，西邻墨江县，西南隔李仙江与江城县相望，东南与越南社会主义共和国毗邻，国境线长153公里。其辖区西汉属益州郡西随县地，东汉属牂牁郡。三国、西晋属兴古郡。隋属濮部地，唐初为岭南道和蛮部地。南诏分属通海都督和蛮部和银生节度威远睑。宋代大理国时期分属秀山郡及威楚府。元属元江路、和泥路。明时大部分属元江土知府、钮兀御夷长官司和临安府的纳楼、瓦渣、溪处等土司，尚有部分为“沐民勋庄”领地。清属元江州、他郎厅和临安府的纳楼、瓦渣、溪处、者米等土司。1912年后属元江、墨江、石屏、建水、金平等县地。1955年设立六村办事处，辖红河哈尼族自治区直属区、红河县第六区、第七区和元阳县的三猛区办事处，办事处设在大兴镇。1958年7月15日经国务院批准，以六村办事处辖区及金平县划出的平河、东批两乡设县。2010年数据，全县哈尼族196040人，占全县总人口的87.8%。20世纪50年代国家制定《哈尼族文字方案》，以绿春县大兴镇大寨村哈尼语为标准语音。

## 红河县

红河县哈尼族普遍保留十月年习俗。近年，红河县也于每年十月年期间，在甲寅乡推出“中国·红河哈尼长街宴”大型活动，各民族同胞载歌载舞，与来自五湖四海的宾客一同欢度哈尼大年。红河县行政隶属云南省红河州，位于云南省南部，地处东经101°49′－102°37′，北纬23°05′－23°27′之间，国土面积2057平方公里。县境东接元阳县，南连绿春县，西与元江县、墨江县接壤，北与石屏县隔红河相望。县政府驻地迤萨镇，距州府蒙自146公里，距省会昆明318公里。西汉属来唯县地，隶益州；东汉为西隋县地，先后隶牂牁郡、兴古郡、梁水郡。隋代为濮地；唐前期称和蛮部，南诏隶通海都督，大理时属秀山郡。元为临安广西元江宣慰司和泥路；明清时期隶临安府，有思陀、瓦渣、落恐、左能、亏容、溪处等土司。1951年前，分属石屏、建水、元江三县管辖。1951年正式成立红河县人民政府。1952年改称红河县哈尼族自治区，隶属蒙自专区。1954年，元江的浪堤、大羊街、车古、垤玛、三村等地划归红河县。1957年，红河哈尼族彝族自治州成立，红河县隶属于自治州。2010年数据，全县哈尼族231919人，占全县总人口的78.22%，是全国哈尼族人口最多的县。

## 元阳县

元阳县哈尼族普遍保留十月年习俗。元阳县行政隶属云南省红河州，位于云南省南部、哀牢山脉南段，地处北纬23°10′，东经102°45′。全州总面积2292平方公里，东接金平县，南连绿春县，西邻红河县，北与建水县、个旧市、蒙自县隔红河相望。县政府驻地南沙镇，距州府蒙自市92公里，距省会昆明市273公里。元阳县境西汉为来唯县地，隶益州郡；东汉以后改西隋县，隶兴古郡；南朝隶梁水郡；隋属宁州总管府；唐为和蛮部地，归岭南道辖；南诏属通海都督，大理时为秀山郡地；元隶临安路，明属临安府，清因之。1950年由建水、个旧、蒙自三县析置，建立新民县。同年9月20日，改为新民办事处。1951年5月7日，经政务院批准，命名为元阳县。1954年属红河哈尼族自治区，1957年11月属红河哈尼族彝族自治州。国务院1998年12月19日批准将元阳县人民政府驻地由新街镇迁至南沙镇。2010年数据，全县哈尼族人口206336人，占全县总人口的52%。

## 金平苗族瑶族傣族自治县

金平县哈尼族普遍保留十月年习俗。金平苗族瑶族自治县行政隶属云南省红河州，位于云南省东南部边陲山区，地处东经102°31′—103°38′，北纬22°26′—23°04′，土地面积3685.69平方公里。西接绿春县，北连元阳县，东北隔红河与个旧市、蒙自县为邻，东隔红河与河口瑶族自治县相望，南与越南社会主义共和国老街省、莱州省山水相连，边境线502公里。县人民政府驻金河镇，距省会昆明市477公里，距州府蒙自县城137公里。现金平县境大部地区汉时属牂牁郡西随县地，三国至西晋属兴古郡西随县地，隋、唐、五代十国属南宁州都督府黎州地，宋时属秀山郡大甸地，元时属临安路大甸地，明时属临安府建水州十五勐十八土司地，清时属临安府勐丁、勐拉、茨通坝、者米土司地。清光绪十六年，始改土归流，先后分设勐丁、金河两行政委员，后改设平河设治局和金河设治局。1934年9月1日，中华民国政府将两设治局合并设县，取两设治局首字命名为金平县。1985年6月11日，经国务院批准撤销金平县，成立金平苗族瑶族傣族自治县。12月7日自治县正式成立。2010年数据，全县哈尼族人口93330

人，占全县总人口的26.2%。

## 元江哈尼族彝族傣族自治县

元江县哈尼族普遍保留十月年习俗。元江哈尼族彝族傣族自治县行政隶属云南省玉溪市，位于云南省中南部，介于北纬23°19′－23°55′、东经101°39′－102°22′之间。东接石屏县，西邻墨江县，南连红河县，北靠新平县。土地面积2858平方公里，人口18万余人，主要由哈尼、彝、傣、白、拉祜等民族构成。秦以前名惠笼甸，汉属益州郡地；蜀汉西晋名罗长期磐甸，属兴古郡地；东晋、宋、齐名宣城，属梁水郡地；隋、唐名步头，属黎州地；唐南诏时遥属银生节度；宋大理时名因远部、罗必甸，属威远睑治地；元至元二年（1265）立元江府，至元十五年（1276）更名元江万户府，至元二十五年（1288）改称元江路；明洪武十五年（1382）改置元江府，永乐四年（1406）为元江军民府；清顺治十年（1661）改土归流，仍称元江军民府，乾隆三十二年（1767）降为元江直隶州；民国二年（1913），改设元江县；1949年成立元江县临时人民政府，属蒙自专区，1954年改属玉溪专区。1980年，经国务院批准成立元江哈尼族彝族傣族自治县。县人民政府驻地澧江镇，距省会昆明250公里，距行署驻地玉溪市162公里。元江哈尼族总人口89510人，占全县总人口的41.17%。

## 新平彝族傣族自治县

新平县哈尼族部分保留十月年习俗。新平彝族傣族自治县行政隶属云南省玉溪市，位于云南省中部偏西南，北纬23°38′－24°26′，东经101°16′－102°16′之间，按东南西北顺序，分别与峨山县、石屏县、元江县、墨江县、镇沅县、双柏县接壤。县城驻地桂山镇，距省会昆明市180公里，距玉溪市政府所在地红塔区90公里。两汉属益州郡地。蜀汉属建宁郡地。两晋、南北朝时为胜休县地。隋唐时为绛县地，隶属剑南道姚州都督府黎州；后为宗居、石塔两县地，隶属剑南道姚州都督府宗州。南诏时以元江为界分属通海都督府、银生节度府。宋大理国时以元江为界分属马龙部、嵧峨部，同属秀山郡。元宪宗时分属马龙甸二千户所、嵧峨五千户所。元至元十三年（1276）置马龙他郎甸司，属元江路；今平甸、扬武地设平甸县，属嵧峨州。至元二十六年（1289）嵧峨州降为县，平甸县降乡，改隶临安路。明洪武十七年（1384）直隶云南省布政使司；弘治八年（1495）马龙他郎长官司升为新化直隶州。明万历十九年（1591）七月建立县治，定名新平，属临安府。1914年，新平改隶普洱道。1980年，成立新平彝族傣族自治县。从1950年至今新平属玉溪地区管辖。2010年数据，全县哈尼族人口12600人，占全县总人口的4.4%。

## 墨江县哈尼族自治县

墨江县哈尼族部分保留十月年习俗。墨江哈尼族自治县行政隶属云南省普洱市，位于云南省南部，地处北纬23º26′，东经101º41′。面积53212平方公里，北与镇沅、新平两县相连，东与元江、红河、绿春三县接壤，南临江城县，西与普洱县隔把边江相望。县城所在地联珠镇距离省会昆明273公里，距离普洱市政府所在地思茅区176公里。墨江两汉时属益州郡，蜀汉、魏晋时属梁水郡，南诏属银生节度地。大理国时期，先后为威楚府因远部和马龙辖地，元代属元江路马龙部。明代嘉靖十二年（1533），以他郎寨长官司地置恭顺州。清雍正十年（1732），改设他郎抚彝厅，置流官通判。乾隆、宣统时，先后改为普洱府和他郎厅。民国二年（1913）废厅改县，民国四年（1915）改他郎县为墨江县。1950年正式成立墨江县人民政府。1979年经国务院批准成立墨江哈尼族自治县，是中国唯一的哈尼族自治县。2010年数据，全县哈尼族人口

222174人，占全县总人口的61.63%。

## 江城哈尼族彝族自治县

江城县哈尼族部分保留十月年习俗。江城哈尼族彝族自治县行政隶属云南省普洱市，位于云南省南部，地处东经101°14′－102°19′，北纬22°20′－22°56′之间，总面积3460平方公里。东面与红河州绿春县相望，北面与墨江、普洱两县相连，西面与西双版纳州景洪、勐腊县相接，南部与越南、老挝接壤，国境线长183公里。其中，中老界116公里，中越界67公里。历史上，江城县境先后属永昌郡、剑南道濮子部、银生节度、威楚府、元江宣慰司、元江路、钮兀司等所辖。自唐以后，此地区即为哈尼先民“和泥”聚居之地。明宣德八年（1433），今江城一带设钮兀长官司。清朝，今江城分别为元江、墨江、宁洱属地。民国十八年，增设江城县。江城在1949年3月解放时成立了临时联合政府，11月成立临时人民政府，1950年改称江城县人民政府。1954年5月18日成立江城县哈尼族彝族自治区人民政府，1956年12月改为江城哈尼族彝族自治县人民委员会。1968年10月，成立江城哈尼族彝族自治县革命委员会。1981年7月，撤销县革命委员会，改称江城哈尼族彝族自治县人民政府。江城县哈尼族57473人，占全县人口的47.29%。

## 镇沅彝族哈尼族拉祜族自治县

镇沅县哈尼族部分保留十月年习俗。镇沅彝族哈尼族拉祜族自治县行政隶属云南省普洱市，位于云南省西南部，北纬23°34′－24°22′，东经100°21′－10°31′之间，总面积4136.81平方公里。东靠新平，北接景东、双柏，东南与墨江、普洱毗邻，南接景谷，西与临沧隔江相望。西汉属哀牢地，东汉至三国蜀汉时期，属益州永昌郡；两晋南北朝时期属宁州永昌郡；隋代、唐初属濮子部；南诏国时期属银生节度；宋代大理国时期属威楚府。元代设为远干州，先属威楚路，后属景东军民府；明初为麓川平缅宣慰司兼并，洪武三十五年（1402）置镇沅直隶州，属云南布政司；永乐四年（1406）升为镇沅府，直属云南布政司。清雍正五年（1727）改思乐县隶镇沅府。乾隆三十五年（1727）改为直隶州，道光二十年（1840）改为直隶厅。1913年改为镇沅县，隶普洱道；1950年后隶宁洱专区、思茅专区。1959年、1960年并入景谷县，1961年恢复建置。1990年成立镇沅彝族哈尼族拉祜族自治县。县城恩乐镇距省会昆明447公里，距离普洱市思茅区190余公里。

## 宁洱哈尼族彝族自治县

宁洱县哈尼族部分保留十月年习俗。宁洱哈尼族彝族自治县行政隶属云南省普洱市，位于云南省南部，地处北纬23º04′，东经101º03′，面积3670平方公里。东北至东面接墨江县，南与江城县相接，西与景谷县毗邻，北与镇沅县接壤。西汉属哀牢地，东汉至三国蜀汉时期属益州永昌郡；两晋南北朝时期属宁州永昌郡；隋代、唐初属濮子部；南诏国时期属银生节度；宋代大理国时期属威楚府。元代设普日思摩甸长官司，属元江路。明代属车里宣慰司。清雍正七年（1729）设普洱府，后设宁洱县为附郭县。1912年裁宁洱县，1913年废府改普洱县，为滇南道治，1914年为第二殖边督办公署驻地，1940年为思普行政督察区专员公署驻地。1950年为宁洱专区驻地，1953年属思茅专属区，1958年至1981年并入思茅县。1985年12月15日成立自治县。2010年数据，宁洱县哈尼族总人口45998人，占全县总人口的24.77%。

## 澜沧拉祜族自治县

澜沧县哈尼族普遍保留十月年习俗。澜沧拉祜族自治县行政隶属云南省普洱市，位于云南省西南部，因东临澜沧江而得名。地处东经99°29′－100°35′、北纬22°01′－23°16′之间。全县总面积8807平方公里。县境与景谷、普洱、勐海、孟连、西盟、沧源、双江7县市相邻，西部和西南部与缅甸接壤，国境线长80.5公里。县城设于勐朗坝，距省会昆明588公里，距普洱市政府驻地173公里。西汉属哀牢地，东汉至三国蜀汉时期属益州永昌郡；两晋南北朝时期属宁州永昌郡；隋代、唐初属濮子部；南诏国时期属银生节度；宋代大理国时期属永昌府。元代属木连路军民府；明代，澜沧县境为孟连长官司辖境；清代改为孟连宣抚司，又先后封委了大雅口土都司、芒海土守备、大山土守备、贤官募乃土把总等土官，县境为各土官分治。清光绪十四年（1888），清政府核准设镇边直隶厅，隶云南省迤南道；民国二年（1913），镇边直隶厅改为镇边县；民国四年（1915）又改为澜沧县。1949年4月成立澜沧专员公署，同年12月撤销专员公署，恢复澜沧县。1950年，正式成立澜沧县人民政府；1953年，经国务院批准成立澜沧拉祜族自治区；1955年改为澜沧拉祜族自治县。2010年数据，澜沧县哈尼族总人口45998人，占全县总人口的10.1%。

## 景洪市

景洪市哈尼族普遍保留十月年习俗。景洪市行政隶属云南省西双版纳傣族自治州，位于云南最南部，地跨东经100°25′－101°31′、北纬21°27′－22°36’之间。总面积7003平方公里。东邻勐腊县和江城县，西接勐海县，北连普洱市，南与缅甸接壤，国境线长112.39公里。景洪西汉时为哀牢地，东汉时属永昌郡。唐代南诏国时名茫乃道，属银生节度地；宋代大理国时名勐泐。帕雅真统一西双版纳后建立景陇王国。元代属彻里军民总管府。后来，被缅甸多次入侵，附属于东吁王朝。明改属车里宣慰司。1570年，宣慰使召应勐始建西双版纳，在今景洪市辖地置共4个版纳。1913年，属普思沿边行政总局。1929年始设县治，南为车里县，北分普文县和六顺县。1950年解放，仍称车里县。1953年，西双版纳傣族自治州成立，复置版纳建制。1958年6月设立景洪县。1993年12月，撤县设市，名景洪市。2010年数据，景洪哈尼族总人口83704人，占全县总人口的16.1%。

## 勐海县

勐海县哈尼族普遍保留十月年习俗。勐海县行政隶属云南省西双版纳傣族自治州，位于云南省西南部，地处东经99°56′－100°41′、北纬21°28′－22°28′之间。总面积5511平方公里，东接景洪市，东北接普洱市，西北与澜沧县毗邻，西及南与缅甸接壤，国境线长146.6公里。县城勐海镇距省会昆明776公里，距州府景洪40公里。勐海西汉隶属益州郡，东汉划归永昌郡。唐南诏时隶银生节度；宋淳熙七年（1180），境内设九勐土司地。元朝属车里路军民总管府；明朝隶属车里军民宣慰使司。明隆庆四年（1570），宣慰使召应勐将辖区划为十二版纳，本县境内设四个版纳；清朝沿袭明制。清顺治十八年（1661），境内重置九勐土司地。民国元年（1912），改设勐海、勐遮、勐混3个区；民国二年（1913），境内设勐遮、勐混两个区；民国十六年（1927），改区设佛海县、南峤县、宁江设治局。1950年2月17日，境内解放。1951－1958年，建制几经变动。1958年，勐遮、勐海两县合并为勐海县。2010年数据，勐海县哈尼族总人口63357人，占全县总人口的19.09%。

## 勐腊县

勐腊县哈尼族普遍保留十月年习俗。勐腊县行政隶属云南省西双版纳州，是中国云南省最南端的一个边境县，位于北纬21°09′－22°23′、东经101°05′－101°50′之间。总面积7056平方公里。西北与景洪市相接，北面与普洱市江城县毗邻，东部和南部与老挝接壤，西边与缅甸隔江相望，国境线长达740.8公里。县城距省城昆明868公里，距州府景洪172公里。勐腊在西汉时属益州郡哀牢地，东汉属永昌郡鸠僚地。隋朝属濮子部，唐南诏时属银生节度。宋大理国时属彻里地，宋淳熙七年（1180），归属傣族首领帕雅真。元朝属彻里军民总管府；明初属车里宣慰司，明隆庆四年（1570），车里宣慰司将其辖区划分为十二版纳，勐腊县境内分为三版纳。清雍正七年（1729）置勐腊土把总。1913年属普思沿边行政总局第五区、第六区行政分局；民国十六年（1927）第五区改置镇越县，第六区改置象明县；1929年象明县并入镇越县，属普洱道。1949年11月成立镇越县人民政府，隶属宁洱专署；1953年改隶西双版纳傣族自治区（1955年改称自治州）；1957年7月更名为勐腊县。2010年数据，勐腊县哈尼族总人口68373人，占全县总人口的24.27%。

# 附录三　哈尼族自称、他称及历史称谓

哈尼族的自称有哈尼、豪尼、白宏、多尼、海尼、和尼、雅尼、卡多、卡别、碧约、哦怒、阿木等十余种。其中以哈尼、卡多、雅尼、豪尼、碧约、白宏等六种自称的人数为多。哈尼主要聚居于红河哈尼族彝族自治州境哀牢山南段的红河、元阳、绿春、金平四县；卡多、豪尼、碧约、白宏等主要交错聚居于哀牢山中段和无量山的墨江、元江、景东、镇沅、新平、普洱、江城等县；雅尼则聚居于西双版纳傣族自治州勐海、勐腊、景洪和普洱市澜沧等县市。

哈尼族各自的相互称呼以及其他民族对哈尼族的称谓多种多样。作为互称以及他称的称谓有:罗比、罗美、果活、果作、哈欧、腊咪、期弟、奕车、艾罗、哈欧、哈备、窝尼、多塔、阿梭、布都、白宏、补角、觉围、觉交、雅尼、阿卡、阿里卡多、阿古卡多、多卡、阿西鲁马、哦怒等。罗比、罗美、果活、果作、腊咪、期弟、奕车、艾罗是自称哈尼的人们相互之间的称谓，当地其他民族多称呼他们为窝尼；哈欧为绿春一带对族源壮族的一支哈尼人的特殊称谓；豪尼为自称，其他哈尼人称其为布都、阿梭、多塔或者补角；雅尼人自称雅尼、哈尼或阿卡，不同分支间互称觉围、觉交等，当地汉族称他们为爱尼；卡多为自称，不同分支间又互称阿里卡多、阿古卡多；哦怒为自称，其他哈尼人称其为阿西鲁马，当地汉族称他们为西摩洛。

见诸汉文史籍的哈尼族历史称谓有和夷、和蛮、和泥、禾泥、斡泥、阿木、阿宁、阿泥、倭泥、窝泥、俄泥、哈尼、糯比、路弼、罗缅、卡惰等多种。“和夷”一名始见于《尚书》；“和蛮”一名最早出现在唐朝

《新唐书·南蛮传》中；“和泥”一名最早出现在唐朝《南诏图卷》中。和泥、禾泥、斡泥、阿木、阿宁之称，多见于元代文献《元文类》、《元史·世祖本纪》、《元史·赛典赤赡思丁传》、《元史·张立道传》、《云南志略》、《马可波罗行纪》、《圣朝混一方舆胜览》等中。阿泥、倭泥、窝泥、俄泥之名，初见于明代文献景泰《云南图经志书》、《明史·地理志》、《大明一统志》等中。哈尼、河泥、糯比、路弼、罗缅、卡惰等称谓，初见于清代文献康熙《蒙自县志》、雍正《临安府志》、雍正《云南通志》、道光《云南通志》、《古今图书集成》、《伯麟图说》、《元江州志》、《他郎厅志》等中。毕约、惰塔二名，晚近载于民国方志《新平县志》、《墨江县志稿》。“哈尼”一名首载于清初康熙《蒙自县志》。

哈尼族的历史称谓，大部分与目前的自称或互称相同或相近。总的来看，哈尼族自称和历史称谓的音义基本一致。主要的自称和尼、哈尼、豪尼、海尼、黑泥，其和、哈、豪、海、黑都从“和”音，其意均为“和人”。主要历史称谓和夷、和蛮、禾泥、窝泥、斡泥、俄泥、倭尼、阿泥等，其中和、禾、阿在古汉语中的发音同窝、斡、倭、俄在西南方言中的发音，即“wo”，是其他民族对哈尼族的称呼。可以说，两千多年来，哈尼族就基本上有一个相对统一的名称，即“和人”。中华人民共和国成立后，根据本民族大多数人的意见，以自称人数最多的“哈尼”作为本民族的统一名称。

表2

| 支系 | 他称或互称 | 主要居住地 |
|---|---|---|
| 哈尼 | 哈尼 | 绿春、红河、元阳、金平等地 |
| | 罗比、罗美 | 金平、元阳、红河、建水、元江等县；越南北部 |
| | 期弟、腊咪 | 绿春、红河、墨江、江城等县；越南北部 |
| | 果作 | 金平、绿春、江城等县；越南北部 |
| | 果和 | 金平、元阳等县 |

续表

| | | |
|---|---|---|
| | 艾罗 | 元阳县 |
| | 奕车 | 红河县 |
| | 哈欧 | 绿春县 |
| | 哈备 | 金平县 |
| | 阿邬 | 元阳、金平等县 |
| 雅尼 | 爱尼、阿卡 | 西双版纳、澜沧、孟连以及缅甸东南部、泰国北部 |
| 多尼 | 多尼 | 元阳、金平、景东、墨江、元江、镇沅、普洱等县 |
| 碧约 | 碧约 | 墨江、普洱、镇沅、江城、新平、红河、绿春等县 |
| 卡多 | 卡多 | 墨江、镇沅、江城、普洱、元江、新平、绿春等县 |
| 哦怒 | 西摩洛 | 墨江、江城、绿春等县 |
| 豪尼 | 布都、阿梭、多塔 | 墨江、普洱、宁洱、元江、红河、元阳、绿春等县 |
| 白宏 | 布孔 | 墨江、江城、镇沅、元江、红河、绿春等县 |
| 阿木 | 阿木 | 墨江、宁洱、镇沅等县 |
| 卡别 | 卡别 | 墨江、绿春等县 |
| 其他 | 阿克 | 西双版纳州 |
| | 排角 | 勐腊县 |
| | 补过 | 勐腊县 |

# 附录四　哈尼文与国际音标对照表

表3　《哈尼文方案》哈尼文与国际音标对照表

| 哈尼文声母 | 国际音标 | 哈尼文声母 | 国际音标 | 哈尼文声母 | 国际音标 | 哈尼文声母 | 国际音标 | 哈尼文声母 | 国际音标 |
|---|---|---|---|---|---|---|---|---|---|
| b | b | p | ph | m | m | f | f | | |
| bi | bj | pi | phj | mi | mj | | | | |
| d | d | t | th | n | n | l | l | | |
| z | dz | c | tsh | s | s | ss | z | | |
| j | tɕ | q | tɕh | x | ɕ | ni | ȵ | y | j |
| g | g | k | kh | ng | ŋ | h | x | hh | ɣ |
| p | p | pi | pj | t | t | | | | |
| c | ts | q | tɕ | k | k | | | | |
| 哈尼文韵母 | 国际音标 | 哈尼文韵母 | 国际音标 | 哈尼文韵母 | 国际音标 | 哈尼文韵母 | 国际音标 | 哈尼文韵母 | 国际音标 |
| i | i | iv | i̱ | u | u | uv | u̱ | | |
| yu | ø | yuv | ø̱ | ei | e | eiv | e̱ | | |
| a | a | av | a̱ | ao | ɔ | aov | ɔ̱ | | |
| o | o | ov | o̱ | | | | | | |
| e | ɤ | ev | ɤ̱ | ee | ɯ | eev | ɯ̱ | | |
| ii | ɿ | iiv | ɿ̱ | iei | ie | | | | |
| ia | ia | iao | iɔ | ie | iɤ | uei | ue | ua | ua |
| 哈尼文声调 | 调值 | 哈尼文声调 | 调值 | 哈尼文声调 | 调值 | 哈尼文声调 | 调值 | 哈尼文声调 | 调值 |
| l | 55 | 不标 | 33 | q | 31 | f | 24 | | |

## 表4 元江县羊街乡哈尼语音位系统[1]

| 哈尼文声母 | 国际音标 | 哈尼文声母 | 国际音标 | 哈尼文声母 | 国际音标 | 哈尼文声母 | 国际音标 | 哈尼文声母 | 国际音标 |
|---|---|---|---|---|---|---|---|---|---|
| b | p | p | ph | m | m | f | f | v | v |
| d | t | t | th | n | n | l | l | lh | ɬ |
| z | ts | c | tsh | s | s | ss | z | | |
| zh | tʂ | ch | tʂh | sh | ʂ | r | ʐ | | |
| j | tɕ | q | tɕh | x | ɕ | y | ʑ | | |
| g | k | k | kh | ng | ŋ | | | | |
| h | x | hh | ɣ | χ | h | | | | |
| 哈尼文韵母 | 国际音标 | 哈尼文韵母 | 国际音标 | 哈尼文韵母 | 国际音标 | 哈尼文韵母 | 国际音标 | 哈尼文韵母 | 国际音标 |
| i | i | ii | ɿ | ei | e | ai | ɛ | | |
| a | a | ɑ | ɑ | ao | ɔ | o | o | | |
| v | v | ee | ɯ | e | ɤ | y | y | yu | ø |
| ie | iɛ | iao | iɔ | ua | ua | ui | ui | ei | ei |
| ing | iŋ | eng | ɛŋ | ang | aŋ | ang | ɑŋ | ong | ɔŋ |
| uen | uɛŋ | uan | uaŋ | ian | iɛŋ | iang | iaŋ | m | m~ |
| 哈尼文声调 | 调值 | 哈尼文声调 | 调值 | 哈尼文声调 | 调值 | 哈尼文声调 | 调值 | 哈尼文声调 | 调值 |
| l | 55 | 不标 | 33 | q | 31 | f | 24 | | |

1. 元江县羊街乡的哈尼语属哈雅方言哈尼次方言元江羊街土语，以衣垤哈尼语为例。声母28个、韵母28个、声调有4个。详见戴庆厦：元江县羊街乡语言使用状况及其演变[M].北京：商务印书馆，2009.

## 表5　西双版纳《民间国际通用哈尼/阿卡文方案》[1]

| 哈尼文声母 | 国际音标 | 哈尼文声母 | 国际音标 | 哈尼文声母 | 国际音标 | 哈尼文声母 | 国际音标 | 哈尼文声母 | 国际音标 |
|---|---|---|---|---|---|---|---|---|---|
| b | b | p | ph | m | m | f | f | w | u |
| by | bj | py | phj | my | mj | | | | |
| d | d | t | th | n | n | l | l | | |
| dz | dz | ts | tsh | s | s | z | z | | |
| j | tɕ | c | tsh | x | ɕ | ny | ȵ | y | j |
| g | g | k | k | ng | ŋ | h | x | | |
| kh | kh | gh | gh | | | | | | |
| 哈尼文韵母 | 国际音标 | 哈尼文韵母 | 国际音标 | 哈尼文韵母 | 国际音标 | 哈尼文韵母 | 国际音标 | 哈尼文韵母 | 国际音标 |
| a | a | o | o | e | ɤ | i | i | u | u |
| oi | y | ae | Q | aw | ɔ | ei | e | ee | ɯ |
| oe | ø | an | an | m | m | am | am | | |
| ai | ai | ao | ao | iu | iu | iao | iao | ua | ua |
| 哈尼文声调 | 调值 | 哈尼文声调 | 调值 | 哈尼文声调 | 调值 | 哈尼文声调 | 调值 | 哈尼文声调 | 调值 |
| r | 55 | 不标 | 33 | q | 31 | | | | |

1．2009年1月，西双版纳州哈尼学会经请示州政府同意，召开了中国、泰国、缅甸、老挝学者参与的学术研讨会，通过了《民间国际通用哈尼/阿卡文方案》，由26个字母、27个声母、14个韵母、1个紧音符号、3个声调符号组成。详见杨忠明：西双版纳哈尼族简史[M]．昆明：云南民族出版社，2010:188−191．

# 附录五　哈尼族方言土语划分

表6

| 方言土语名称 | | | 分布地区 |
|---|---|---|---|
| 哈雅方言 | 哈尼次方言 | 绿春大寨哈尼土语 | 绿春、红河、元阳、金平等县 |
| | | 元阳麻栗寨哈尼土语 | 元阳县 |
| | | 金平马鹿塘哈尼土语 | 金平、元阳、建水等县 |
| | | 红河甲寅哈尼土语 | 红河、绿春等县 |
| | | 红河浪杂哈尼土语 | 红河、绿春、元江等县 |
| | 雅尼次方言 | 西双版纳格朗和雅尼土语 | 西双版纳州 |
| | | 澜沧那多雅尼土语 | 澜沧县 |
| 碧卡方言 | | 墨江菜园乡碧约土语 | 墨江、普洱、宁洱、镇沅、红河、新平等县 |
| | | 墨江兴民乡卡多土语 | 墨江、镇沅、江城、景东、宁洱、新平等县 |
| | | 墨江雅邑大寨哦怒土语 | 墨江、宁洱、江城等县 |
| 豪白方言 | | 墨江水癸豪尼土语 | 墨江、元江、宁洱等县 |
| | | 墨江坝利白宏土语 | 墨江、红河、绿春等县 |

# 附录六　墨江县哈尼族人口统计

表7

| 自　称 | 他称 | 人口（人） |
|---|---|---|
| 白　宏 | 布孔 | 27052 |
| 豪　尼 | 布都、阿梭 | 29915 |
| 碧　约 | 碧约 | 63359 |
| 卡　多 | 卡多 | 62696 |
| 西摩洛 | 西摩洛、哦努 | 14711 |
| 腊　米 | 腊咪 | 3105 |
| 期　弟 | 期弟 | 1497 |
| 阿　木 | 阿木 | 7050 |
| 卡　别 | 卡备 | 1243 |
| 合　计 | | 210628 |

# 附录七　墨江县哈尼族分布及人口统计

表8

| 乡（镇） | 自称 | 他称 | 人口(人) |
|---|---|---|---|
| 联珠镇 | 豪尼 | 布都 | 12199 |
| | 碧约 | 碧约 | 36898 |
| | 卡多 | 卡多 | 4430 |
| | 西摩洛 | 西摩洛 | 164 |
| 龙坝乡 | 豪尼 | 布都 | 11165 |
| | 碧约 | 碧约 | 2265 |
| | 白宏 | 布孔 | 6405 |
| | 西摩洛 | 哦努 | 3002 |
| | 卡多 | 卡多 | 222 |
| 雅邑乡 | 碧约 | 碧约 | 2752 |
| | 西摩洛 | 西摩洛 | 6918 |
| | 白宏 | 布孔 | 1484 |
| | 豪尼 | 布都 | 1701 |
| | 阿木 | 阿木 | 451 |
| | 卡多 | 卡多 | 212 |
| 泗南江乡 | 白宏 | 布孔 | 1894 |
| | 卡多 | 卡多 | 1804 |
| | 卡别 | 卡备 | 1243 |
| | 碧约 | 碧约 | 2450 |
| | 阿木 | 阿木 | 4001 |
| | 豪尼 | 布都 | 990 |
| | 西摩洛 | 西摩洛 | 1293 |
| 那哈乡 | 白宏 | 布孔 | 8308 |
| | 豪尼 | 阿梭 | 2361 |
| | 碧约 | 碧约 | 1279 |
| | 腊咪 | 腊咪 | 1844 |
| 坝溜乡 | 白宏 | 布孔 | 7597 |
| | 腊咪 | 腊咪 | 312 |

续表

| 乡（镇） | 自称 | 他称 | 人口(人) |
|---|---|---|---|
| | 碧约 | 碧约 | 4201 |
| | 豪尼 | 阿梭 | 793 |
| | 期弟 | 期弟 | 1497 |
| | 卡多 | 卡多 | 945 |
| | 阿木 | 阿木 | 1475 |
| 通关镇 | 卡多 | 卡多 | 8462 |
| | 碧约 | 碧约 | 3063 |
| | 腊咪 | 腊咪 | 88 |
| | 白宏 | 布孔 | 49 |
| | 豪尼 | 布都 | 9 |
| 景星乡 | 卡多 | 卡多 | 11953 |
| | 碧约 | 碧约 | 109 |
| 团田乡 | 卡多 | 卡多 | 3234 |
| 新抚乡 | 卡多 | 卡多 | 11521 |
| 龙潭乡 | 卡多 | 卡多 | 1792 |
| | 碧约 | 碧约 | 1085 |
| | 白宏 | 布孔 | 225 |
| | 阿木 | 阿木 | 998 |
| | 西摩洛 | 西摩洛 | 1659 |
| | 豪尼 | 布都 | 60 |
| | 腊咪 | 腊咪 | 446 |
| 渔塘乡 | 西摩洛 | 西摩洛 | 1349 |
| | 卡多 | 卡多 | 4028 |
| | 腊咪 | 腊咪 | 415 |
| 文武乡 | 西摩洛 | 西摩洛 | 326 |
| | 碧约 | 碧约 | 1081 |
| | 卡多 | 卡多 | 3583 |
| | 白宏 | 布孔 | 1090 |
| | 阿木 | 阿木 | 125 |
| | 豪尼 | 布都 | 637 |
| 新安乡 | 碧约 | 碧约 | 7366 |
| | 卡多 | 卡多 | 5526 |
| 孟弄乡 | 卡多 | 卡多 | 4984 |
| | 碧约 | 碧约 | 810 |
| 合计 | | | 210628 |

# 附录八　西双版纳哈尼族分布概况

## 一、人口与分布

西双版纳傣族自治州位于云南省西南端，下辖景洪、勐海、勐腊一市两县。全州土地总面积有19582.45平方公里，与老挝、缅甸接壤，国境线长1069公里。古代傣语称西双版纳为“勐巴拉那西”，意思是“理想而神奇的乐土”，这里以神奇的热带雨林景观和少数民族风情闻名于世。州内居住着傣、哈尼、布朗、基诺、拉祜、佤、瑶、彝等13个世居民族。据2010年人口普查数据，西双版纳州哈尼族总人口为215434人，占全州总人口的19.01%，为西双版纳州第二大少数民族。

景洪市哈尼族83704人，占全市总人口的16.1%，主要分布在以下村委会：勐龙镇勐宋村委会、曼伞村委会、贺南东村委会、嘎囡村委会、曼宛洼村委会、坝卡村委会、南盆村委会、南嗨村委会、曼戈龙村委会、贺管村委会、邦飘村委会；嘎洒镇南联山村委会、南帕村委会、沙药村委会、曼戈播村委会、曼典村委会、纳板村委会；景哈哈尼族乡莫南村委会、坝那村委会、搭亥村委会、戈牛村委会、吐鲁村委会；勐罕镇曼塔村委会、曼景村委会、曼么村委会、勐波村委会；允景洪街道曼戈龙村委会、曼外村委会。

勐腊县哈尼族有68373人，占全县总人口的24.27%，主要分布在以下村委会或农场：勐捧镇温泉村委会、景坎村委会、曼种村委会、曼回庄村委会、曼贺南村委会；勐仑镇大卡村委会、曼边村委会；关累镇曼岗村委会、坝荷村委会、芒果树村委会、藤蔑山村委会；勐满镇大广村委会、曼晒囡村委会；尚勇镇尚岗村委会、尚勇村委会；勐伴镇勐伴村委会、回落村委会、曼燕村委会；瑶区乡纳桌村委会；勐腊镇曼旦村委会、补蚌村委会；勐腊农场、勐捧农场、勐满农场、勐醒农场。

勐海县哈尼族有63357人，占全县总人口的19.09%，主要分布在以下村委会：格朗和乡苏湖村委会、帕宫村委会、南糯山村委会、帕真村委会、帕沙村委会；勐海镇曼稿村委会；打洛镇曼夕村委会、曼山村委会、曼袅村委会、勐板村委会；勐遮镇曼令村委会、南楞村委会、曼恩村委会；勐混镇曼岗村委会、曼蚌村委会、贺开村委会；勐阿镇纳丙村委会；勐满镇班倒村委会、星火山村委会、关双村委会、南达村委会；勐往乡糯东村委会、坝散村委会；勐宋乡曼方村委会、曼金村委会、蚌冈村委会、蚌龙村委会、三迈村委会；西定乡西定村委会、暖和村委会、南弄村委会、帕龙村委会、旧国村委会、曼马村委会、曼来村委会、曼皮村委会、曼迈村委会；布朗山乡班章村委会、勐昂村委会、新竜村委会、吉良村委会、曼果村委会。



## 二、分布概况

西双版纳州境内主要有自称或他称为阿维(Arghoeq)、阿交(Arjawr)、阿克(arker)、木达(mawqtavq)、勒车(Laerce)、基麻(Civmavq)、玛若(Madzev)等哈尼族。根据妇女头饰不同，有的也分为尖头阿卡（Uqtov）、平头阿卡（Uqtsanq）、木达阿卡（Uqhov）和包头阿卡（Uqddzanq）。相互之间语言、习俗、节日相同，仅在语调呈现细微差异。

称为阿维、阿交的哈尼族是西双版纳哈尼族的主体部分，散居于西双版纳所有哈尼族聚居区。阿维支主要居住在海拔较高的山区，阿交支则主要聚居在海拔稍低的半山区。勒车支集中居住在勐海县勐满镇、勐往乡和勐阿镇，人口数据不详。阿克支总人口7427人，主要聚居于景洪市勐罕镇曼么村委会、勐波村委会、曼景村委会，部分散居在景洪市勐龙镇、允景洪街道村委会、勐腊县勐仑镇、勐海县布朗山布朗族乡，宗教习俗大致与其他支相同，服饰以及语言有一定独特性。木达支总人口3022人，聚居于景洪市嘎洒镇南联山村委会，宗教、习俗、节日与其他哈尼族阿卡人相同，服饰则差异较大。

# 参考文献


1. [唐]张九龄：张曲江文集.
2. [宋]欧阳修，宋祁等：新唐书.
3. [元]赵子元：新纂云南通志.
4. [明]宋濂等：元史.
5. [明]诸葛元声：滇史.
6. [明]刘文征：滇志.
7. [清]柯劭忞：新元史.
8. [清]江浚源：临安府志，1882.
9. [清]陈鼎：滇黔土司婚礼记.
10. [民国]石屏县志，1938.
11. [民国]胡中林等：墨江县志资料.民国抄本，1940.
12. [民国]佚名：墨江县志稿.民国抄本，1942.
13. 中科院云南少数民族社会历史调查组、云南省民族研究所：哈尼族简史简志合编[M]，北京：中国科学院民族研究，1964.
14. 编委会：哈尼族社会历史调查[M].昆明：云南民族出版社，1982.
15. 红河哈尼族彝族自治州民族事务委员会：红河风情[M].1982.(内部资料)
16. 编写组：哈尼族简史[M].昆明：云南人民出版社，1985.
17. 尤中：中国西南民族史[M].昆明：云南人民出版社，1985.
18. 朱小和，史军超等：哈尼阿培聪坡坡[M].昆明：云南民族出版社，1986.
19. 毛佑全，李期博：哈尼族[M].北京：民族出版社，1989.
20. 白祖额，段贶乐：哈尼族四季生产调[M].昆明：云南民族出版社，1989.
21. 张牛朗，赵官禄等：十二奴局[M].昆明：云南人民出版社，1989.
22. 勐海县民委：西双版纳哈尼族民间故事集成[M].昆明：云南少年儿童出版社，1989.

23. 刘辉豪，阿罗：哈尼族民间故事选[M].上海：上海文艺出版社，1989.
24. 编纂委员会：江城哈尼族彝族自治县志[M].昆明：云南人民出版社，1989.
25. 元阳县民族事务委员会：元阳民俗[M].昆明：云南民族出版社，1990.
26. 云南省思茅行政公署民委：思茅少数民族[M].昆明：云南民族出版社，1990.
27. 编纂委员会：红河县志[M].昆明：云南人民出版社，1991.
28. 马晓京：中国100种民间节日[M].南宁：广西人民出版社，1991.
29. 白祖额，白碧波：哈尼朵阿玛[M].昆明：云南民族出版社，1991.
30. 红河州哈尼学会编纂:哈尼学研究(第一集) [C].1991，(内部资料).
31. 朱小和，史军超等：窝果策尼果[M].昆明：云南民族出版社，1992.
32. 施达，阿海：雅尼雅嘎赞嘎[M].云南人民出版社，1992.
33. 夏光辅：云南科学技术史稿[M].昆明：云南科学技术出版社，1992.
34. 王尔松：哈尼族文化研究[M].北京：中央民族大学出版社，1994.
35. 李维宝，张佩芝，白祖额：哈尼族历法的演变[J].云南天文台台刊，1994.03
36. 白玉宝，王学慧：哈尼族天道人生与文化源流[M].昆明：云南民族出版社，1998.
37. 史军超：哈尼族文化大观[M].昆明：云南民族出版社，1999.
38. 李维宝：云南少数民族天文历法研究[M].昆明：云南科技出版社，2000.
39. 黄桂枢：新编思茅风物志[M].昆明：云南人民出版社，2000.
40. 于志伟：新编红河风物志[M].昆明：云南人民出版社，2000.
41. 中国民间民族舞蹈集成云南卷编辑部：哈尼族民间舞蹈[M].昆明：云南人民出版社，2001.
42. 王正芳：中国少数民族大辞典[M].哈尼族卷，北京：民族出版社，2006.
43. 编纂委员会：红河哈尼族彝族自治州哈尼族大辞典[M].昆明：云南民族出版社，2006.
44. 白克仰：红河哈尼族文化调查[M].红新出[2006]准印字第244号.(内部资料)
45. 卢朝贵：哈尼民间故事[M].中共元阳县委、县文联编，2007.(内部资料)
46. 编写组：墨江哈尼族自治县概况[M].民族出版社，2008.

47. 编写组：宁洱哈尼族自治县概况[M].民族出版社，2008.

48. 罗有忠，白居舟：哈尼族起源歌[M].昆明：云南民族出版社，2008.

49. 戴庆厦:元江县羊街乡语言使用状况及其演变[M].北京：商务印书馆，2009.

50. 编纂委员会：元江年鉴2009[M].昆明：云南民族出版社，2010.

51. 郑茜：哈尼梯田是一个世界性话语——就“世界梯田大会”对话著名学者史军超[N].中国民族报，2010.12.06.

52. 杨忠明：西双版纳哈尼族简史[M].昆明：云南民族出版社，2010.

# 后记

本项目组在哈尼族地区相关部门及广大哈尼族同胞的倾力支持和无私帮助下，历经三年的努力，终于按照项目要求完成了《中国节日志·十月年》的资料搜集、田野调查以及文稿撰写等工作。

哈尼族分布地域跨度大，十月年节俗多样性突出，项目的组织实施存在诸多困难。能够承担本项目的主持工作，既感到十分荣幸又心怀忐忑。一方面，希望能够集团队之力保质保量完成相关文献梳理、实地调查和学术呈现；另一方面，担心由于学术底蕴不足和组织不力影响项目成果呈现的全面、真实与客观。

遵从专家建议，本项目在哈尼族聚居的红河哈尼族彝族自治州、玉溪市、普洱市、西双版纳傣族自治州各选择一个代表性村落作为田野调查点，白永芳、刘镜净、赵德文、黄荣生担任田野点负责人。提交项目任务书之后，田野点负责人在墨江县召开了第一次会议，集中学习“节日志培训会议材料”，讨论“哈尼族十月年撰写方案”，明确各组承担的任务及图片、视频、文字撰写的具体要求。

2010年10月至2011年1月，四个调查组分别在红河州绿春县戈奎乡俄东村、玉溪市元江县羊街乡水龙村、普洱市墨江县龙坝乡埔且村、西双版纳州景洪市勐龙镇曼加坡坎村开展了十月年的实地调查；2012年1月，在西双版纳州景洪市勐龙镇曼加坡坎村进行了补充调查，2012年11月，在玉溪市元江县羊街乡水龙村进行了补充调查。田野调查中，得到了绿春县人民政府、绿春县民族宗教事务局、绿春县戈奎乡政府、绿春县戈奎乡子雄村委会、元江县哈尼学会、元江县羊街乡文化站、墨江县哈尼族研究所、景洪市民宗局、景洪市勐龙镇勐宋村委会等部门的大力支持。田野调查中的饮食起居、访谈、拍摄，更是得到哈尼同胞的无私关照和全力配合。

三年里，项目负责人与田野点负责人多次在昆明、元江、墨江、景洪等市县会谈，直至项目完成。由于工作繁忙及在国外求学等原因，原项目组部分成员未实际参加项目工作。在项目实际开展中，因项目需要成员有所增加，最终实际参与成员及承担工作如下：

白永芳，女，哈尼族，就职于云南大学，项目主持人。负责项目组织与协调，承担综述、志略、附录的大部分撰写，参与绿春、元江、景洪等地实地调查并合作执笔《云南省绿春县戈奎乡俄东村哈尼族十月年调查报告》，提供绿春田野点大部分照片及相关视频。

刘镜净，女，哈尼族，就职于云南省社科院，元江田野点负责人。主要负责元江组实地调查，合作执笔《云南省元江县羊街乡水龙村哈尼族十月年调查报告》，参与志略部分撰写，提供元江田野点部分照片。

赵德文，男，哈尼族，就职于墨江哈尼族研究所，墨江田野点负责人。主要负责墨江组实地调查，合作执笔《云南省墨江县龙坝乡埔且村哈尼族十月年调查报告》，提供墨江田野点部分照片及相关视频。

黄荣生，男，哈尼族，就职于西双版纳州广电局，景洪田野点负责人。主要负责景洪组实地调查，合作执笔《云南省景洪市勐龙镇曼加坡坎村哈尼族十月年调查报告》，提供景洪田野点部分照片及相关视频。

丁桂芳，女，哈尼族，就职于云南民族大学，课题组成员。主要参与绿春组实地田野调查，合作执笔《云南省绿春县戈奎乡俄东村哈尼族十月年调查报告》，参与后期文字统稿工作。

朱茂云，男，哈尼族，就职于墨江哈尼族研究所，课题组成员。主要参与墨江组实地调查，合作执笔《云南省墨江县龙坝乡埔且村哈尼族十月年调查报告》，提供墨江田野点部分照片及相关视频。

陈桂芬，女，哈尼族，就职于景洪市民宗局，课题组成员。主要参与景洪组实地田野调查，合作执笔《云南省景洪市勐龙镇曼加坡坎村哈尼族十月年调查报告》，提供景洪田野点部分照片。

白岩松，男，就职于云南民族大学，课题组成员。主要参与元江组实地田野调查，合作执笔《云南省元江县羊街乡水龙村哈尼族十月年调查报告》，提供元江田野点部分照片及部分相关视频。

刘海青，女，汉族，就职于红河学院，课题组成员。主要参与绿春组实地田野调查，执笔完成《云南省绿春县戈奎乡俄东村哈尼族十月年服饰调查报告》，提供绿春田野点部分照片和视频。

吴玉萍，女，汉族，就职于红河州卫生职业学院，课题组成员。负责后期文字统稿。

何娅，女，哈尼族，就职于昆明艺术职业学院，课题组成员。参与志略部分撰写。

马继春，男，哈尼族，云南国土资源学院学生，课题组成员。主要参与后期文字统稿以及提供部分哈尼族十月年相关图片。

项目实施过程中得到了史军超、白玉宝、李克忠等哈尼族教授的指教，特此表示谢意！

2012年11月30日

**图书在版编目（CIP）数据**

十月年 / 白永芳主编. -- 北京 : 光明日报出版社，
2014.7（中国节日志）
ISBN 978-7-5112-4117-7

Ⅰ. ①十… Ⅱ. ①白… Ⅲ. ①哈尼族－民族节日－介
绍－中国 Ⅳ. ①K892.1

中国版本图书馆CIP数据核字(2013)第045624号

**十月年**

主　　编：白永芳

责任编辑：祝　菲　焦春华　　责任校对：傅泉泽
封面设计：龙　惠　　责任印制：曹　诤

出版发行：光明日报出版社
地　　址：北京市东城区珠市口东大街5号，100062
电　　话：010-67021047（咨询），67078870（发行），67078235（邮购）
传　　真：010-67078227，67078255
网　　址：http://book.gmw.cn
E-mail：gmcbs@gmw.cn　jiaoch@gmw.cn
法律顾问：北京天驰洪范律师事务所徐波律师

印　　刷：北京华联印刷有限公司
装　　订：北京华联印刷有限公司
本书如有破损、缺页、装订错误，请与本社联系调换

开　　本：710 × 1000　1/16
字　　数：262千字　　印　　张：22.5
版　　次：2014年7月第1版　　印　　次：2014年7月第1次印刷
书　　号：ISBN 978-7-5112-4117-7

定　　价：90.00元